Reforma Tributária

Reforma Tributária

TRIBUTAÇÃO, DESENVOLVIMENTO E ECONOMIA DIGITAL

2022

Fabio Luiz Gomes
Coordenador

ALMEDINA

REFORMA TRIBUTÁRIA
TRIBUTAÇÃO, DESENVOLVIMENTO E ECONOMIA DIGITAL

COORDENADOR: Fabio Luiz Gomes
DIRETOR ALMEDINA BRASIL: Rodrigo Mentz
EDITORA JURÍDICA: Manuella Santos de Castro
EDITOR DE DESENVOLVIMENTO: Aurélio Cesar Nogueira
ASSISTENTES EDITORIAIS: Isabela Leite e Larissa Nogueira

DIAGRAMAÇÃO: Almedina
DESIGN DE CAPA: FBA
ISBN: 9786556274201
Janeiro, 2022

Dados Internacionais de Catalogação na Publicação (CIP)
(Câmara Brasileira do Livro, SP, Brasil)

Reforma tributária : tributação, desenvolvimento e
economia digital / Fabio Luiz Gomes, coordenador.
-- São Paulo : Almedina, 2022.
Vários autores.

Bibliografia.
ISBN 978-65-5627-420-1

1. Direito tributário 2. Reforma tributária
3. Reforma tributária - Brasil I. Gomes, Fabio Luiz.

21-89042 CDU-34:336.2(81)

Índices para catálogo sistemático:

1. Brasil : Reforma tributária : Direito tributário 34:336.2(81)

Cibele Maria Dias - Bibliotecária - CRB-8/9427

Este livro segue as regras do novo Acordo Ortográfico da Língua Portuguesa (1990).

EDITORA: Almedina Brasil
Rua José Maria Lisboa, 860, Conj.131 e 132, Jardim Paulista | 01423-001 São Paulo | Brasil
editora@almedina.com.br
www.almedina.com.br

SOBRE O COORDENADOR

Fabio Luiz Gomes

Mestre em Direito pela Universidade de Coimbra. Doutorando em Direito pela Universidade de Salamanca. Advogado.

SOBRE OS AUTORES

Bruna Athayde

Advogada de Bichara Advogados.

Daniel Freire e Almeida

Pós-Doutor em Direito Internacional pela Georgetown University, Law Center, em Washington DC, Estados Unidos da América (2015--2017). Doutor em Direito Internacional pela Faculdade de Direito da Universidade de Coimbra, em Portugal, com reconhecimento e revalidação pela Universidade de São Paulo-USP (2008-2012). Mestre em Direito Internacional pela Faculdade de Direito da Universidade de Coimbra, em Portugal, com reconhecimento e revalidação pela Universidade de São Paulo-USP (1999-2002). Professor Permanente do Programa de Pós-Graduação Stricto Sensu – Doutorado e Mestrado em Direito Internacional da Universidade Católica de Santos. Advogado, atuando, no Brasil e no exterior, nas áreas de Direito Internacional, Direito na Internet, Direito Econômico, Direito das Relações Internacionais e Direito Desportivo.

Diogo Leite de Campos

Professor Catedrático Jubilado da Faculdade de Direito de Coimbra. Professor Catedrático da Universidade Autónoma de Lisboa.

Doris Canen

LLM em Direito Tributário Internacional pela King'sCollege London (Bolsista Chevening). Pós-Graduada em Direito Tributário pela FGV.

Mestre e Bacharel em Direito pela UCAM. Membro do Grupo de Pesquisa de Tributação e Novas Tecnologias da FGV e de e de Tributação Internacional da Universidade do Estado do Rio de Janeiro (UERJ) e do IBDT.

Eduardo Maneira

Presidente da Comissão Especial de Direito Tributário da OAB Nacional. Professor de Direito Tributário da Faculdade Nacional de Direito da UFRJ.

Fabio Luiz Gomes

Mestre em Direito pela Universidade de Coimbra. Doutorando em Direito pela Universidade de Salamanca.

Fabiola Vianna Morais

Doutoranda do Programa de Pós-graduação em Direitos, Instituições e Negócios. Mestre em Direito Civil pela Universidade de Coimbra.

Gabriel Moreira

Bacharel em Direito pela UNICAP. Pós-graduando em Direito Tributário pelo Instituto Brasileiro de Estudos Tributários – IBET. Advogado.

Gabriela Cristina Rosa dos Santos

Bacharela em Direito pela Universidade Católica de Pernambuco.

Giuseppe Pecorari Melotti

Sócio conselheiro de Bichara Advogados.

Hélio Silvio Ourém Campos

Pós-Doutorado pela Universidade Autónoma de Lisboa. Pós-doutorado pela Universidade Clássica de Lisboa (2008-2009). Doutor em Direito pela Universidade Federal de Pernambuco e Doutorado pela Faculdade Clássica de Direito de Lisboa. Mestre em Direito pela Universidade Federal de Pernambuco e pela Faculdade Clássica de Direito de Lisboa – (Equivalência). Professor Titular e Membro do Conselho Superior da Universidade Católica de Pernambuco (Graduação, Mestrado e Doutorado). Líder de Grupo de Pesquisa – CNPq: "Política e Tributação: aspectos materiais e processuais".

Juiz Federal.

Ives Gandra da Silva Martins

Professor Emérito das Universidades Mackenzie, UNIP, UNIFIEO, UNIFMU, DO CIEE/O ESTADO DE SÃO PAULO, das Escolas de Comando e Estado-Maior do Exército – ECEME, Superior de Guerra – ESG e da Magistratura do Tribunal Regional Federal – 1ª Região; Professor Honorário das Universidades Austral (Argentina), San Martin de Porres (Peru) e VasiliGoldis (Romênia); Doutor Honoris Causa das Universidades de Craiova (Romênia) e das PUCs-Paraná e RS, e Catedrático da Universidade do Minho (Portugal); Presidente do Conselho Superior de Direito da FECOMERCIO – SP; ex-Presidente da Academia Paulista de Letras-APL e do Instituto dos Advogados de São Paulo-IASP.

Janssen Murayama

Sócio fundador do Murayama, Affonso Ferreira e Brechbühler Advogados, Fundador e Membro do Conselho Consultivo do Grupo de Debates Tributários – GDT, Mestre em Direito pela UERJ e Professor convidado do FGV Law Program.

João Dácio Rolim

LLM pela *London School of Economics.* Doutor em Direito Tributário pela UFMG, PhD em Direito Tributário Internacional pela *Queen Mary University of London*

José Antonio Chamorro y Zarza

Doctor en Derecho por la Universidad de Salamanca (España). Profesor de la Facultad de Economía y Empresa de la Universidad de Salamanca.

José Guilherme Fontes de Azevedo Costa

Pós Graduado em Direito Tributário pela UCAM-RJ, Pós Graduado em Direito Público pela PUC-MG, MBA em Direito Empresarial na FGV-Rio, Gerente Jurídico Tributário e Regulatório da Vibra Energia.

Luciano Gomes Filippo

Mestre e Doutor em Direito pela Universidade Sorbonne Panthéon--Assas (Paris II). Coordenador do Projeto Jurisprudência Tributária (PJT). Advogado no Rio de Janeiro.

Luiz Gustavo A. S. Bichara

Sócio conselheiro de Bichara Advogados e Procurador Tributário do Conselho Federal da Ordem dos Advogados do Brasil.

Marcus Lívio Gomes

Professor de Direito Tributário nos programas de Mestrado e Doutorado da Universidade do Estado do Rio de Janeiro. Mestre e Doutor em Direito Tributário pela Universidade Complutense de Madrid. Pós--Doutor e Pesquisador no Institute of Advanced Legal Studies |(IALS/University of London). Juiz Federal.

Micaela Dominguez Dutra

Doutora em Direito Tributário pela Universidade do Estado do Rio de Janeiro. Mestre em Direito Constitucional pelo Instituto de Direito Público de Brasília. Advogada, Professora do IBMEC, da ESA e da Pós Graduação em Direito Financeiro e Tributário da CEPED/UERJ. Coordenadora e Professora do PJT e da Tutoria Jurídica.

Paulo Rosenblatt

Doutor em Direito Tributário Pela Universidade de Londres. Mestre em Direito Tributário e Bacharel em Direito pela Faculdade de Direito do Recife (FDR/UFPE). Professor deDireito Tributário da UNICAP. Procurador do Estado de Pernambuco. Advogado.

Rafael Alves dos Santos

Coordenador do Projeto Jurisprudência Tributária (PJT), Professor do IBMEC. Graduado em ciências contábeis e sócio do Abreu, Goulart, Santos, Freitas & Megozzi Advogados.

Rodrigo Tomiello da Silva

MBA em Direito Tributário pela FGV, advogado sócio do Escritório HTSP Law.

Verônica Scriptore Freire e Almeida

Doutora em Direito Econômico pela Faculdade de Direito da Universidade de Coimbra, em Portugal, com reconhecimento e revalidação pela Universidade de São Paulo-USP (2009-2016). Mestre em Direito Econômico pela Faculdade de Direito da Universidade de Coimbra, em Portugal, com reconhecimento e revalidação pela Universidade de São Paulo-USP (2005-2008). Residiu em Washington DC, EUA, em período de Pesquisa Acadêmica Doutoral (2015-2016) e Pós-Doutoral (2016-2017) na Georgetown University (Law Center). Professora Permanente do Programa de Pós-Graduação Stricto Sensu, Mestrado em Direito da Saúde, da Universidade Santa Cecília. Advogada, atuando, no Brasil e no exterior, nas áreas de Direito Econômico, Trust Law, Direito Internacional, Direito Empresarial, Direito da Saúde e Direito na Internet.

Vivian Marcondes de Oliveira

LL.M em *Environmental Law and Policy* na Stanford Law School. Pós-graduada em Direito Ambiental e Sustentabilidade na Pontifícia Universidade Católica de São Paulo (PUC-SP).

APRESENTAÇÃO

Falar sobre reforma tributária é sempre um tema latente geracional no Brasil e quando se faz já inicia a fala de outra reforma.

Esse ato de correção do sistema jurídico ocupa um dos espaços de maior necessidade no Brasil e no mundo nesse momento de uma crise mundial pandêmica, que sofre presentemente no aspecto humano (nas suas várias vertentes – vida, saúde, social, sanitário, econômico etc.) e posteriormente com grande força no aspecto social e econômico, já não há mais espaços para meras argumentações.

Portanto, a discussão sobre reforma tributária, que como se verá nos textos que se seguem no livro, não é nova, mas também não foi feita a gestação necessária para o seu desenvolvimento.

O embaraço maior para a aprovação de uma reforma tributária racional são os diversos interesses políticos contrapostos, acrescido a isso deverá ser uma reforma "gambá d'água", sem espaço para uma incubação prolongada.

Nestes termos, os trabalhos que se seguem serviram de ferramentas adequadas para serem utilizadas na elaboração de reformas tributárias que permitirão o adequado enfrentamento da crise que se segue.

Além disso, a qualidade dos artigos apresentará à sociedade acadêmica e aplicada de forma clara e simplificada não só a necessidade de reforma, mas apontando um caminho a ser seguido, antecipando discussões e fornecendo início de teses.

Por tudo isso, a leitura deste livro é imprescindível para tornar o sistema tributário brasileiro competitivo no âmbito internacional e solucionando os vários desafios que se seguirão.

SUMÁRIO

1.
A TRIBUTAÇÃO DO COMÉRCIO ELETRÔNICO – DA ISENÇÃO INICIAL PARA A IMPOSIÇÃO DE ALÍQUOTA INCENTIVADORA MÍNIMA

Daniel Freire e Almeida
Verônica Scriptore Freire e Almeida

Introdução

O novo cenário imposto pela Covid-19 trouxe impactos brutais na saúde pública, na economia e no Direito.

Inicialmente, milhares de mortes passaram a fazer parte do contexto global, originadas pelo novo coronavírus, trazendo repercussões profundas para pessoas e famílias em todo o mundo. Em consequência, a economia foi atingida diretamente, em virtude da diminuição da atividade comercial, industrial e de serviços. Por sua vez, o Direito passou a ser chamado a responder ao novo contexto, com limitações jurídicas necessárias para conter a disseminação do vírus e suas novas variantes.

Dentro deste contexto, os países em geral passaram a sofrer as consequências negativas em seus índices econômicos impostas pelo fundamental distanciamento social e demais medidas sanitárias. O Brasil, em especial, vem assimilando resultados negativos na saúde pública, ilustrada pelo grande número de mortes, na economia, com retrações no PIB, nos índices de empregabilidade, nas atividades comerciais, industriais e de serviços presenciais, e no segmento jurídico, com as constantes necessidades de restrições de circulação e de oferecimento de serviços prestados in loco.

Por conseguinte, da análise do presente e excepcional cenário é que propomos, no segmento tributário nacional, uma isenção fiscal nas atividades de comércio eletrônico e de serviços digitais prestados à distância, incluindo os pagamentos eletrônicos, pelo período de 3 (três) anos. Posteriormente, recuperada a normalidade da atividade econômica, com o devido controle sanitário resultado das medidas de distanciamento e vacinação total da população brasileira, propomos alíquotas incentivadoras para a atividade de *e-commerce* e serviços digitais, em torno de 2% (dois) a 5% (cinco).

Neste sentido, o presente capítulo está dividido em duas partes. Primeiramente, apresentaremos as principais características da Internet e do comércio eletrônico, e que se integram positivamente ao momento vivenciado, com necessário distanciamento social. Em sede da segunda parte, discorreremos sobre os essenciais pontos da proposta delineada de isenção, por prazo determinado, ao comércio eletrônico e aos serviços digitais prestados à distância, incluindo os pagamentos eletrônicos, utilizando como ponto comparativo o tratamento tributário realizado nos Estados Unidos da América sobre o tema. Ainda, dentro do segundo tópico, trataremos das posteriores medidas de incentivo fiscal, através de alíquotas incentivadoras ao e-commerce e aos serviços digitais.

A partir dos pontos destacados, esperamos contribuir para a análise e positivo tratamento tributário dos segmentos da Internet, com vistas à superação do atual contexto enredado da Covid-19, e os novos desafios sócio econômicos.

1. A Internet e o comércio eletrônico – características e oportunidades

O momento hodierno demonstra que o ambiente digital reúne potencialidades e grandes oportunidades, bem como responde a uma necessidade sanitária de distanciamento impactante.

Por conseguinte, para além dos novos formatos digitais de transações comerciais e de serviços, temos implicações para a sociedade, na percepção, promulgação e administração das legislações tributárias devido às profundas modificações nos próprios quadros de comportamento individual, coletivo, e nos pressupostos jurídicos da comercialização dos produtos.

Logo, desvendar os segredos e conhecer a realidade que faz, hoje, da Internet o maior e mais complexo canal de comunicação e comercialização do planeta, é primordial para analisarmos e percebermos as medidas legislativas necessárias para a tributação do *e-commerce*.

Nesta linha, a Internet tem sido um espaço digital de convergência e concentração, sem precedentes, das mais variadas formas de informação, comunicação, comercialização de produtos, serviços e entretenimento[1]. De fato, a Internet está se tornando em uma utilidade indispensável, perfazendo grande parte de nossas atividades cotidianas, e as equações sócioeconômicas que determinam a forma como nós vivemos e trabalhamos estão sendo reescritas.

Por sua vez, a pandemia que assolou o mundo a partir de 2020 trouxe a necessidade de repensarmos inúmeras práticas sociais e profissionais que eram dominadas pela necessidade de presença física das partes envolvidas. Em decorrência, a Internet apresentou-se como solução eficiente e determinante para múltiplas situações ensejadoras de relações digitais.

Neste contexto, um fator contributivo para a disseminação de informações, conteúdos e contatos tem sido a **digitalização** dos conteúdos na Internet. De fato, a possibilidade da digitalização de mensagens, informações, documentos, vídeos, *software*, serviços, pagamentos, contratos, facilita a interação longínqua entre os usuários.

Conforme embasado inicialmente GIDDENS (2009, p. 53) discorre que o sistema tradicional de comunicação foi substituído por sistemas integrados, onde grandes quantidades de informações são comprimidas e transferidas sob o formato digital[2]. Em importante incremento, os diferentes aparelhos que possibilitam as conexões pela Internet ampliaram o número de interações digitais, em grande parte impulsionadas pelos *smart phones*. Em arremate pertinente, e como se observa, as diversas condições de conexão aumentam o número de usuários e de relacionamentos daí decorrentes. Espera-se, também, uma adição substancial das problemáticas jurídicas daí advindas.

Dentro desta perspectiva, em consequência, salienta-se que tais condições, aliás, são de extrema importância na constatação de que as mais variadas formas de comunicação e relacionamento proporcionadas hoje são a alavanca para a constituição de uma sociedade digital.

[1] A presente parte deste capítulo é baseada em nosso: FREIRE E ALMEIDA, Daniel. *The Taxation of Electronic Commerce in the United States of America and in the European Union*. São Paulo: Almedina, 2015.

[2] *Cfr.* GIDDENS, *Anthony*. Sociologia. Lisboa: Fundação Calouste Gulbenkian, 2009, p. 53.

Com efeito, as pessoas e empresas foram aproximadas em virtude das possiblidades proporcionadas pelo ambiente digital, de forma que, não fosse desta maneira, os impactos negativos da pandemia da Covid-19 seriam ainda mais devastadores.

A Internet, pois, já é considerada como uma das mais revolucionárias e impactantes criações da história da humanidade. De um simples *click* navegamos pelo acervo cultural de todo o mundo, recebemos informações à mesma fração de segundo, entretemo-nos socialmente enviando e recebendo mensagens. Os contatos e os contratos tornaram-se sem limites, visita-se o longínquo instantaniamente.

Com o constante desenvolvimento tecnológico e na medida em que novas necessidades aparecem aos usuários da Internet, como durante a pandemia, novas utilidades tornam-se disponíveis também na Internet.

As conexões por e-mail, mensagens instantâneas, aplicativos, redes sociais, mecanismos de pagamentos digitais, ferramentas de interação *online* como o Google Meet, Zoom, entre outras, tornam os contextos de comunicação, comércio e serviços pela Internet universais, imediatos, simultâneos, relativamente baratos e incrivelmente rápidos.

A seu turno, através da *WorldWide Web,* inúmeras e poderosas utilidades são disponibilizadas e concentradas em *marketplaces* poderosos. O recurso de disponibilizar informações, conteúdos, serviços, negócios, produtos, nas mais variadas atividades econômicas, tornam o ambiente digital em um fenômeno de utilização irreversível.

Os referidos recursos digitais nunca estiveram tão próximos das pessoas e das empresas, e de uma forma tão maciça e pulverizada, como agora.

Nesta mesma ordem de ideias, em alinhamento, um novo ambiente digital de mercado surgiu com a Internet: o e-commerce. Logo, em consequência, o comércio eletrônico pode ser direto ou indireto. O primeiro é aquele no qual os recursos tecnológicos são utilizados em todas as fases do negócio, pois há uma transmissão digital do vendedor para o comprador, do produto ou serviço requisitado. As transformações tecnológicas permitem, atualmente, transferir o conteúdo de inúmeros produtos e serviços em formato digital através da Internet. Isto abriu um turbilhão de oportunidades de negócios nacionais e internacionais. Por sua vez, no comércio eletrônico indireto, a negociação e a ordem de aquisição são realizadas *online*, mas a entrega ao adquirente depende de outros meios (físicos), que não o eletrônico[3].

Após esta inicial delimitação, mais recentemente já pode-se notar as mudanças que o comércio eletrônico provoca no cenário de negócios, e não é somente pela velocidade ou automatização das empresas. Assim sendo, algumas significantes características podem ser elencadas.

Por primeiro, é a economia de custos nas transações. Mesmo que mínima, uma redução de custos pode compensar às grandes empresas, que reparam prospectivamente as transações pela Internet e foram obrigadas a participar deste contexto em virtude da pandemia da Covid-19. Com o comércio eletrônico, a redução de custos pela gestão otimizada permite melhores preços, melhor competitividade e, por conseguinte, o afastamento de empresas que não souberam ambientar-se neste paradigma. No entanto, também permite a continuidade de inúmeros negócios em momento de necessário distanciamento social. Embora estabelecer e manter um *web site* tenha custos, o preço usado na Internet versus outros meios ou canais de vendas é substancialmente reduzido pela facilidade de promoção (amostragem e exposição) dos produtos. De fato, constatando as vantagens econômicas advindas da utilização da Internet, as empresas estão repensando a forma como vendem e utilizam a informação tecnológica.

Neste sequência, um segundo fator provocado pelo comércio eletrônico é a constante desintermediação que ele possibilita. As empresas perceberam que podem atingir seus consumidores pela Internet, sem a necessidade de tradicionais intermediários. Com efeito, a Internet aproximou os fornecedores de produtos e serviços dos consumidores.

Em continuidade, a empresa digital permanece disponível em tempo integral, vinte e quatro horas por dia, sete dias por semana. Estar sempre *online* proporciona aos consumidores receber respostas às suas necessidades, realizar compras a qualquer momento, não importando qual o fuso horário de seu país, e disponibilizar informações aos clientes de maneira permanente. Poucas lojas no mundo real podem dispor destes recursos aliados com o baixo custo.

[3] *Vide* Freire e Almeida, Daniel. *Obrigações Empresariais na Tributação do Comércio Eletrônico*. In: Gomes, Fabio Luiz. (Org.). *Obrigações Empresariais*. São Paulo: Saraiva, 2016, p. 113-156.

Outra característica das empresas na Internet é a não obrigatoriedade de possuir instalações físicas. Sendo, o produto vendido em linha (por exemplo, conhecimento, *software*, entretenimento), as lojas físicas são supérfluas, pois todo o ciclo de comercialização, desde o pedido até o pagamento e entrega, são digitais. Acrescenta-se, da mesma forma, não haver restrições em relação à quantidade de itens disponíveis por uma loja virtual, que pode ser inviável, por questões de espaço e custo, para uma loja física.

Em conformidade com o alisado, pela primeira vez na história das civilizações, um cidadão comum ou uma pequena empresa pode, facilmente e a um custo muito baixo, não só ter acesso a informações localizadas nos mais distantes pontos do globo, como também criar, gerenciar, comparar, disponibilizar e distribuir produtos em larga escala, em âmbito local, nacionais e mundial, algo que somente uma grande organização poderia fazer, usando os meios de comunicação convencionais. O comércio eletrônico aumenta a porção do mercado consumidor e proporciona o alcance global de uma empresa, que pode, em pouco tempo, receber pedidos provenientes de todas as partes do mundo.

No entanto, se, por um lado, oferece vantagens e particularidades, o mercado das empresas digitais enfrenta igualmente desafios. Neste sentido, a evolução tecnológica tem procurado tornar o sistema mais atraente, rápido, e responder à outra face fundamental do comércio *online*: a segurança[4]. De fato, a gestão e a disponibilidade de um *web site* totalmente seguro é custosa e pode ser determinante para o sucesso e fiabilidade do empreendimento[5].

Isto porque um dos desafios consiste em estar disponível aos usuários em todo o mundo, e ao mesmo tempo protegido contra ataques e invasões não autorizadas sobre seus conteúdos e sobre os dados pessoais de terceiros (consumidores).

[4] *Cfr.* Freire e Almeida, Daniel. *O E-commerce Internacional e a Economia Virtual na Vida Real: Prospectiva Legislativa. In:* Hironaka, Giselda (Org.) *O Novo Código Civil e sua Interface no Ordenamento Jurídico Brasileiro.* Belo Horizonte: Del Rey, 2004, p. 137.

[5] *Vide* Freire e Almeida, Daniel, Marques, José Waldemar. *A Internet e o Direito: da Complexidade Técnica à Segurança Jurídica.* In: Hironaka, Giselda (Org.) *O Direito e o Diálogo com os demais Saberes. A Dinâmica Interdisciplinar da Experiência Jurídica.* Bauru: Edite, 2006, p. 123-178.

Por conseguinte, as empresas acabam por gastar somas vultosas para garantir que estão protegidas contra os riscos associados a ataques *online*.

Ante o até aqui examinado, percebe-se que a explosão do comércio eletrônico já é realidade, e o Direito Tributário não pode ignorar isso, nem a crescente participação das empresas e das pessoas neste inovador contexto. Contudo, o potencial de crescimento e desenvolvimento é enorme. Portanto, o incentivo a este setor em um momento de riscos evidentes em atividades presenciais, em virtude do novo coronavírus, enseja um tramento especial ao segmento digital.

2. Proposta de isenção inicial e posterior imposição de alíquota incentivadora mínima

Em todos os momentos de desenvolvimento das atividades negociais, o Estado sempre conviveu com a preocupação de garantir a arrecadação de receitas públicas ordinárias e, para isso, desenvolveu e aperfeiçoou, constantemente, os modelos e sistemas de controle.

Entretanto, com o advento da Covid-19 e a restrição das atividades econômicas, com a consequente queda nas receitas provenientes de tributos, despertou-se o interesse dos países por novas imposições tributárias, ou ainda o aumento de alíquotas de tributos já existentes.

Contudo, nossa proposta propugna por incentivos fiscais que proporcionem o investimento, o crescimento, e o desenvolvimento de áreas prospectivas, como o comércio eletrônico, e que promovam a realização de negócios, mas com a diminuição de riscos relacionados à disseminação do novo coronavírus.

Para avaliarmos um modelo comparativo de sucesso, apresentamos o caso dos Estados Unidos da América com o *"Permanent Internet Tax Freedom Act"*. Passemos a este ponto.

2.1. *Permanent Internet Tax Freedom Act*

Nos Estados Unidos da América ocorre o maior volume de transações digitais do mundo. A Internet é considerada como essencial para a economia norte-americana.

Uma parcela fundamental do sucesso das empresas originadas nos Estados Unidos da América é resultado do tratamento jurídico tributário destinado às empresas que prestam serviços digitais e do comércio eletrônico.

Mesmo sendo, potencialmente, uma grande fonte de receitas fiscais, a produção legislativa ativa, no contexto tributário, está alicerçada positivamente desde Outubro de 1998, quando o Congresso norte-americano aprovou o "Internet Tax Freedom Act-ITFA"[6]. *In limine, o* ITFA proibiu a imposição de novos tributos para o acesso à Internet, bem como tributos discriminatórios para o comércio eletrônico.

O Internet Tax Freedom Act entrou em vigor em 1º de Outubro de 1998 e vigorou, conforme instituído, e com suas diversas prorrogações até 11 de Dezembro de 2014.

Inicialmente, cumpre destacar que o Internet Tax Freedom Act disciplinou o tratamento tributário de três formas principais: barrou a imposição de novos tributos para o acesso à Internet; impediu a instituição de tributos discriminatórios à Internet e impediu tributação múltipla à Internet.

Primeiramente, o ITFA isentou o serviço de acesso à Internet da tributação Estadual e Local. Isto impediu que os Estados norte-americanos tributassem os serviços que permitem o acesso do usuário à Internet, seu conteúdo, informações, correio eletrónico e outros serviços sobre a Internet, que são disponibilizados pelos provedores. Entretanto, manteve aqueles impostos já instituídos pelos Estados antes de 1 de Outubro de 1998 (incluídos Connecticut, Iowa, Nebraska, New México, North Dakota, Ohio, South Dakota, Hawaii, South Carolina, Tennessee, Texas, Wisconsin, e o Distrito de Columbia)[7]. Por conseguinte, proibiu novos tributos sobre o acesso à Internet. Esta provisão fora designada para preservar o direito prévio dos Estados-Membros que já tributavam o acesso à Internet.

Em continuidade, uma segunda exceção a esta isenção era aplicada para as companhias que concedem acesso para empresas que utilizam material proibido para menores, ao menos que este acesso seja filtrado através de *softwares* desenvolvidos para esta tarefa.

[6] *Vide* U.S. GOVERNMENT PUBLISHING OFFICE. Public Law 105-277-Oct. 21, 1998. Disponível em: https://www.govinfo.gov/content/pkg/PLAW-105publ277/pdf/PLAW-105publ277.pdf. Acesso em: 23.04.2021.

[7] Mais tarde restaram apenas seis que tributavam o acesso à Internet, sendo eles Hawaii, New Mexico, Ohio, South Dakota, Texas e Wisconsin.

Em prosseguimento, o ITFA proibiu tributos discriminatórios em relação ao comércio eletrônico, entendendo-se por esta regra que não seriam admitidos impostos que não fossem instituídos sobre outras formas comerciais. Da mesma maneira, as alíquotas também não poderiam variar para o *e-commerce*. Tais previsões incluíam qualquer transação conduzida através da Internet, como venda, aluguel, licenças, oferta ou envio de produtos, bens, serviços ou informação.

Em adição, incluía-se no ITFA provisões estabelecendo que os Estados não poderiam lançar tributos (*Sales e Use Tax*) em relação a vendedores de outros Estados que não possuam nexo no Estado tributante. No caso, para estabelecer o nexo é necessária a presença física do vendedor. Ainda, se apenas o acesso ao *web site* é possível, tal fato não constitui nexo, para fins tributários naquele Estado.

De outra parte, destaca-se, que o ITFA estabeleceu que os vendedores só são obrigados a coletar imposto de venda se os produtos são enviados para um Estado onde o vendedor possui estabelecimento físico (uma loja ou outra presença física).

De seu turno, aos compradores é suposto que paguem o imposto voluntariamente (contrariando, ironicamente, a origem da expressão, advinda de "imposição"), mas pouquíssimos o fazem, fazendo da Internet uma zona livre de tributos.

Em prosseguimento, o ITFA barrou a imposição de múltiplos tributos sobre o comércio eletrónico. Dessa regra, extrai-se que não é permitida a imposição de um mesmo tributo por dois Estados diferentes sobre a mesma hipótese de incidência tributária, denominada, em alguns ordenamentos, de dupla ou bi tributação.

Primordial relatar que, após a decisão da Suprema Corte dos Estados Unidos (*Quill Corp. v. North Dakota*), o Congresso tem o poder de estabelecer legislação de impostos de venda e uso dos Estados em vendas longínquas, incluindo-se vendas eletrônicas.

Neste desenrolar, o Congresso dos Estados Unidos da América continuamente renovou o ITFA (cinco vezes). Em 2001, 2004 e 2007 o ITFA foi prorrogado com alterações mínimas, que tão somente ilustravam novas definições trazidas pela evolução da Internet, e destacavam o panorama revolucionário da rede mundial de computadores.

As referidas extensões do ITFA levaram ao sentimento de que, em verdade, tratava-se de uma "moratória permanente" de tributos na

Internet. Em princípio, estas prorrogações seriam revisadas até Dezembro de 2014.

Contudo, o que de fato ocorreu, foi a aprovação de forma permanente da probição dos Estados de tributarem o acesso à Internet ou a imposição de tributos discriminatórios sobre *e-commerce*, com o "Permanent Internet Tax Freedom Act – PITFA"[8].

Por conseguinte, o novo Permanent Internet Tax Freedom Act barra a imposição de novos tributos para o acesso à Internet; impede a instituição de tributos discriminatórios à Internet e impede tributação múltipla à Internet.

Neste contexto, a partir de 1º de Julho de 2020, o *Permanent Internet Tax Freedom Act* passou a ser implementado em todo os Estados Unidos, impedindo que os últimos poucos Estados anteriormente autorizados (e acima referidos) a tributar os provedores da Internet continuassem a fazê-lo.

2.2. Da isenção inicial para a imposição de alíquota incentivadora mínima

Em momento de fundamental distanciamento social, nossa proposta para a tributação do comércio eletrônico no Brasil começa pela isenção, por prazo determinado, ao comércio eletrônico e aos serviços digitais prestados à distância, incluindo os pagamentos eletrônicos.

A referida isenção deveria vigorar por 3 (três) anos, e depois, ser substituída por alíquotas incentivadoras ao e-commerce e aos serviços digitais, variando de 2% (dois) a 5% (cinco).

Com efeito, a discussão ganha força quando se observa que uma substancial fonte de receitas dos Estados (ICMS) e Municípios (ISS) deixaria de ser arrecadada por um período de três anos. De outra parte, a imposição tributária também restaria diminuída após este período, com alíquotas entre dois e cinco %.

No entanto, passou da hora do Brasil compreender a necessidade de alavancar áreas que revelam oportunidades de crescimento e desenvolvimento, com consequente geração de emprego e renda. Ainda, de

[8] *Vide* Congress.Gov. H.R.235 – Permanent Internet Tax Freedom Act. Disponível em:https://www.congress.gov/bill/114th-congress/house-bill/235/text. Acesso em: 23.04.2021.

incentivar o necessário distanciamento social, sempre que possível, ao utilizar as novas tecnologias de que são exemplo os múltiplos usos da Internet.

Conforme sabemos, em qualquer momento da história, os países sempre conviveram com a preocupação de garantir a arrecadação e, para isso, desenvolveram e aperfeiçoaram, constantemente, os modelos e sistemas de controle.

No entanto, na compatibilização entre as receitas oriundas do comércio eletrónico, e o privilégio concedido aos contribuintes de não serem tributados nas transações pela Internet, preferimos esta última, qual seja a não tributação por prazo determinado.

Não se trata de negar a imposição tributante neste segmento digital, mas, sim, conceder um privilégio necessário, para que se possa ultrapassar este momento de crise econômica nacional e internacional e, ao mesmo tempo, incentivar a inovação gerada pela utilização maciça das virtualidades proporcionadas pela Internet.

No mesmo passo, temos a compreensão de que a implementação de tais propostas esbarra em restrições constitucionais e legislativas em geral, ao retirar dos Estados e Municípios o exercício do poder tributante no segmento do e-commerce e dos serviços digitais, normalmente exercidos pelo ICMS e pelo ISS.

Não obstante, também compreendemos que outros desafios da Internet dificultam a efetiva tributação nacional dos segmentos digitais, conforme estudos anteriores, desde 2002, na conformação da tributação do comércio eletrônico[9].

Neste linha, muito embora os governos locais e estaduais possam deixar de arrecadar, somente nas atividades *online*, podendo significar futuras dificuldades no oferecimento de serviços públicos esperados pelos cidadãos, a continuidade dos impactos brutais proporcionados pela pandemia do novo coronavírus parece ser muito pior.

Por outro lado, a tributação sempre desencoraja o crescimento e o desenvolvimento de novos negócios. Contudo, há vantagens compensadoras no *e-commerce*, como conveniência, velocidade e facilidade para o uso, sendo difícil, inicialmente, quantificar a diminuição deste negócio

[9] *Vide* o nosso: FREIRE E ALMEIDA, Daniel. *A Tributação do Comércio Electrónico nos Estados Unidos da América e na União Europeia*. Coimbra: Universidade de Coimbra, 2002, 250 p.

face à fiscalidade. No entanto estima-se que a não aplicação de impostos sobre o comércio eletrônico aumentaria em mais de 50% o número de compradores *online*.

Não podemos esquecer, que, neste momento de crise sanitária, torna-se fundamental a manutenção da vida, sendo fundamentais os incentivos para encorajar e manter novos investimentos no setor digital.

Em verdade, a fixação de impostos, locais e Estaduais, sobre as transações através da Internet não encoraja substancialmente os vendedores digitais em relação aos negócios presenciais.

Não é novidade que a não imposição tributária nos Estados Unidos tenha resultado em milhares de empresas exercendo a liderança global do e-commerce.

No mesmo passo, a imposição de tributos sobre a Internet é mais do que um debate filosófico e ideológico, podendo trazer efeitos ao desenvolvimento econômico, na criação de empregos, de riquezas e prosperidade.

As consequências econômicas das atitudes governamentais são profundas e sérias. Observe-se, que a Internet traz uma vantagem competitiva e comparativa para os Estados Unidos, sendo que a imposição tributária traria efeitos críticos em um momento de necessidade de desenvolvimento como este.

No Brasil, na situação das empresas, em que o vendedor quer proporcionar um menor custo aos compradores, com a menor intrusão possível do governo, os custos, para coletar impostos sobre vendas, são extremamente altos. Já sob a óptica dos consumidores, estes preferem os menores preços, com os menores custos na transação e realizam esforços para diminuir o pagamento de tributos. Quanto aos Estados e municípios, estes simplesmente querem as receitas. Inovadoras, políticas e filosóficas justificativas são criadas para a instituição de novas alíquotas tributárias, sendo que, ao final, os vendedores devem coletar e remeter as receitas para as autoridades tributárias, sem nenhum suporte estatal.

Com efeito, o comércio eletrônico merece um tratamento privilegiado no Brasil, justificado, em parte, pelo potencial econômico e a diminuição do risco sanitário que se apresenta.

Em um momento onde se vislumbram propostas de um imposto digital, propugnamos pelo contrário, neste momento.

No mesmo sentido, os conflitos e desafios colocados pelo e-commerce, em virtude das características da Internet, como internacionalidade, digitalização, entre outros, refletem as dificuldades de um novo sistema tributário neste setor. A todo instante, novas descobertas mudam os rumos da atividade comercial, obrigando os legisladores à constante atualização.

Por conseguinte, da análise do presente e excepcional cenário é que propomos, no segmento tributário nacional, uma isenção fiscal nas atividades de comércio eletrônico e de serviços digitais prestados à distância, incluindo os pagamentos eletrônicos, pelo período de 3 (três) anos.

Em período posterior, recuperada a normalidade da atividade econômica, com o devido controle sanitário resultado das medidas de distanciamento e vacinação total da população brasileira, propomos alíquotas incentivadoras para a atividade de *e-commerce* e serviços digitais, em torno de 2% (dois) a 5% (cinco).

Conclusões

Posto tudo isso, concluímos que as novas tecnologias não são apenas ferramentas, elas formam os nossos modos de comunicação, e também os processos de alguns de nossos pensamentos, e de parte de nossa criatividade.

A Internet como veículo central das tecnologias emergentes terá chegado a prestar-se como um novo fórum para a coesão social e discussões democráticas, bem como continuar como uma plataforma de informação, entretenimento, comunicação, e comércio eletrônico.

De fato, as pessoas têm-se utilizado de diversas e inovadoras ferramentas digitais, que passam pela utilização de *e-mails*, mensagens instantâneas, visitas a *web sites*, páginas de relacionamento digital, e até mesmo o comércio eletrônico.

As diversas transformações, atividades e relacionamentos oportunizados pelos múltiplos usos da Internet, configuram-se como pontos formadores de uma nova sociedade digital, que convenientemente é necessária em momento de crise sanitária global.

Por conseguinte, neste cenário de fundamental distanciamento social, nossas conclusões primam pela isenção sobre a tributação do comércio eletrônico no Brasil, por prazo determinado, incluindo serviços digitais prestados à distância e os pagamentos eletrônicos.

Conforme defendido, a isenção deveria vigorar por três anos, e posteriormente, ser substituída por alíquotas incentivadoras ao e-commerce e aos serviços digitais, com variações entre dois e cinco por cento.

Logo, entre a compatibilização entre as receitas oriundas do comércio eletrônico, e o privilégio concedido aos contribuintes de não serem tributados nas transações pela Internet, defendemos a isenção neste momento tão impactante.

Tudo, pois, para que se possa ultrapassar este momento de crise econômica nacional e internacional e, da mesma forma, incentivar a inovação gerada pela utilização maciça das virtualidades proporcionadas pela Internet.

Assim, o comércio eletrônico merece um tratamento privilegiado no Brasil, justificado, em parte, pelo potencial econômico e a diminuição do risco sanitário que se apresenta.

Por tudo quanto analisado é que, diante do presente e excepcional contexto, propomos uma isenção fiscal nas atividades de comércio eletrônico e de serviços digitais prestados à distância, por prazo determinado de três anos.

Após este período, superados os entraves econômicos, e com o devido controle sanitário, defendemos alíquotas incentivadoras para as atividades de *e-commerce* e de serviços digitais, entre dois e cinco por cento.

Referências

ABELSON, Harold, LEDEEN, K., LEWIS, Harry. *Blown to Bits: your life, liberty, and happiness after the Digital explosion.* Boston: Addison-Wesley, 2008.

BAASE, Sara. *A Gift of Fire: Social, Legal, and Ethical Issues for Computing and the Internet.* New Jersey: Prentice Hall, 2007.

BARNES, Stuart. *E-commerce and v-business: digital enterprise in the twenty-first century.* Amsterdan: Elsevier, 2007.

CALLIESS, Gralf-Peter, HOFFMANN, Hermann. *Judicial Services for Global Commerce – Made in Germany?* German Law Journal, Volume 10, nº 02, 2009.

CARR, Nicholas G. *The Big Switch: Rewiring the World, from Edison to Google.* New York: Norton & Company, 2008.

CAVANAGH, Allison. *Sociology in the age of the Internet.* Maidenhead: McGraw-Hill International, 2007.

CHAFFEY, Dave. *E-business and e-commerce management: strategy, implementation and practice.* Harlow: Prentice Hall/Financial Times, 2007.

CONGRESS, HOUSE. *Internet Tax Freedom Act*, par. 1101(a)(1).

CONGRESS.GOV. H.R.235 – *Permanent Internet Tax Freedom Act*. Disponível em: https://www.congress.gov/bill/114th-congress/house-bill/235/text. Acesso em: 23.04.2021.

FREIRE E ALMEIDA, Daniel. *A Tributação do Comércio Electrónico nos Estados Unidos da América e na União Europeia*. Coimbra: Universidade de Coimbra, 2002. 250p.

–. *O E commerce Internacional e a Economia Virtual na Vida Real: Prospectiva Legis lativa*. *In:* HIRONAKA, Giselda (Org.) *O Novo Código Civil e sua Interface no Ordenamento Jurídico Brasileiro*. Belo Horizonte: Del Rey, 2004.

–. *Obrigações Empresariais na Tributação do Comércio Eletrônico*. In: GOMES, Fabio Luiz. (Org.). *Obrigações Empresariais*. São Paulo: Saraiva, 2016.

–. *The Taxation of Electronic Commerce in the United States of America and in the European Union*. São Paulo: Almedina, 2015.

GIDDENS, Anthony. *Sociologia*. Lisboa: Fundação Calouste Gulbenkian, 2009.

HELLERSTEIN, Walter, HOUGHTON, Kendall L. *State Taxation of Electronic Commerce: Perspectives on Proposal for Change and Their Constitutionality*. Brigham Young University Law Review, Volume 2000, Number 1, 2000.

LEITE DE CAMPOS, Diogo. *A Internet e o Princípio da Territorialidade dos Impostos*. Lisboa: Revista da Ordem dos Advogados, ano 58, 1998.

OECD. *Addressing the Tax Challenges of the Digital Economy, OECD/G20 Base Erosion andProfit Shifting Project, OECD Publishing*, 2014. Disponível em: https://www.oecd-ilibrary.org/docserver/9789264218789-en.pdf?expires=1619211666&id=id&accname=guest&checksum=8986A702DE24BD7E97849475C25EBB16. Acesso em: 10.02.2021.

–. *Electronic Commerce: The Challenges to Tax Authorities and Taxpayers. in* Rivista di DirittoFinanziario e ScienzadelleFinanze, LVII, 2, I, 1998.

–. *Tax Policy Reforms 2021. Special Edition on Tax Policy during the COVID-19 Pandemic*. Disponível em: https://www.oecd.org/tax/tax-policy-reforms-26173433.htm. Acesso em: 10.02.2021.

U.S. GOVERNMENT PUBLISHING OFFICE. Public Law 105-277-Oct. 21, 1998. Disponível em: https://www.govinfo.gov/content/pkg/PLAW-105publ277/pdf/PLAW-105publ277.pdf. Acesso em: 23.04.2021.

2.
REFORMA TRIBUTÁRIA NO BRASIL – QUANDO FAZER E PORQUE FAZER

Eduardo Maneira

Introdução

Escrevo este artigo em 12/04/2021, data em que o Brasil, por números oficiais, superou 353 mil mortes e 13 milhões de casos de Covid-19.

São tempos de instabilidade, imprevisibilidade, enfim, de insegurança.

É neste cenário que iremos tratar da reforma tributária, olhando para a frente, esperançosos de que venceremos a pandemia e que o futuro poderá ser melhor, se nos esforçarmos para isto.

Há pelo menos 20 anos defendemos uma reforma tributária que tenha por objetivo principal a implementação do IVA (Imposto sobre Valor Agregado). Toda a Europa, inclusive o leste europeu, que saiu em um passado recente do comunismo/socialismo para o capitalismo, adota o IVA. Toda a América Latina e a África também. A Índia, em 2017, passou a adotar o IVA, deixando o Brasil em uma posição retrógrada e solitária.

Quando se fala em reforma tributária, estamos falando, obviamente, da reforma do Sistema Tributário Nacional, na Constituição. Assim, o primeiro ponto a ser observado são os limites estabelecidos no art. 60, § 4º, da Constituição Federal, ao Poder Constituinte Derivado[1].

[1] Constituição Federal de 1988: "Art. 60. (...) § 4º Não será objeto de deliberação a proposta de emenda tendente a abolir: I – a forma federativa de Estado; II – o voto direto, secreto,

Ou seja, a reforma tributária deve observar, especialmente, a forma federativa de Estado e os direitos e garantias individuais. A positivação da segurança jurídica em matéria tributária mereceu atenção nas Constituições pátrias, sendo que na Constituição de 1988 podemos identificá-la nos princípios da legalidade, anterioridade e irretroatividade. Tais princípios, que em conjunto, representaria o que denominamos de princípio da não-surpresa, são a expressão constitucional da segurança jurídica tributária.

Desse modo, sabemos que devem ficar de fora os princípios constitucionais tributários que são garantias do cidadão-contribuinte e, portanto, cláusulas pétreas, no entendimento do Supremo Tribunal Federal[2].

universal e periódico; III – a separação dos Poderes; IV – os direitos e garantias individuais."

[2] Foi o que o Supremo Tribunal Federal decidiu no julgamento da Ação Direta de Inconstitucionalidade nº 939, que recebeu a seguinte ementa: "Direito Constitucional e Tributário. Ação Direta de Inconstitucionalidade de Emenda Constitucional e de Lei Complementar. I.P.M.F. Imposto Provisório sobre a Movimentação ou a Transmissão de Valores e de Créditos e Direitos de Natureza Financeira – I.P.M.F. Artigos 5., par. 2., 60, par. 4., incisos I e IV, 150, incisos III, "b", e VI, "a", "b", "c" e "d", da Constituição Federal. 1. Uma Emenda Constitucional, emanada, portanto, de Constituinte derivada, incidindo em violação à Constituição originária, pode ser declarada inconstitucional, pelo Supremo Tribunal Federal, cuja função precípua e de guarda da Constituição (art. 102, I, "a", da C.F.). 2. A Emenda Constitucional n. 3, de 17.03.1993, que, no art. 2., autorizou a União a instituir o I.P.M.F., incidiu em vício de inconstitucionalidade, ao dispor, no parágrafo 2. desse dispositivo, que, quanto a tal tributo, não se aplica "o art. 150, III, "b" e VI", da Constituição, porque, desse modo, violou os seguintes princípios e normas imutáveis (somente eles, não outros): 1. – O princípio da anterioridade, que é garantia individual do contribuinte (art. 5., par. 2., art. 60, par. 4., inciso IV e art. 150, III, "b" da Constituição); 2. – O princípio da imunidade tributária recíproca (que veda a União, aos Estados, ao Distrito Federal e aos Municípios a instituição de impostos sobre o patrimônio, rendas ou serviços uns dos outros) e que é garantia da Federação (art. 60, par. 4., inciso I, e art. 150, VI, "a", da C.F.); 3. – A norma que, estabelecendo outras imunidades impede a criação de impostos (art. 150, III) sobre: "b"): templos de qualquer culto; "c"): patrimônio, renda ou serviços dos partidos políticos, inclusive suas fundações, das entidades sindicais dos trabalhadores, das instituições de educação e de assistência social, sem fins lucrativos, atendidos os requisitos da lei; e "d"): livros, jornais, periódicos e o papel destinado a sua impressão; 3. Em consequência, e inconstitucional, também, a Lei Complementar n. 77, de 13.07.1993, sem redução de textos, nos pontos em que determinou a incidência do tributo no mesmo ano (art. 28) e deixou de reconhecer as imunidades previstas no art. 150, VI, "a", "b", "c" e "d" da C.F. (arts. 3., 4. e 8. do mesmo

Pode-se afirmar que há no Brasil um movimento a favor da reforma tributária e que o debate em torno das propostas avançou bastante em 2019 e início de 2020.

Em 07 de abril de 2021 divulgou-se uma carta em defesa de uma reforma tributária ampla, subscrita por muitas entidades de relevo como o Comsefaz (Comitê Nacional dos Secretários de Fazenda dos Estados e do Distrito Federal), a CNM (Confederação Nacional dos Municípios), e o CCIF (Centro de Cidadania Fiscal). No documento, as referidas entidades afirmam que *"Apesar de algumas divergências pontuais, a grande maioria das propostas para reformar o sistema brasileiro de tributação do consumo que tramitam no Congresso nacional converge para o mesmo caminho: simplificação com redução da burocracia declaratória, padronização, unificação da base de incidência, não-cumulatividade, adoção do princípio de destino, combate à sonegação e corrupção, redução da regressividade e fim da guerra fiscal"* De fato, esta é a síntese dos projetos que tramitam atualmente no Congresso Nacional.

Mas, sendo realistas, no momento excepcional pelo qual estamos passando em razão da pandemia e talvez, principalmente, pela crise política, não temos, infelizmente, condições de avançar com um projeto amplo de reforma tributária – que exige um grande pacto político e federativo – nem de tomar quaisquer medidas no sentido de criar tributos novos ou aumentar tributos antigos.

Assim, reafirmo que o presente artigo mira o futuro, na esperança de que tempos melhores virão.

1. O Sistema Tributário na Constituição de 1988

Em 5 de outubro de 2018, a nossa Constituição fez 30 anos. É um aniversário que mereceu ser comemorado. A Assembleia Nacional Constituinte, eleita em 1986 e instalada no início de 1987, realizou um trabalho monumental pela democracia brasileira, possibilitando a transição do regime militar para um regime democrático.

diploma, L.C. n. 77/93). 4. Ação Direta de Inconstitucionalidade julgada procedente, em parte, para tais fins, por maioria, nos termos do voto do Relator, mantida, com relação a todos os contribuintes, em caráter definitivo, a medida cautelar, que suspendera a cobrança do tributo no ano de 1993. (ADI 939, Relator Min. Sydney Sanches, Tribunal Pleno, julgado em 15/12/1993, DJ 18-03-1994 PP-05165 EMENT VOL-01737-02 PP-00160)

A partir da Constituição de 1988, o Brasil poderia novamente ser chamado de Estado Democrático de Direito.

O Sistema Tributário Nacional estabelecido na nova Constituição Federal não representou uma mudança significativa em sua estrutura, se comparado à Emenda Constitucional nº 18/1965, à Constituição de 1967, à Emenda Constitucional nº 1/1969, bem como em relação ao Código Tributário Nacional, Lei nº 5.172/1966.

As mudanças mais significativas, infelizmente, foram no sentido de reforçar uma anomalia histórica do nosso sistema, que é a de atribuir aos Estados-membros o poder de tributar o consumo por intermédio do ICMS (Imposto sobre Circulação de Mercadorias e Serviços).

Na Constituição anterior, os estados tinham o ICM e, a partir da CF de 1988, passaram a ter o ICMS, que, além de todos os campos de incidência do antigo imposto, passou a alcançar os serviços de comunicação, transportes e os impostos especiais da União, incidentes sobre operações relativas a combustíveis, lubrificantes, energia elétrica e minerais.

Diga-se, de passagem, perdeu-se uma grande oportunidade em 1965, quando se fez efetivamente um esforço de racionalização do sistema tributário que culminou na EC nº 18/65 e, logo depois, no CTN, de passar para a União a tributação do consumo, concentrada em um único imposto.

Mas mesmo o regime militar não teve força política para romper com a tradição em que os Estados-membros tributavam o comércio de mercadorias – IVC[3], que se tornou "imposto sobre operações relativas à circulação de mercadorias" – ICM; a União, as mercadorias industrializadas (antigo imposto de consumo, atual IPI); e os municípios, os serviços (antigo imposto de indústrias e profissões), atual ISS.

Estruturado para atender à forma federativa de Estado, o nosso sistema trata de repartir as competências tributárias entre a União, estados, Distrito Federal e municípios e de limitar o exercício dessas competências por meio dos princípios constitucionais tributários e das imunidades. Apesar de os 30 anos da Constituição merecerem aplausos, certo é que a reforma tributária se faz necessária.

[3] Imposto sobre Vendas e Consignação.

2. A Reforma Tributária conciliada com o Federalismo

É certo que a ideia de federalismo nos leva a pensar em, pelo menos, dois níveis de governo, com autoridade sobre o mesmo território e o mesmo povo, com garantia de uma certa autonomia para cada governo atuar em uma ou mais áreas.

O federalismo pressupõe também a existência de ordens jurídicas parciais, que são os Estados-membros, e a ordem jurídica nacional, da qual emanam normas jurídicas válidas para todo o território nacional, tais como a lei complementar brasileira[4] e a Constituição Federal.

O federalismo ressalta a subsidiariedade, valorizando a participação do cidadão na comunidade, promovendo a solidariedade e a colaboração entre diferentes. Além disso, o que o distingue, em especial, de um Estado Unitário, é a colaboração e a solidariedade entre os entes que compõem a federação na busca de um ideal comum de justiça.

E, falando de federalismo, devemos reconhecer as nossas peculiaridades. Nos Estados Unidos da América (EUA), temos o exemplo do federalismo clássico, fruto de uma progressão histórica de um movimento de fora para dentro, em que as 13 colônias celebraram, em 1781, um contrato para a formação da Confederação de Estados; firmaram a Convenção da Filadélfia, em 1787; evoluindo para o que hoje são os Estados Unidos.

No Brasil, ao contrário do modelo clássico norte-americano, o federalismo é um movimento de dentro para fora. Na monarquia, na Constituição de 1824, éramos um Estado Unitário dividido em províncias com

[4] Constituição de 1988: "Art. 146. Cabe à lei complementar: I – dispor sobre conflitos de competência, em matéria tributária, entre a União, os Estados, o Distrito Federal e os Municípios; II – regular as limitações constitucionais ao poder de tributar; III – estabelecer normas gerais em matéria de legislação tributária, especialmente sobre: a) definição de tributos e de suas espécies, bem como, em relação aos impostos discriminados nesta Constituição, a dos respectivos fatos geradores, bases de cálculo e contribuintes; b) obrigação, lançamento, crédito, prescrição e decadência tributários; c) adequado tratamento tributário ao ato cooperativo praticado pelas sociedades cooperativas. d) definição de tratamento diferenciado e favorecido para as microempresas e para as empresas de pequeno porte, inclusive regimes especiais ou simplificados no caso do imposto previsto no art. 155, II, das contribuições previstas no art. 195, I e §§ 12 e 13, e da contribuição a que se refere o art. 239. (Incluído pela Emenda Constitucional nº 42, de 19.12.2003)"

quase nenhuma autonomia[5]. Na República, nos tornamos Estado federal por Decreto, confirmado na Constituição de 1891[6]. Esse artificialismo na implementação do federalismo brasileiro é uma das razões históricas de termos uma concentração de poder e renda na União, em desfavor dos estados.

Onosso federalismo tem ainda uma outra característica única, que é o fato de os municípios terem status de ente federado[7], o que resulta em autonomia financeira e competência tributária para mais de 5 mil entes[8].

Assim, é fundamental que pensemos a reforma tributária a partir da nossa estrutura de Estado Federal. E há aqui alguns equívocos. O primeiro é o de que pensamos na reforma tributária mirando a relação Estado-contribuinte, ou seja, nas questões ligadas à competência e às limitações ao poder de tributar, mas não cuidando de outra questão fundamental, que é a repartição de receitas.

Ou seja, a reforma tributária, vista pela lente do Direito Financeiro, poderá contribuir, em muito para uma mudança que promova simplificação e segurança jurídica.

[5] Constituição de 1824: "Art. 165 – Haverá em cada Província um Presidente, nomeado pelo Imperador, que o poderá remover, quando entender, que assim convém ao bom serviço do Estado".

[6] Constituição de 1891: "Art 1º – A Nação brasileira adota como forma de Governo, sob o regime representativo, a República Federativa, proclamada a 15 de novembro de 1889, e constitui-se, por união perpétua e indissolúvel das suas antigas Províncias, em Estados Unidos do Brasil".

[7] Constituição de 1988: "Art. 1º – A República Federativa do Brasil, formada pela união indissolúvel dos Estados e Municípios e do Distrito Federal, constitui-se em Estado Democrático de Direito e tem como fundamentos: (...)".

[8] Constituição de 1988: "Art. 145 – A União, os Estados, o Distrito Federal e os Municípios poderão instituir os seguintes tributos: I – impostos; II – taxas, em razão do exercício do poder de polícia ou pela utilização, efetiva ou potencial, de serviços públicos específicos e divisíveis, prestados ao contribuinte ou postos a sua disposição; III – contribuição de melhoria, decorrente de obras públicas. (...)
Art. 156 – Compete aos Municípios instituir impostos sobre: I – propriedade predial e territorial urbana; II – transmissão 'inter vivos', a qualquer título, por ato oneroso, de bens imóveis, por natureza ou acessão física, e de direitos reais sobre imóveis, exceto os de garantia, bem como cessão de direitos a sua aquisição; III – serviços de qualquer natureza, não compreendidos no art. 155, II, definidos em lei complementar. (Redação dada pela Emenda Constitucional nº 3, de 1993)"

A discussão deve começar, portanto, pelo Direito Financeiro e, depois, chegar ao Direito Tributário. Deveria começar com a definição clara das responsabilidades, das obrigações e dos deveres de cada um dos entes federados. Evitar as sobreposições hoje existentes.

Por exemplo: o munícipio está sobrecarregado com o ensino infantil, educação fundamental, sistema de saúde (com especial destaque para a rede de urgência e emergência), além da limpeza urbana, preservação dos espaços públicos, praças etc.[9] É importante que o município cuide disso tudo, e que se deem condições financeiras para que ele arque com todas essas responsabilidades. Isso não quer dizer que ele tenha de, necessariamente, ter competência para instituir e cobrar ISS. São coisas diferentes. O que é necessário é haver regras claras de repartição de receitas tributárias.

Eventual concentração da competência legislativa/tributária no âmbito da União não significa, *a priori*, ofensa ao federalismo. Ninguém questiona que a Alemanha é um Estado Federal composto pela União e por 16 estados. Nós temos 26 estados, o Distrito Federal e mais 5 mil e tantos municípios com status de entes federados.

Na Alemanha, que tem uma estrutura muito mais simplificada, a competência tributária – isto é, o poder de instituir tributos – é concentrada na União, com divisão de competências administrativas, bem como divisão de receitas, visando, dentre outros objetivos, ao equilíbrio

[9] Constituição de 1988: "Art. 30. Compete aos Municípios: (...) III – instituir e arrecadar os tributos de sua competência, bem como aplicar suas rendas, sem prejuízo da obrigatoriedade de prestar contas e publicar balancetes nos prazos fixados em lei; IV – criar, organizar e suprimir distritos, observada a legislação estadual; V – organizar e prestar, diretamente ou sob regime de concessão ou permissão, os serviços públicos de interesse local, incluído o de transporte coletivo, que tem caráter essencial; VI – manter, com a cooperação técnica e financeira da União e do Estado, programas de educação infantil e de ensino fundamental; (Redação dada pela Emenda Constitucional nº 53, de 2006) VII – prestar, com a cooperação técnica e financeira da União e do Estado, serviços de atendimento à saúde da população; VIII – promover, no que couber, adequado ordenamento territorial, mediante planejamento e controle do uso, do parcelamento e da ocupação do solo urbano; IX – promover a proteção do patrimônio histórico-cultural local, observada a legislação e a ação fiscalizadora federal e estadual."

federativo[10]. No Brasil, foca-se muito na competência para instituir tributo e pouco na importantíssima questão da repartição de receitas.

[10] É o que dispõem os arts. 72(2), 105 e 106 da Lei Fundamental da Alemanha, conforme tradução oficial para o inglês:
"Article 72 [Concurrent legislative powers]
(1) On matters within the concurrent legislative power, the Länder shall have power to legislate so long as and to the extent that the Federation has not exercised its legislative power by enacting a law.
(2) The Federation shall have the right to legislate on matters falling within items 4, 7, 11, 13, 15, 19a, 20, 22, 25 and 26 of paragraph (1) of Article 74, if and to the extent that the establishment of equivalent living conditions throughout the federal territory or the maintenance of legal or economic unity renders federal regulation necessary in the national interest.
(...)
Article 105 [Distribution of powers regarding tax laws]
(1) The Federation shall have exclusive power to legislate with respect to customs duties and fiscal monopolies.
(2) The Federation shall have concurrent power to legislate with respect to all other taxes the revenue from which accrues to it wholly or in part or as to which the conditions provided for in paragraph (2) of Article 72 apply.
(2a) The Länder shall have power to legislate with regard to local taxes on consumption and expenditures so long and insofar as such taxes are not substantially similar to taxes regulated by federal law. They are empowered to determine the rate of the tax on acquisition of real estate.
(3) Federal laws relating to taxes the revenue from which accrues wholly or in part to the Länder or to municipalities (associations of municipalities) shall require the consent of the Bundesrat.
Article 106 [Apportionment of tax revenue and yield of fiscal monopolies]
(1) The yield of fiscal monopolies and the revenue from the following taxes shall accrue to the Federation: 1. customs duties; 2. taxes on consumption insofar as they do not accrue to the Länder pursuant to paragraph (2), or jointly to the Federation and the Länder in accordance with paragraph (3) or to municipalities in accordance with paragraph (6) of this Article;
(...)
(2) Revenue from the following taxes shall accrue to the Länder: 1. the property tax; 2. the inheritance tax; 3. the motor vehicle tax; 4. such taxes on transactions as do not accrue to the Federation pursuant to paragraph (1) or jointly to the Federation and the Länder pursuant to paragraph (3) of this Article; 5. the beer tax; 6. the tax on gambling establishments.
(3) Revenue from income taxes, corporation taxes and turnover taxes shall accrue jointly to the Federation and the Länder (joint taxes) to the extent that the revenue from the income tax and the turnover tax is not allocated to municipalities pursuantto paragraphs (5) and (5a) of this Article. The Federation and the Länder shall share equally the revenues from income taxes and corporation taxes. The respective shares of the Federation and the Länder in the revenue from the turnover tax shall be determined by a federal law requiring the consent of the Bundesrat. Such determination shall be based on the following principles: (...)"
Disponível em: https://www.btg-bestellservice.de/pdf/80201000.pdf. Acesso em 18.12.2018.

A tributação do consumo no Brasil, Estado Federal, como já se disse, é repartida entre a União (IPI), os estados (ICMS) e os municípios (ISSQN). Esta tripla competência para se tributar o consumo sempre gerou problemas. Além disso, são 26 estados e o Distrito Federal com competência para instituir o ICMS, e mais de 5 mil municípios para instituir o ISSQN (Imposto Sobre Serviços de Qualquer Natureza), gerando ambiente propício para que estados e municípios lutem entre si, a fim de atrair o maior número de investimentos, por meio de concessão de benefícios fiscais.

3. Breve resumo das principais propostas que tramitam no Congresso Nacional

As duas principais propostas de reforma tributária que tramitam no Congresso Nacional, a PEC 45/2019, da Câmara dos Deputados, e a PEC 110/2019, do Senado Federal, têm por foco a tributação dos bens e serviços, ou, por outras palavras, a tributação do consumo.

A PEC 45/2019 que tramita na Câmara dos Deputados, apresentada pelo deputado. Baleia Rossi e elaborada pelo CCif – Centro de Cidadania Fiscal, propõe a substituição de cinco tributos (PIS/Cofins/IPI/ICMS/ISS) por um único imposto do tipo IVA, chamado IBS (Imposto sobre Bens e Serviços), complementado por um imposto seletivo federal, com incidência monofásica sobre bens e serviços geradores de externalidades negativas, como, por exemplo, os cigarros.

A alíquota do IBS será uniforme para todos bens e serviços, não terá qualquer benefício fiscal, com incidência não-cumulativa, crédito amplo, tributação no destino, desoneração completa das exportações e dos investimentos, com arrecadação centralizada e distribuição da receita para a União, os estados e os municípios. A gestão do novo imposto seria da Agência Tributária Nacional que coordenaria a fiscalização feita pelos fiscos federal, estaduais e municipais, bem como cuidaria da administração financeira, da interpretação e consulta.

A PEC 110/2019 que tramita no Senado Federal, foi, a rigor, a reapresentação, no Senado, da PEC 293/2004, do deputado Luiz Carlos Hauly, aprovada na Comissão Especial da Câmara em dezembro de 2018.

Pela redação original da PEC 110/2019 criava-se um tributo estadual, IBS, que substituiria nove tributos, (IPI, IOF, PIS, Pasep, Cofins, Cide-Combustível, Salário-Educação, ICMS e ISS) com alíquotas fixadas por lei complementar. O relator, senador Roberto Rocha, propôs um IBS dual, um federal, resultado da fusão de cinco impostos federais e mais as contribuições de competência da União e um IBS estadual, resultado da fusão do ICMS e do ISS. Pela proposta do senador Roberto Rocha, o imposto seletivo, que originalmente teria função arrecadatória, passaria, tal como na PEC 45/2019 a ter função extra-fiscal.

A PEC 110, ao contrário da PEC 45, prevê a possibilidade de concessões de benefícios fiscais, mantém a Zona Franca de Manaus e permite a existência de alíquotas diferenciadas.

O governo federal apresentou, em 21/07/2020, o que chamou de primeira parte da proposta de reforma tributária que prevê a extinção do PIS e da Cofins e a criação da Contribuição Social sobre Operações com Bens e Serviços (CBS), com alíquota única de 12%.

Merece ainda registro a proposta do Simplifica Já, capitaneada pela Abrasf (Associação Brasileira das Secretarias de Finanças das Capitais) e Anafisco (Associação Nacional dos Auditores Fiscais de Tributos dos Municípios e Distrito Federal) por meio da emenda substitutiva global nº 144 à PEC 110/2019, cujos principais aspectos seriam a uniformização do ISS e do ICMS e a desoneração parcial da folha de pagamentos.

Em 19/02/2020 foi criada a Comissão Mista Temporária destinada a consolidar o texto da Reforma Constitucional Tributária, tendo como relator o deputado Aguinaldo Ribeiro e presidente o senador Roberto Rocha. Esta comissão teve sucessivas prorrogações de prazos de funcionamento, sendo a última em final de março de 2021, por mais trinta dias, sendo que, até a presente data, não apresentou o seu relatório.

4. A reforma tributária que devemos construir

A reforma tributária deveria ter por objetivo simplificar e modernizar o sistema tributário, adequando-o à economia do século XXI. Com este objetivo, deveria tratar especialmente dos impostos sobre consumo (ICMS, IPI, ISSQN), das contribuições sociais e da repartição das receitas tributárias.

Reunir os tributos sobre o consumo – ICMS, IPI, ISS, bem como o PIS e a Cofins – em um único imposto – o Imposto sobre Valor Agregado (IVA) nacional, simplificaria e daria maior eficiência ao sistema. Isso poderia diminuir a carga e praticamente eliminaria a guerra fiscal.

Além disso, o IVA eliminaria a tributação da receita bruta, que hoje existe por conta do PIS e da Cofins. Nenhum país elege a receita como fato revelador de capacidade contributiva e, portanto, tributável.

A tributação da receita é uma das grandes anomalias do nosso sistema, e a sua sistemática gera muitas distorções. Tributa-se como receita aquilo que é cobrado, mas que não foi pago, ou seja, tributa-se a inadimplência[11]. Tributa-se como receita própria o que, muitas vezes, é receita de terceiros, que simplesmente passou pelo caixa da empresa, mas que não foi apropriada por ela. Tributa-se como receita até mesmo o reembolso de despesas. Ou seja, substituir a tributação da receita bruta por

[11] "EMENTA TRIBUTÁRIO. CONSTITUCIONAL. COFINS/PIS. VENDAS INADIMPLIDAS. ASPECTO TEMPORAL DA HIPÓTESE DE INCIDÊNCIA. REGIME DE COMPETÊNCIA. EXCLUSÃO DO CRÉDITO TRIBUTÁRIO. IMPOSSIBILIDADE DE EQUIPARAÇÃO COM AS HIPÓTESES DE CANCELAMENTO DA VENDA. 1. O Sistema Tributário Nacional fixou o regime de competência como regra geral para a apuração dos resultados da empresa, e não o regime de caixa. (art. 177 da Lei nº 6.404/"76). 2. Quanto ao aspecto temporal da hipótese de incidência da COFINS e da contribuição para o PIS, portanto, temos que o fato gerador da obrigação ocorre com o aperfeiçoamento do contrato de compra e venda (entrega do produto), e não com o recebimento do preço acordado. O resultado da venda, na esteira da jurisprudência da Corte, apurado segundo o regime legal de competência, constitui o faturamento da pessoa jurídica, compondo o aspecto material da hipótese de incidência da contribuição ao PIS e da COFINS, consistindo situação hábil ao nascimento da obrigação tributária. O inadimplemento é evento posterior que não compõe o critério material da hipótese de incidência das referidas contribuições. 3. No âmbito legislativo, não há disposição permitindo a exclusão das chamadas vendas inadimplidas da base de cálculo das contribuições em questão. As situações posteriores ao nascimento da obrigação tributária, que se constituem como excludentes do crédito tributário, contempladas na legislação do PIS e da COFINS, ocorrem apenas quando fato superveniente venha a anular o fato gerador do tributo, nunca quando o fato gerador subsista perfeito e acabado, como ocorre com as vendas inadimplidas. 4. Nas hipóteses de cancelamento da venda, a própria lei exclui da tributação valores que, por não constituírem efetivos ingressos de novas receitas para a pessoa jurídica, não são dotados de capacidade contributiva. 5. As vendas canceladas não podem ser equiparadas às vendas inadimplidas porque, diferentemente dos casos de cancelamento de vendas, em que o negócio jurídico é desfeito, extinguindo-se, assim, as obrigações do credor e do devedor, as vendas inadimplidas - a despeito de poderem resultar no cancelamento das vendas e na consequente devolução da mercadoria -, enquanto não sejam efetivamente canceladas, importam em crédito para o vendedor oponível ao comprador. 6. Recurso extraordinário a que se nega provimento. (RE 586482, Relator Min. Dias Toffoli, Tribunal Pleno, julgado em 23/11/2011, DJe-119 DIVULG 18-06-2012 PUBLIC 19-06-2012 RDDT n. 204, 2012, p. 149-157 RT v. 101, n. 923, 2012, p. 691-706)"

um imposto único e não-cumulativo sobre o consumo representaria um enorme avanço.

O principal argumento contrário ao IVA nacional, como já se disse, é o de que o novo imposto afrontaria o princípio federativo, na medida em que estaria restringindo a competência tributária dos estados e dos municípios. Discordamos desse argumento, porque o importante é que os entes federados tenham autonomia financeira, e não necessariamente ampla competência tributária.

Basta que a Constituição contemple regras claras de repartição de receitas. As máquinas estaduais e municipais continuariam a ser utilizadas na fiscalização e arrecadação desse novo imposto, de perfil nacional, de competência da União e cuja receita seria repartida por rígidas regras constitucionais.

A participação de entes federais na arrecadação de outros não é novidade, pelo contrário. A experiência brasileira da participação dos municípios em 25% da arrecadação do ICMS, por exemplo, é muito bem sucedida, além de todos os repasses que são feitos de impostos federais e estaduais por meio dos fundos de participação.

Emrelação à repartição da receita, defendemos que estados e municípios participem da arrecadação de todos os impostos e contribuições federais, e não apenas da arrecadação do Imposto de Renda, IPI e ITR.

Com isso, evita-se que a União conceda isenções e reduções de impostos que devam ser repartidos com estados e municípios, mantendo, de outro lado, a cobrança integral das contribuições que não são repartidas.

Seria uma ilusão pensarmos em uma reforma que tivesse por objetivo diminuir a carga. O que aumenta ou diminui a carga tributária é a graduação da alíquota.

Em suma, uma reforma tributária deve ter por objetivo: a) tornar mais simples o sistema, e mais seguro; b) unificar a tributação do consumo; c) eliminar a tributação da receita; d) estabelecer uma nova fórmula de repartição de receitas que tenha por objetivo promover o equilíbrio federativo e eliminar a guerra fiscal.

Conclusões

No Brasil, temos um sistema tributário que passa por constantes momentos de turbulência, que geram incertezas e, consequentemente, insegurança jurídica.

A simples existência de um ordenamento jurídico que positive a segurança jurídica por meio de princípios como os da legalidade, anterioridade e irretroatividade, não é suficiente para garantir a sua eficácia.

O conflito entre os entes da federação gera insegurança. A guerra fiscal instalada principalmente entre os estados da Federação é uma realidade, com os estados em um movimento autofágico, passando por cima da Constituição para oferecer vantagens aos contribuintes, com a finalidade de atrair os disputados investimentos.

A crise no princípio da separação dos poderes gera insegurança. O Poder Judiciário vem exercendo cada vez com mais desenvoltura o papel de legislador positivo, ou, por outras palavras, exercendo o ativismo judicial. Já o Poder Executivo vem se servindo abusivamente das medidas provisórias, decretos e outros instrumentos normativos, enquanto que o Poder Legislativo está cada vez mais atrofiado no seu papel de criar o direito positivo. Ou seja, o Poder Judiciário e o Executivo legislam cada vez mais e o Poder Legislativo é cada vez menos poder.

Mas, principalmente, um sistema complexo que gera indefinições, incertezas e alto grau de litigiosidade é fator de insegurança. O Brasil é campeão mundial no número de processos administrativos e judiciais em matéria tributária, ultrapassando a barreira dos milhões.

Entendemos que a reforma tributária é absolutamente necessária para trazer simplificação, menos litigiosidade, certeza, previsibilidade, fortalecimento da federação com menos conflito entre os entes estatais e adequação do sistema tributário a um novo tempo, de uma nova economia que terá por protagonistas os serviços de alta tecnologia, o comércio eletrônico e o mundo virtual.

Enfim, precisamos de uma reforma tributária que seja a base da segurança jurídica em um mundo novo cheio de desafios!

3.
O DIREITO CONSTITUCIONAL DE NÃO PAGAR IMPOSTOS INCONSTITUCIONAIS OU ILEGAIS

Fabio Luiz Gomes
Diogo Leite de Campos

1. A questão

O artigo 103º, nº 3, da Constituição da Republica portuguesa determina que ninguém é obrigado a pagar impostos inconstitucionais ou ilegais: "Ninguém pode ser obrigado a pagar impostos que não hajam sido criados nos termos da Constituição, que tenham natureza retroativa ou cuja liquidação e cobrança se não façam nos termos da lei".

Esta disposição chama a atenção e exige reflexão. Não por dizer algo que é óbvio, pois os impostos ilegais ou inconstitucionais não têm de ser pagos, como qualquer outra pretensa dívida. Não por isso: mas por ser expressa solenemente na Constituição da República.

Há que determinar a razão da sua inclusão em sede constitucional.

Qual é o seu alcance? Por que motivo foi aqui introduzida? O que acrescenta à mera regra de Direito ordinário de que ninguém é obrigado a pagar impostos ilegais ou inconstitucionais...?

Seria, parece-nos, um pouco artificialver aqui a consagração do dever constitucional de não pagar impostos inconstitucionais ou ilegais. Não parece necessário para proteção dos valores do Estado-de-Direito e dos--direitos.[1]

[1] Para desenvolvimentos, vd. Diogo Leite de Campos,Certeza e Segurança no Direito Tributário: a arbitragem, Revista da Ordem dos Advogados, ano 65, II, Lisboa, Setembro 2005, págs. 313 e segs.; Certeza e Direito Tributário: a arbitragem, in Tratado do Direito

2. A proteção dos direitos, liberdades e garantias do contribuinte

Iniciemos a análise do seu significado, da sua intenção, pois, pelo seu enquadramento em matéria de impostos, do direito de não pagar certas obrigações tributárias.

Não se encontra norma constitucional equivalente em matéria do direito de cobrar impostos na titularidade do sujeito ativo. Não se atribui constitucionalmente à Administração tributária qualquer privilégio na liquidação e cobrança dos impostos que fosse necessário equilibrar do lado do sujeito passivo.

Os "privilégios" que a Administração tributária vem invocando, como o da "execução prévia" e o da presunção de legalidade dos seus atos, têm a sua fonte em conceções autoritárias do Direito Administrativo.

Hoje estão em crise a favor da igualdade entre a Administração e os cidadãos, todos submetidos à lei. A Administração devendo cumprir a lei e não praticar atos de autoridade sobre os cidadãos, como se pretendia ainda há pouco, contra a dignidade da pessoa e os seus direitos e lesando o funcionamento da democracia.

Constitucional Tributário, Estudos em Homenagem a Paulo de Barros Carvalho, Coord. Heleno Taveira Tôrres, editora Saraiva, S. Paulo, 2005, págs. 773 e segs.; A jurisdicização dos Impostos: Garantias de Terceira Geração, in "O Tributo – Reflexão Multidisciplinar Sobre Sua Natureza" – Editora Forense – Rio de Janeiro – 200; "A Arbitragem Voluntária, Jurisdição Típica do Estado-Dos-Direitos e Dos-Cidadãos", coord. Diogo Leite de Campos, Gilmar Mendes e Ives da Silva Martins – A Evolução do Direito no Século XXI – Estudos de Homenagem ao Professor Doutor Arnoldo Wald, Almedina, 2007; A arbitragem em Direito Tributário português e o Estado-dos-cidadãos, Revista do Instituto dos advogados de Minas Gerais, 13, 2007, Belo Horizonte, págs. 161 e segs.; "Las tres fases de los principios fundamentales del Derecho Tributario", em Memórias de los seminarios de Derecho constitucional tributario, 2005-2006, VVAA. Suprema Corte de Justicia de la Nácion, México; A Arbitragem em Direito Tributário português e o estado-dos-cidadãos, em "Revista de Arbitragem e Mediação", Doutrina Internacional, Coord. Arnoldo Wald, Editora Revista dos Tribunais, São Paulo, Ano 4-12, Janeiro-Março de 2007, págs. 149 a 158; Do Estado--dos-poderes ao Estado-dos-cidadãos: a arbitragem voluntária, em "Constituição Federal – Avanços, contribuições e modificações no processo democrático brasileiro", Coordenação Ives Gandra da Silva Martins e Francisco Rezek, Co-edição Centro de Extensão Universitária e Editora Revista dos Tribunais, Brasil, 2008, págs. 134 a 148; A cidadania tributária: de sujeito passivo a sujeito ativo, in Ives Gandra da Silva Martins e Ricardo Castilho, coordenadores, Direito tributário e direitos fundamentais, Limitações ao poder de tributar, S. Paulo, Elsevier, Campus jurídico, 2012; Arbitragem Tributária – A centralidade da pessoa, in Base de dados jurídicos da Editora Almedina, Coimbra.

Portanto, pelo lado do contribuinte a relação obrigacional é uma obrigação "normal".

Isto, por muito importantes que sejam, e são, os impostos para financiar a prossecução pelo Estado do bem comum. Mas nunca com atropelo da justiça, sem a qual os governantes se aproximariam de "malfeitores" (Sto. Agostinho de Hipona).

Vamos deter-nosnos quadros constitucionais dos impostos, particularmente cuidadosos, perante a apetência do Estado, de garantir os direitos dos cidadãos. Assentando que pseudo-dívidas ilegais ou inconstitucionais, não devem ser pagas ou cobradas.

3. O sentido da norma

Esta norma tem um conteúdo de justiça, de proteção material do sujeito passivo que há que salvaguardar, não podendo haver recuos legais perante a proteção concedida ao contribuinte.

Não pagar impostos ilegais significa, pelo menos, que o contribuinte, para além de não pagar o imposto, não deve estar sujeito a encargos financeiros. Não será obrigado, nomeadamente, a suportar os encargos financeiros com a prestação de uma garantia.

Se esta lhe for exigida por o seu património não ser suficiente para garantir a pretensa dívida, e ele puder prestá-la, deve manter-se só por um curto prazo. Sendo reembolsados ao fim deste prazo os respetivos custos.

A rapidez da Justiça é uma obrigação do Estado, não sendo a sua demora um custo acrescido a onerar o contribuinte.

Por outro lado e levando em conta que a pendência de uma pretensão fiscal acarreta normalmente ónus para o contribuinte, nomeadamente através da diminuição correlativa da sua capacidade de endividamento junto da banca ou de aumento de capital, a justiça tem de ser célere – no máximo dois anos para decidir o caso. Sob pena de prescrição da eventual dívida.

Lembramos o regime da resistência perante atos que ofendam os direitos da personalidade: os ofendidos podem recorrer aos tribunais com efeito suspensivo do ato. É o que resulta do nº 1 do artigo 18º da CRP: "Os preceitos constitucionais respeitantes aos direitos, liberdades e garantias são diretamente aplicáveis e vinculam as entidades públicas e privadas."

O contribuinte, a quem seja exigido um imposto ilegal ou constitucional, não é obrigado a pagá-lo. É um regime semelhante ao da resistênciaperante atos que ofendam os direitos da personalidade.

Por outras palavras: a Constituição da República portuguesa reconhece que em matéria de pagamento de impostos, estão em causa valores de justiça e de segurança vinculados à dignidade da pessoa,equivalentes aos subjacentes aos direitos, liberdades e garantias.

Temos presente a importância decisiva que os impostos têm para o financiamento do apoio e satisfação aos direitos da personalidade.

Mas também conhecemos a importância fulcral da dignidade da pessoa.Haverá, por um lado, que evitar que a interpretação da Constituição da República – que nunca será mais do que uma interpretação – possa dar azo a efetiva fuga aos impostos constitucionais e legais, através de uma litigância injustificada.

E equilibrá-la com os direitos da pessoa que são o valor fundamental e que só serão satisfeitos por uma justiça que não onere o contribuinte.

Voltando atrás: há que minimizar os custos para o contribuinte. E tal depende em larga medida da celeridade da Justiça. Não é exigir demais perante o disposto no n.5 do artigo 20º da CRP: "Para defesa dos direitos, liberdades e garantias pessoais, a lei assegura aos cidadãos procedimentos judiciais caracterizados pela celeridade e prioridade, de modo a obter tutela efetiva e em tempo útil contra ameaças ou violações desses direitos".

Preceito objeto de desprezo aqui como em tantos outros domínios.

Note-se que,hoje,a maioria dos casos apresentados a Tribunal são decididos contra a posição da AT. O que parece indiciar demasiada litigiosidade desta, com custos elevados para a administração da justiça e para os cidadãos.

Não pretendermos debruçar-nos, no âmbito deste estudo, sobre a reforma das práticas da AT e da própria lei fiscal, e muito menos sobre a necessidade de adequar a tributação ao direito de terceira geração ao desenvolvimento económico e social.

Pelo que vamos ocupar-nos só de recuos inadmissíveis aos direitos dos contribuintes que se verificaram em anos recentes.

4. Obstáculos à prescrição das obrigações fiscais

As obrigações fiscais prescrevem no prazo de oito anos a contar do facto gerador (art. 48º da Lei Geral Tributária).

Funda-se esta norma na intenção de punir o credor pela falta de diligência em cobrar a obrigação e na proteção do devedor que não deve aguardar indefinidamente pela diligência do Estado, por razões de certeza e segurança.

Contudo, o prazo de prescrição suspende-se em diversos casos, nomeadamente a quando de reclamação administrativa (*"reclamação graciosa"*) ou impugnação judicial. Também aqui havia o risco de um adiamento indesejável da decisão dos órgãos do Estado em prejuízo do contribuinte (e da justiça). Assim, a Lei Geral Tributária (art. 49º, 2) consagrando o Direito anterior, veio dispor que, no caso de o procedimento ou o processo estarem parados por mais de um ano sem culpa do contribuinte, se voltava a contar o prazo de prescrição desde o início. De onde resultou, dada a lentidão da administração da justiça, um número considerável de prescrições.

Perante esta situação, o legislador tomou, há poucos anos (2012) a pior decisão possível na ótica da justiça: a paragem do processo ou do procedimento deixou de fazer voltar a contar o prazo de prescrição. Assim, o contribuinte pode ter durante anos (cinco, vinte, trinta) a ameaça de uma obrigação fiscal que dificulta a sua consistência financeira e o crédito bancário, podendo levar à insolvência da sociedade (como muitas vezes tem levado) ou a uma angustiosa e precária vida da pessoa singular.

Acrescendo que tendo prestado, em princípio, garantia para suspender a execução, esta constituirá um encargo durante anos sem fim. Tudo a prejudicar, repito, a capacidade financeira da empresa e a sua competitividade, nomeadamente perante empresas de outros Estados que não conhecem iguais demoras da administração da justiça.

Ao arrepio do processo civilizacional e dos direitos da personalidade, é o cidadão que vem suportar os custos da pouca diligência do Estado[2].

5. A perpetuação da garantia

Acabámos de referir os inconvenientes, nomeadamente financeiros, do prolongamento dos processos e procedimentos, atento nomeadamente o peso das garantias prestadas pelo contribuinte.

[2] Vd. já, Diogo Leite de Campos, Caducidade e prescrição no Direito Tributário: os abusos do estado legislador/credor – in "Prof. Inocêncio Galvão Telles: 90 anos" Homenagem da Faculdade de Direito de Lisboa, Almedina, Coimbra, 2007.

Para evitar estes encargos desmesurados, o legislador (artigo 53º da Lei Geral Tributária) estabelece prazos (de três anos) a partir dos quais o devedor deve ser indemnizado pelos prejuízos resultantes da sua prestação,

Contudo, a garantia pode eternizar-se, com a consequência de ser o contribuinte a suportar a falta de diligência do Estado. E o Estado/legislador, em vez de promover essa diligência do Estado/juiz/administrados, acoberta a ineficácia dos seus órgãos, ineficácia que lhe é imputável.

A referida norma, em si mesma, envolve um encargo injustificado sobre o contribuinte que tem, seja qual for o resultado final, de suportar os custos e inconvenientes da garantia por um período longo. Sempre, a título definitivo, durante três anos. A título provisório – no que se refere aos custos da garantia – a partir dos três anos. Na prática, não sendo reembolsado pelos prejuízos para além dos custos da garantia.

Depois, não se aceita que só nos processos em que o contribuinte obtenha vencimento possa ser indemnizado. Também o deveria ser nos outros. Pois o prejuízo representado pela garantia durante largos anos, não lhe é imputável; e ultrapassará o prazo de decisão de dois anos previsto pelo Tribunal Europeu dos Direitos do Homem.

Mas esta injustiça é agravada – e só isto ora salientamos – pela dificuldade agora acrescida de prescrição das dívidas tributárias. O que aumenta o prazo de resolução do conflito e os encargos correlativos do contribuinte com uma garantia que lhe pode pôr em causa a sobrevivência da empresa ou o seu projeto de vida. Também aqui o Direito fiscal é confiscatório e injusto.

E inconstitucional perante o artigo da Constituição da República e o direito ao desenvolvimento económico e social.

6. Princípio da Confiança Normativa e a Reforma Tributária – trinômio: receita, eficiência e racionalidade – Dever de Coadjuvação

6.1. Princípio da Confiança Normativa e a Reforma Tributária

Sempre será objeto de debate a resistência fiscal, um tema muito antigo e que está no topo das discussões atuais, o problema da exigência de prestação positiva do Estado e o seu custo para pagar por isso.

Já no início desse terceiro milénio nos deparamos com a maior crise desde a segunda grande guerra, obviamente com o luto das crescentes perdas de vidas, mas também com a erosão fiscal e o crescente déficit financeiro.

A Reforma Tributária no Brasil, tema este sempre recorrente também, deverá percorrer o seu caminho sem ultrapassar os ditames constitucionais – as limitações ao poder de tributar.

Já havia propostas de reformas tributárias em curso; contudo agora preocupa o fato de que essa crise aumentará a voracidade de receita – instituição de mais tributos – concomitante à criação de normas mais severas em termos administrativo-fiscais.

Não é novidade alguma que o sistema tributário brasileiro é extremamente burocrático e altamente complexo – levando em conta que possui 27 (vinte e sete) Estados, 5620 (cinco mil e seiscentos e vinte) municípios, três esferas tributantes – União, Estados e Municípios. Além disso, uma política fiscal ineficiente com grande desperdício de recursos.

Portanto, até para se fazer uma reforma tributária se torna muito difícil ponderar todos os interesses envolvidos.

Levando em conta que o sistema tributário brasileiro está de forma descritiva previsto na Constituição, qualquer reforma tributária terá como ponto de partida a própria Constituição. Esta fundada na dignidade da pessoa e nos seus direitos que devem servir de parâmetro a qualquer percurso, mesmo à interpretação e critica da Constituição.

Deve-se, portanto, equilibrar o trinômio: receita-eficiência-racionalidade.

É patente que qualquer Estado precisa de receita para sua manutenção; contudo esta deve ser auferida e lastreada em um sistema eficiente, de acordo com a tecnologia disponível e os valores da pessoa digna.

Interessante é a análise racional de uma norma jurídica e os seus resultados práticos: a norma deve considerar a pessoa humana, isto é, o destinatário daquela norma, para ser justa e racional.

Uma norma racional e justa facilita a sua compreensão e, portanto, o seu cumprimento, evitando, assim, sanções injustas.

Portanto, na relação jurídico-tributária deve-se preponderar um Estado transparente e que essa obrigação *exlege* seja reconhecida como legítima que permita que cada um venha a contribuir com sua parte na sociedade por entendê-la como uma norma justa, portanto, racional.

Há uma insatisfação muito grande da sociedade com o Estado e essa relação de desconfiança antecedente gera um megafone descendente, amiúda e apequena a relação entre o Estado e o contribuinte, o "opressor" e o "fraudador".

Esse conflito se reflete na sociedade no aumento de normas anti-elisivascontemporâneo do não entendimento dessas normas em razão da sua complexidade e burocracia; como consequência acaba por desembocar em uma ciranda normativa sem fim.

Esse movimento é constatado nas propostas de reformas tributárias em trânsito no Brasil.Uma proposta procura simplificar o sistema tributário, outra proposta procura aumentar as fontes de arrecadação (mantendo o complexo normativo), ou ainda sugerem um sistema mesclado entre os dois sistemas propostos.

Neste sentido, deve-se formar uma sólida relação entre o contribuinte e o Estado, de modo a estabelecer uma relação de confiança entre eles; afinal não há como se ter um fiscal por habitante, nem há estimativa possível de uma sonegação ou fraude generalizada.

O primeiro ato estatal é a edição de normas claras, transparentes justas e que reafirmem a confiança relacional.

Nesse diapasão, a simplificação do sistema tributário, com a diminuição dos tributos (principalmente os indiretos) e a redução das burocracias administrativas.Com isso haveria a diminuição da confusão normativa e tornar-se-iam as normas mais acessíveis e transparentes aos contribuintes.

6.2. Dever de coadjuvação

Sem desconsiderar a possibilidade de contribuintes buscarem burlar o sistema e com isso não pagarem o tributo, a relação jurídica entre o fisco e o contribuinte deveria ser de coadjuvação.

Uma sinalização clara do Estado, através de normas racionais, priorizaria uma relação de coadjuvação e devendo a mesma dominar a sociedade.

Ao invés de criarem normas priorizando os "jogadores" que com argúcia burlam a legislação, seriam criadas normas direcionadas aos que com elas se coadunariam.

As normas tributárias não podem possuir a mesma *ratio* das normas penais. Afinal estas últimas são criadas para inibir ou punir aqueles que preencherem o fato gerador penal, ao passo que as primeiras servem meramente para gerar receitas ao Estado.

Sinais de cisma nas normas tributárias criariam uma visão equivocada de antagônicos entre os titulares dessa relação jurídica, isto é, a criminalização dos atos tributários praticados pelos contribuintes, que devem provar a sua boa-fé.

A relação jurídico-tributária passaria a ser um dever de coadjuvação, onde o poder público – através das normas tributárias, procedimentos administrativos e atuação das autoridades administrativas – passaria a funcionar como aliado primeiro dos contribuintes.

Não custa repetir que isso não escusa de sanções severas aqueles que dolosamente ou repetitivamente burlarem a legislação.

Esse dever de coadjuvação, nós já encontramos ao menos em parte nos tributos de lançamento por homologação; isto é, o contribuinte apresenta o cumprimento dos elementos essenciais de um determinado tributo e antecipa o seu pagamento sem o exame antecedente da autoridade fiscal; após, essa autoridade poderá homologar aquilo que foi apresentado.[3]

Contudo, ainda nesses tributos, os processos administrativos deveriam ser mais orientadores e menos sancionadores: afinal em um sistema tributário confuso, com camaleões normativos, portanto, não racional, não é de se surpreender que haja falhas, de sorte que uma melhor orientação impediria futuras reincidências.

[3] Caso não o faça depois de decorrido um lapso temporal, considerar-se-á como homologada de forma tácita.

4.
HISTÓRIA DA REFORMA TRIBUTÁRIA NO DIREITO BRASILEIRO

Fabio Luiz Gomes

Introdução

Em sentido cíclico e contínuo, de tempos em tempos, é necessário fazer nova reforma tributária, não só no Brasil, mas no mundo, pois por vezes a sociedade precisa se reconstruir ou evoluir e as necessidades dela, ou a configuração do Estado, correspondem exatamente ao que os seus cidadãos são tributados.

Das dezenas de classificações tributárias que surgem, dois tributos se sobressaem, o imposto de renda - IR e o IVA.

Nas últimas décadas culminando até o início desse terceiro milênio, o foco de reforma continua em cima desses dois tributos.

Observa-se o cuidado que se deve ter em não desnaturá-los e, posteriormente, ter que fazer outra reforma para se voltar atrás.

Fora esses dois tributos, um tributo indireto de grande sucesso são os monofásicos, ao exemplo do *sale tax* dos EUA, que expõe ser um tributo muito simplificado, contudo a receita auferida não tem grande representatividade.

Para expormos algumas fragilidades das reformas propostas recentes no Brasil será feita uma cronologia genética desses tributos.

1. Aspecto histórico

1.1. História genérica

Uma primeira conversão, os tributos existem de forma explícita desde as épocas antigas, em diversas civilizações.

Na cultura ocidental já existiam tributos indiretos sobre o consumo desde a Roma antiga (O principal deles era o*tributum)* – Júlio César introduziu um imposto geral sobre vendas de 1 (um) por cento (*centesima rerum venalium*).

As guerras consumiam muitos recursos, além dos tributos sobre a propriedade, e esse tipo de tributo gerava muita receita.

De fato, o termo "imposto" surgiu com Gengis Khan, este ao conquistar outros povos, ao invés de depredá-los e sair, mantinha os agricultores em suas terras mediante o pagamento de um "imposto".

Constata-se que na idade média os tributos diretos foram bastante difundidos, na Itália e Alemanha foram os precursores de grande parte desses tributos, inclusive o imposto de renda.

Destacam-se as principais rupturas históricas, dentre elas a revolução francesa, a revolução americana (culminou em sua independência), inclusive a inconfidência mineira no Brasil, que ocorreram por razões tributárias.

No século XVIII o Brasil experimentou uma tributação extremamente abusiva – a cobrança do quinto e a prática da derrama.

Este tributo estabelecia que 20% de todo ouro produzido no Brasil era tributado e quem atrasasse o seu pagamento, o meio de execução para pagamento era considerado extremamente violento, pois poder-se-ia confiscar a moradia, os equipamentos de trabalho e tudo mais que fosse necessário até quitar a dívida.

Foi contra esse tributo que Tiradentes se rebelou e acabou se tornando símbolo da inconfidência mineira.

Mas os tributos também serviram em nossa história para a reconstrução e reestruturação civilizatória – sem abusos e de forma justa.

1.2. História brasileira

1.2.1. Reformas ocorridas entre 1891-1963

A pauta reforma tributária não é algo novo no Brasil, uma grande transformação ocorreu com a Constituição de 1891.

Essa Constituição foi a gênese de grandes transformações no Estado brasileiro, dentre elas a instituição do Estado Federado.

A autonomia financeira constitui característica de um Estado federado, portanto, havia necessidade da criação de fonte de receita própria entre os entes federativos.

Essa distribuição de competência constitucional ficou expressa na Constituição de 1891, nos arts. 7º e 9º, no primeiro, trata da competência da União e no segundo dos Estados.

Somente com a Lei nº 4.783, de 31 de dezembro de 1923 foi criado o imposto geral sobre renda, contudo a renda já foi objeto de tributação bem mais tempo atrás, a Lei nº 317 de 21.10.1843, que no art. 23, § 1º estabelecia a tributação através de uma contribuição extraordinária: "Todas as pessoas que receberem vencimentos dos Cofres Publicos Geraes, por qualquer título que seja, ficão sujeitas a uma imposição que será regulada pela maneira seguinte: ...."

1.2.2. Reforma Tributária 1964-1967

A década de 60 foi marcada por profundas mudanças no sistema tributário.

Em relação ao imposto de renda, a Lei nº 4357, de 16 de julho de 1964 e a Emenda Constitucional nº 9 de 22 de julho de 1964 fizeram alterações significativas. Coadunam como alterações a tributação das remunerações dos professores, jornalistas, magistrados etc.

Mas a grande reforma tributária da década de 60 foi oriunda da Emenda Constitucional nº 18/65, neste foi instituído o Sistema Tributário Nacional, com a inovação de tê-lo sistematizado na Constituição – Reforma do Sistema Tributário.

De acordo com essa emenda, logo no Art. 1º mostra que o legislador constituinte apresenta a teoria trinaria de tributos como fundamento, isto é, os impostos as taxas e as contribuições de melhoria.

Em relação aos impostos subdividiu em: imposto sobre Comércio Exterior; Imposto sobre o Patrimônio e a renda; Imposto sobre a Produção, e a Circulação e os Impostos Especiais. Depois destacou as taxas e a contribuição de melhoria.

Destaca-se, portanto, a criação de tributos não cumulativos: o ICM e o IPI, o primeiro de competência dos Estados e o segundo de competência da União.

Já a tributação de serviços ficou com os Municípios através do ISS.

Como desdobramento dela foi criado o Código Tributário Nacional – Lei nº 5.172, dc 25 de outubro de 1966.

Verifica-se que após a Emenda nº 18, de 1965, em paralelo com a reforma tributária, isto é, uma reforma fiscal, foi instituído os fundos de participação, determinando que parte das receitas auferidas por tributos federais fossem transferidas aos Estados e Municípios.

Em conclusão, essa grande reforma tributária estabeleceu como parâmetro a diminuição dos impostos e, como já dito, a instituição de um sistema de repartição de receitas entre a União e os demais entes da federação.

1.2.3. Reforma Tributária após a Constituição de 1988

Inicialmente, cumpre ressaltar que fora preservado o Sistema Tributário Nacional na Constituição, com algumas alterações.

Será focado no presente trabalho o imposto de renda e os tributos indiretos sobre o consumo.

Destaca-se que o imposto de renda e o imposto sobre os produtos industrializados continuaram a ser a grande fonte de arrecadação da União e o ICMS dos Estados. Ressaltando que foi incorporada prestações de serviços ao imposto sobre circulação de mercadorias.

No aspecto fiscal, a sobrevinda da Constituição de 1988 estabeleceu a repartição de receitas do imposto de renda e o imposto sobre produtos industrializados, a União transfere 40% aos fundos de participação (atualmente 49% – art. 159, I) e ainda 3% para programas de financiamento ao setor produtivo do Norte, Nordeste e Centro-Oeste.

Em relação aos impostos, no âmbito federal, foram extintos os impostos cumulativos e estabeleceu parâmetros constitucionais rígidos em relação ao instituto dos impostos.

De outro lado, abriu-se a possibilidade da criação indefinida de contribuições, destaca-se que esse deveria ser um dos focos principais das reformas supervenientes.

1.2.4. Propostas de Reforma Tributária Constitucional

1.2.4.1. Apontamentos da PEC 110 – Senado Federal

A grande alteração proposta é a criação do IBS – Imposto sobre Bens e Serviços, com competência Estadual e eliminando nove tributos, quais sejam: IPI, Cofins, Confins-Importação, PIS, PIS-Importação, IOF, Salário-Educação, ICMS e ISS.

Contudo, seria criado um Imposto sobre Bens e Serviços Específicos, de competência Federal, incidindo sobre energia, telecomunicações, veículos e derivados do petróleo e tabaco, mediante lei complementar. Destacando que esse tributo será monofásico.

Destaca-se, ainda que de forma aberta, a proposta prevê que buscará definir os critérios e a forma pela qual poderá ser realizada a devolução de tributos incidentes sobre bens e serviços adquiridos por família de baixa renda. (Art. 146, IV)

Deve-se levar em consideração que o fruto principal dessa reforma são os tributos indiretos sobre o consumo e o disposto estabelece a devolução, essa redação é pouco precisa, será devolvido mediante incentivo? Em espécie?

O fato que esse dispositivo não é técnico e de prática muito difícil de implementar.

Em relação à repartição de receitas do IBS, a proposta estabelece que trinta e cinco e sete centésimos por cento pertencem à União.

1.2.4.2. Apontamentos sobre a PEC nº 45/2019

Nesta proposta tributária que tramita na Câmara dos Deputados também visa unificar tributos através da criação de um Imposto sobre Bens e Serviços – IBS, seriam extintos o ICMS, o ISS, Cofins e Pis.

A proposta destaca que se faz necessária uma grande reforma tributária sobre os tributos sobre consumo.

Pela proposta, o novo imposto sobre bens e serviços (IBS): (i) incidirá sobre base ampla de bens, serviços e direitos, tangíveis e intangíveis, independentemente da denominação, pois todas as utilidades destinadas ao consumo devem ser tributadas; (ii) será cobrado em todas as etapas de produção e comercialização, independentemente da forma de organização da atividade; (iii) será totalmente não-cumulativo; (iv) não onerará as exportações, já que contará com mecanismo para devolução ágil dos créditos acumulados pelos exportadores; (v) não onerará os investimentos, já que crédito instantâneo será assegurado ao imposto pago na aquisição de bens de capital; (vi) incidirá em qualquer operação de importação (para consumo final ou como insumo); (vii) terá caráter nacional e legislação uniforme, sendo instituído por lei complementar e tendo sua alíquota formada pela soma das alíquotas federal, estadual e municipal; (viii) garantirá o exercício da autonomia dos entes federativos por meio de lei ordinária que altere a alíquota de competência do respectivo ente; (ix) terá alíquota uniforme para todos os bens, serviços ou direitos no território do ente federativo; (x) nas operações interestaduais e intermunicipais pertencerá ao Estado e ao Município de destino.

1.2.4.3. Apontamentos sobre a PEC nº 3887/2020

Essa proposta de reforma tributária foi encaminhada pelo Poder Executivo – Ministro Paulo Guedes.

Uma proposta bem mais tímida, onde objetiva a criação de uma Contribuição sobre Operações com Bens e Serviços em substituição ao PIS e COFINS.

Observa-se que a proposta conserva diversas imprecisões técnicas, destaca-se:

Confundir o conceito de imunidade e isenção, como sabido a imunidade configura uma vedação constitucional tributária, ou uma não incidência qualificada, e isenção seria uma vedação infraconstitucional.

Pois bem, a proposta em referência faz menção a imunidade as entidades beneficentes de assistência social que atendam às exigências estabelecidas pela legislação (art. 20).

Logo no Artigo 21 faz menção aos isentos da CBS, dentre eles: os templos de qualquer culto; os partidos políticos, os sindicatos, federações e confederações; os condomínios edilícios residenciais.

Acrescidos de isenção no artigo seguinte (22): prestação de serviços de saúde, desde que recebidas do Sistema Único de Saúde; da venda de produtos integrantes da cesta básica; da prestação de serviços de transporte público coletivo municipal de passageiros, por meio rodoviário, metroviário e aquaviário; da venda de imóvel residencial novo ou usado para pessoa natural; da venda de equipamentos e da prestação de serviços a eles vinculados, efetuados diretamente à Itaipu Binacional etc.

Verifica-se que o legislador constituinte fez uma distinção entre imunidade e isenção entre normas de mesma hierarquia constitucional.

Conclusões

Como foi possível constatar, o tema reforma tributária não é novidade no direito brasileiro, as discussões acerca da racionalidade do sistema tributário são também pautas correntes ao longo da história.

A cronologia histórica demonstra também que as reformas tributárias brasileiras sofrem grandes influências internacionais, sejam pelo desenvolvimento dos sistemas de outros países, ou por uma necessidade de se manter atualizado ao comércio internacional.

Não é incomum se falar que na década de sessenta já havíamos implementado tributos modernos ocupando a vanguarda mundial, conforme acima descrito as reformas nunca foram completas e a não cumulatividade por si só não resolve os problemas do sistema tributário brasileiro, é necessário antes de tudo racionalizar e humanizar os tributos nacionais.

Novamente volta a pauta reformas tributárias, e as discussões atuais não são tão atuais assim, veja-se que são bem parecidas com as ocorridas na década de sessenta.

Há um temor generalizado de adiarmos essas reformas necessárias em razão de uma política desfavorável, assim assistirmos ao trem partir ainda mais pra frente.

Em conclusão, a reforma ocorrerá, ou agora ou no futuro, o tempo de demora irá impor danos a toda sociedade brasileira, inclusive no campo da concorrência internacional.

5.
INTERPRETAÇÃO CONCEITUAL DAS NORMAS TRIBUTÁRIAS: LIAME ENTRE O DIREITO PRIVADO E OS EFEITOS ECONÔMICOS[*]

Fabiola Vianna Morais

Introdução

A interpretação como atividade de mediação pela qual o intérprete traz à compreensão o sentido de um texto que se lhe torna problemático (LARENZ, 1983) tem, no campo do direito tributário, desafios não comuns a outras áreas do Direito.

A interpenetração com o Direito Privado, ou outras áreas extrajurídicas, ou a sua autonomia[1] – ou que isso quer dizer – é bastante debatida, haja vista os resultados diferentes a que as escolhas podem conduzir quanto aos efeitos econômicos que são próprios do Direito Tributário.

Discute-se o alcance da utilização dos conceitos do Direito Privado, direito geral e por qual são estabelecidos os conceitos dos fatos jurídicos em geral que ensejam repercussões tributárias.

O sentido do texto das normas tributárias apresenta o problema a respeito do conceito do seu conteúdo, uma vez que a determinação deste ensejará ou não a incidência de tributos.

[*] O presente artigo foi parte avaliativa da disciplina Hermenêutica Jurídica e Justiça Administrativa do curso de Doutorado do Programa de Pós-graduação em Direitos, Instituições e Negócios da Universidade Federal Fluminense.

[1] Não se trata de considerar o Direito Tributário subordinado ou não ao Direito Privado, ou a outra ciência, ou em outras palavras, que a incidência das normas tributárias estaria a depender da existência de um fenômeno reconhecido e disciplinado pelo Direito Privado, mas tão somente de se saber os critérios para determinar o alcance do conteúdo das normas tributárias, se, quando e por que com recurso ao Direito Privado, ou a outra ciência.

O Direito Tributário tem conteúdo eminentemente econômico e objetivo principal, mas não exclusivo, a obtenção de receita para o Estado nas condições previstas na lei tributária, o que justificaria, para alguns, sua total autonomia frente a outras áreas do Direito, dispensando a análise dos seus conceitos tendo em conta o Direito Privado em geral e elegendo como critério interpretativo das normas tributárias o fim econômico a que se destina o Direito Tributário.

De outro lado, há juristas que entendem que apesar de ser uma disciplina própria, o Direito Tributário deve obedecer aos conceitos de Direito Privado, mantendo a coerência sistemática do Direito como um todo, mesmo porque os efeitos de Direito Tributário decorrem de fatos jurídicos operados sob a incidência do Direito Privado. Esta seria a regra, excepcionada por disposição própria, expressa e diversa do Direito Tributário.

Desta forma, analisa-se a interpretação teleológica do direito tributário, refletindo sobre o método adequado para se alcançar o sentido e a finalidade das normas tributárias e analisando nomeadamente as interpretações que se dá aos artigos 109 e 110 do Código Tributário Nacional, que fazem remissões ao direito privado. Além disso, traz-se à baila um estudo de caso de repercussão geral.

1. Interpretação teleológica das normas tributárias

Esse método interpretativo investiga o sentido e fim da lei, extraídos a partir do valor que a ciência jurídica lhe atribui (Tipke e Lang, 2008).

A finalidade da lei é definida pela vontade do legislador democrático (princípio da legalidade), ou não sendo conhecida essa vontade concreta do legislador, os fins da lei são obtidos dos princípios que constituem a base das regras jurídicas e todo o sistema jurídico intrínseco.

O direito tributário, de um modo geral, visa à arrecadação; no entanto, ao mesmo tempo, por meio de suas normas promovem-se incentivos fiscais, como forma de incrementar determinadas atividades econômicas. Nessa hipótese, insta averiguar, portanto, a finalidade da norma tributária.

Tendo em vista os aspectos econômicos específicos do direito tributário, segundo a interpretação teleológica, o direito privado tem alcance limitado para a definição dos conceitos da norma tributária.

Nos termos do art. 109 do Código Tributário Nacional (CTN), o direito tributário pode expressamente atribuir às instituições de direito privado efeitos diversos do ponto de vista tributário (Baleeiro, 1970). Neste caso, por exemplo, embora o Direito Privado tenha seu conceito próprio de contrato de compra e venda (cujo efeito obrigacional no direito brasileiro é a transmissão da propriedade) e sobre ele incida o Imposto de Transmissão Inter Vivos, pode o Direito Tributário assimilar o mesmo efeito econômico para o caso em que se outorga uma procuração em causa própria em caráter irrevogável.

Esclarece-se, porém, que se o legislador tributário não atribuir efeitos peculiares, não pode o intérprete adaptar o Direito Privado para aplicar-lhe efeitos tributários especiais (Derzi, 2013), sendo vedada a analogia[2] para instituir tributos ou penalidades (art. 108, § 1, CTN).

Sobre isso já haviam decidido os Tribunais Superiores aquando da equiparação por parte do Fisco a uma compra e venda para efeitos de majoração do Imposto de Renda do contrato de leasing, no qual as prestações inaugurais absorviam grande parte do preço do bem: apenas a lei tributária (princípio da legalidade) pode prever os seus efeitos econômicos próprios, não é dado ao Judiciário nem à Administração Pública interpretação que foge ao princípio da legalidade do Direito Tributário.

Destarte, embora seja finalidade precípua das normas tributárias a arrecadação de receitas, não pode o intérprete e aplicador atribuir efeitos tributários a fatos jurídicos para os quais a lei tributária não previu tais efeitos. Em outras palavras, cabe ao legislador tributário – e tão somente a este – dispor sobre os efeitos tributários de institutos e instituições do direito privado.

[2] A analogia é técnica de integração de uma lacuna do ordenamento jurídico, ou seja, vai se aplicar a fato não contemplado pelo legislador, os efeitos jurídicos de fato semelhante, por existirem as mesmas razões de direito. Difere da interpretação extensiva, na qual não existe lacuna na lei, mas apenas trabalho intelectual do aplicador da lei, valendo-se dos métodos de hermenêutica jurídica, para definir o sentido e alcance da norma jurídica tributária autorizados pelo legislador, como ocorre com o ISS, em que a lei apresenta expressões 'congêneres", "semelhantes", "de qualquer natureza" etc. Por esta razão, a analogia não é admitida no direito tributário brasileiro, pois onde o legislador tributário não previu fato tributável, não cabe ao aplicador integrar lacuna que foi deixada pelo legislador. Trata-se da observância do princípio da legalidade estrita, em nome da segurança jurídica das relações sujeitas ao Direito Tributário.

Mister salientar que o art. 109 do CTN não adota a interpretação econômica (Derzi, 2013), contempla, entretanto, o princípio da legalidade tributária, justificando e explicando a finalidade e sentido das normas tributárias quando estabelece que o Direito Privado não se aplica para fins dos efeitos tributários das normas tributárias.

2. Desenvolvimento da interpretação econômica do Direito Tributário

A interpretação econômica consiste em apreender o sentido dos institutos e conceitos de acordo com a realidade econômica subjacente às formas jurídicas (Derzi, 2013).

O ponto de vista econômico é parte da interpretação teleológica da lei, visto que leis tributárias servem a fins de oneração de acontecimentos e condições econômicos (Tipke e LANG, 2008).

Tradicionalmente os conceitos do Direito Privado são utilizados no Direito Tributário. A principal razão é que o Direito Privado tem origem no Direito Romano e suas instituições são utilizadas cotidianamente nas relações jurídicas.

Insta ressaltar que tributos tradicionais como impostos e taxas eram utilizados no Império Romano quando eram utilizados os conceitos do Direito Privado para imposição do seu pagamento. Isso se replicou ao longo da história.

Contudo no início do século XX, com as grandes crises, foi necessário auferir receitas e o Direito Tributário passou a ser instrumento essencial para manutenção do Estado.

Ao se avançar para a reconstrução do mundo dilapidado por duas Grandes Guerras, e atender às necessidades iminentes do Estado do Bem-Estar Social, se desenvolveu, na Alemanha, o que se chamou de interpretação econômica das normas tributárias, o que veio a significar que o Direito Tributário não só não estaria vinculado aos conceitos de Direito Privado, mas também podendo alterar os seus conceitos.

De sorte que se a hipótese tributária não contemplava um negócio jurídico, mas sim uma circunstância econômica, seria essa e não aquele, o que ensejaria a tributação (Schoueri, 2011).

Com isso, foi permitida à Alemanha a sua reconstrução e o desenvolvimento do bem-estar social, sobretudo quando as necessidades humanas são ampliadas, direitos são reconhecidos e para que o Estado pudesse atender a essas demandas precisava de receitas.

Deve-se ressaltar ainda que no Direito Alemão não há um sistema tributário previsto na Constituição Alemã, entretanto, os princípios constitucionais tributários estão espalhados nos diversos dispositivos nela contidos.

Como sabido, o princípio que alicerça o Direito Tributário é o princípio da legalidade, para ser mais exato, a legalidade em sentido estrito onde se desenvolvem as regras de que as normas tributárias devem ser oriundas do Parlamento, pois estes são representante do povo e, portanto, ao instituir uma norma tributária, seria o próprio povo que o estaria fazendo, o que a doutrina intitula de auto tributação, isto é, o povo através dos seus representantes estaria instituindo tributo para si mesmo.

O grande desafio da interpretação econômica é estabelecer o limite do princípio da legalidade, se estaria ou não burlando o sistema acima descrito.

Observa-se que no Direito Alemão o Fiscal Tributário possui autonomia para dizer se uma relação jurídica é ou não passível de ser tributado à revelia do conceito do Direito Privado.

No Direito Alemão ainda, há a possibilidade da utilização da analogia para criação de tributo com base na interpretação econômica.

A crítica que se pode fazer a esse alcance é que se estaria entregando um cheque em branco ao Executivo.

Poder-se-ia utilizar ainda conceitos jurídicos indeterminados e dar amplo poder à Administração Tributária.

Interessante notar também que a interpretação econômica ganhou força no Estado nazista e que a reconstrução alemã se utilizou desse método que se mantém até os dias de hoje.

A interpretação econômica, portanto, a expectativa de resultado econômico, por auferimento de determinada receita, serve de fundamento para alterar um conceito entendido como de Direito Privado.

3. A interpretação das normas tributárias dentro do conceito de direito privado

Nos termos da interpretação das normas tributárias, utilizando os conceitos do Direito Privado, qualquer tipo tributário que envolva relações jurídicas previstas no Direito Privado deve buscar nelas a sua delimitação conceitual. Isto é, se a relação envolve um contrato de compra e venda, todas as características desse instituto devem encontrar respostas no Direito Privado, assim como conceito de prestação de serviços, entrega de bens etc.

O fundamento daqueles que sustentam essa teoria consiste em que o Direito seria um sistema jurídico e que haveria uma interpenetração entre os ramos do Direito. Os conceitos do Direito Privado, por serem mais tradicionais, por fazerem parte da vida das pessoas, não só facilitaria o entendimento das normas tributárias pelos destinatários dessas normas, como tornaria essas mesmas normas mais transparentes.

Neste diapasão, o art. 110 do CTN enfatizou o método sistemático, segundo o qual os conceitos do Direito Privado empregados no Direito Tributário conservam seu sentido originário. Diversamente do art. 109, do CTN, que deu prevalência ao método teleológico já ressaltado anteriormente.

Mister salientar que a lei tributária não pode alterar a definição, o conteúdo e o alcance de institutos, conceitos e formas de Direito Privado, utilizados expressa ou implicitamente pela Constituição Federal.

Porém, o cerne da questão está em que pessoas mal intencionadas passaram a se utilizar de subterfúgios fraudando a lei com grandes impactos econômicos na receita do Estado. Com isso foi necessária a criação de normas anti-elisivas, cujo objetivo é tentar inibir essas práticas ilícitas e diminuir o impacto econômico.

4. Teoria mista

A análise das teorias acima aventadas envolve dois extremos: de um lado, não se aproveitar os conceitos privados e somente se preocupar com o resultado econômico, de outro lado atribuir um caráter vinculante aos conceitos de Direito Privado, o que expressaria não só a perda da autonomia do próprio Direito Tributário, mas os impactos econômicos seriam de grandes proporções. Foi nesse sentido que se desenvolveu uma teoria mais ponderada, buscando o equilíbrio entre essas duas teorias.

De acordo com essa última teoria, seriam preservados os conceitos de Direito Privado e somente haveria alteração se a norma tributária assim dispusesse.

Essa teoria foi adotada pelo Direito Português, na Lei Geral Tributária.

5. Estudo de caso

Tese jurídica 581, Supremo Tribunal Federal: "*As operadoras de planos de saúde e de seguro-saúde realizam prestação de serviço sujeita ao Imposto Sobre Serviços de Qualquer Natureza – ISSQN, previsto no art. 156, III, da CRFB/88*"

Traz-se à baila caso julgado em 2016 pelo Supremo Tribunal Federal em sede de Recurso Extraordinário com repercussão geral, no qual se discute conceitos do Direito Privado para interpretação de normas tributárias para fins de incidência do Imposto sobre Serviços de Qualquer Natureza (ISSQN).[3-4]

O *leading case* refere-se à incidência do ISSQN sobre as atividades desenvolvidas pelas operadoras de plano de saúde, à luz do conceito de prestação de serviços, disposto no art. 156, III, da Constituição, e da definição de operação de seguro, inscrita no art. 153, V, da Constituição.

Tratava-se de saber se as atividades desempenhadas pelas seguradoras de saúde possuem natureza securitária, consistente em uma obrigação de dar, ou de prestação de serviço, correspondente a uma obrigação de fazer.

O Recorrente, um Hospital, aduzia exercer uma atividade qualificada como obrigação de dar, mais precisamente uma obrigação de pagar, na medida em que os contratantes estão interessados apenas na efetiva cobertura dos serviços de profissionais da saúde conveniados ao plano e

[3] O Supremo Tribunal Federal, por maioria e nos termos do voto do Relator, apreciando o tema 581 da repercussão geral, negou provimento ao Recurso Extraordinário, fixando tese nos seguintes termos: "As operadoras de planos privados de assistência à saúde (plano de saúde e seguro-saúde) realizam prestação de serviço sujeita ao Imposto Sobre Serviços de Qualquer Natureza – ISSQN, previsto no art. 156, III, da CRFB/88", vencido o Ministro Marco Aurélio quanto ao mérito e à tese firmada. Ausentes, justificadamente, o Ministro Celso de Mello, e, neste julgamento, o Ministro Gilmar Mendes. Presidiu o julgamento a Ministra Cármen Lúcia. (RE 651.703/PR, Rel. Min. Luiz Fux, Plenário, 29/9/2016).

[4] A conformação constitucional do tema estabelece que a competência municipal para instituir impostos não poderá abranger aqueles já abarcados pela competência estadual, delimitados pelo artigo 155, II, ICMS, assim como aqueles sujeitos à competência federal, delimitados pelo artigo 153, IV e V, vale dizer: IPI e IOF, respectivamente. É dizer, estão excluídos da tributação municipal tanto os serviços de competência tributária estadual, como os serviços de competência tributária da União.

no reembolso de eventuais expensas manejadas pelos clientes, conforme previsão contratual.

Afirmava serem as atividades em questão realizadas por terceiros, incumbindo ao Recorrente apenas a administração do plano. Aduzia que não se estava considerando os casos nos quais a administradora do plano é a própria prestadora do serviço médico ou hospitalar, integrando o corpo clínico o quadro funcional daquela, a revelar a submissão da atividade desempenhada à incidência do ISS.

Sustentava ainda que o contrato firmado entre as operadoras de plano de saúde e os clientes não tem natureza comutativa, já que a contraprestação devida pelas operadoras aos usuários do plano de saúde não é equivalente à prestação por esses efetuada, mas sim aleatória, pois o usuário pode nunca vir a se valer dos serviços de assistência à saúde cujo pagamento é acobertado pelo contrato.

Nesse contexto, sua atividade estaria assemelhada a de seguro e, portanto, suscitaria a incidência do Imposto Sobre Operações Financeiras – IOF, não sobre serviços.

Em razão desses argumentos, sustentava a inconstitucionalidade da cobrança, pois a lei municipal instituidora do tributo teria violado o artigo 156, III, da Constituição Federal, que prevê a incidência do ISSQN apenas sobre atividades qualificadas como serviço.

O Recorrido – Fisco municipal, por seu turno, ressaltava em suas contrarrazões que atividade-fim são obrigações de fazer: as operadoras de planos de saúde têm obrigação de fornecer osserviços dispostos na cobertura contratual, a serem realizadas por terceiros, mediante o pagamento de mensalidades, não havendo, portanto, uma obrigação de dar, pois não entregam um bem ou uma coisa aos usuários.

Defendia que a obrigação de dar se perfaz entre a operadora do plano de saúde e os médicos, clínicas e hospitais a ela credenciados, no momento da restituição ou reembolso das despesas que estes tiveram no atendimento dos clientes a ela vinculados. Enfatizava que o núcleo do contrato entre a operadora de planos de saúde e os seus clientes é a disponibilidade, ao usuário contratante, da rede credenciada e a garantia da cobertura dos infortúnios previstos no contrato, e não uma prestação de dar. E essa atividade de disponibilização da rede de atendimento é serviço, sobre o qual pode incidir o ISS.

Os votos, apesar de terem seguido em maioria o Ministro Relator, discutiram o conteúdo conceitual da norma tributária para fins de incidência do ISSQN. Especialmente o voto dissidente, utilizou o Direito Privado para entender que as operadoras de plano de saúde não exercem uma obrigação de fazer, de prestação de serviços, a autorizar a imposição do referido tributo. Em contrapartida, a maioria dos julgadores do caso vertente ponderaram a existência de conceitos próprios do Direito Tributário a ensejar a cobrança do mencionado imposto.

A decisão plenária sustentou que a classificação das obrigações em "obrigação de dar", de "fazer" e "não fazer", de cunho eminentemente civilista[5], não é a mais apropriada para o enquadramento dos produtos e serviços resultantes da atividade econômica, pelo que deve ser apreciada *cum grano salis*. Ponderou que a Suprema Corte, ao permitir a incidência do ISSQN nas operações de leasing financeiro e *leaseback* (RREE 547.245 e 592.205), admitiu uma interpretação mais ampla do texto constitucional quanto ao conceito de "serviços" desvinculado do conceito de "obrigação de fazer" (RE 116.121).

Assinalou o acórdão que o conceito de serviço para os fins do art. 156, III, da Constituição, não deve ser entendido exclusivamente à luz da legislação de Direito Civil, muito menos como mera obrigação de fazer em contraposição a uma obrigação de dar.

Ressaltou a Suprema Corte que o conceito de serviço disposto na Constituição é mais amplo do que o descrito na legislação civil e busca abranger as múltiplas e complexas atividades econômicas existentes no mercado.[6]

[5] Como se observa das disposições no Título "Das Modalidades das Obrigações", no Código Civil de 2002 (que seguiu a classificação do Código Civil de 1916), em: (i) obrigação de dar (coisa certa ou incerta) (arts. 233 a 246, CC); (ii) obrigação de fazer (arts. 247 a 249, CC); e (iii) obrigação de não fazer (arts. 250 e 251, CC).

[6] O texto constitucional delimita como fato gerador do tributo "serviços de qualquer natureza". Entendeu-se, no acórdão, que há clara intenção do constituinte de inserir uma ampla gama de serviços, levando à necessária extensão da competência tributária, de modo a incluir todas as atividades empresariais cujos produtos tenham características semelhantes a serviços e que não estejam englobadas no conceito de serviço de comunicação e serviço de transporte interestadual ou intermunicipal (tributáveis pelo ICMS, nos termos do art. 155, II, CF/88) ou serviços financeiros e securitários (tributáveis pelo IOF, nos termos do art. 153, V, CF/88).

Sustentando que as operadoras de plano de saúde não realizam operação de crédito, pois não emprestam dinheiro aos contratantes ou financiam capital fixo ou de giro, nem realizam operaçãode câmbio, pois não negociam moeda estrangeira com seus clientes, o acórdão afastou o argumento da Recorrente segundo o qual o contrato em questão configuraria uma espécie de seguro, a atrair a cobrança do imposto previsto no art. 153, V, da Constituição Federal, incidente sobre as operações de crédito, câmbio e seguro ou relativas a títulos e valores mobiliários, e excluir a possibilidade de o Município exigir o imposto municipal sobre essa operação.

Afirmou-se que as seguradoras de saúde, embora incluam uma obrigação de dar, desenvolvem atividades com nítida conotação de serviço, ou seja: a intermediação entre os usuários e os profissionais de saúde; o planejamento e negociação de convênios com credenciados para disponibilizar a prestação de serviços de assistência médica e odontológica; a administração necessária à cobertura das despesas médicas dos usuários; a garantia de cobertura de serviços de saúde; e o reembolso de despesas médicas, nos termos definidos em contrato.

O acórdão invocou também o artigo 1º, inciso I, da Lei 9.656/98, que expressamente define o plano privado de assistência à saúde como uma "prestação continuada de serviços ou coberturas de custos assistenciais a preço pré ou pós estabelecido, por prazo indeterminado, com a finalidade de garantir, sem limite financeiro, a assistência à saúde (...), a ser

Além disso, Lei Complementar nº 116/2003 inclui em sua lista: (i) atividades tradicionalmente entendidas como prestação de serviços (e.g.: assessoria, consultoria, planejamento, guarda e vigilância); (ii) atividades que passam a categoria de serviço para fins de incidência do tributo, pois, caso contrário, ficariam imunes de qualquer tributo; e (iii) operações mistas, em que se afirma a prevalência do serviço para fins de tributação (e.g.: reparação, conservação e reforma de edifícios; execução de empreitada e subempreitada; conserto, reparo e manutenção e máquinas, veículos e equipamentos). Ressaltou-se ainda os itens 4.22 e 4.23:

"4 – Serviços de saúde, assistência médica e congêneres.

(...)

4.22 – Planos de medicina de grupo ou individual e convênios para prestação de assistência médica, hospitalar, odontológica e congêneres.

4.23 – Outros planos de saúde que se cumpram através de serviços de terceiros contratados, credenciados, cooperados ou apenas pagos pelo operador do plano mediante indicação do beneficiário."

paga integral ou parcialmente às expensas da operadora contratada, mediante reembolso ou pagamento direto ao prestador, por conta e ordem do consumidor."

Diversamente, o voto vencido apontou que para a caracterização de determinada prestação como serviço, passível de tributação, mostra-se indispensável a presença de esforço humano, da realização de uma obrigação de fazer, ainda que envolva, para a execução, certas obrigações de dar. A ausência dessa característica ou sendo o fazer mero acessório no negócio jurídico entabulado, surge impróprio enquadrar a atividade como serviço, descabendo a tributação em virtude da incompatibilidade material com o previsto no texto constitucional.

Destacou não se estar diante de obrigação de fazer, sob o fundamento de que ao aderir a plano de saúde, o beneficiário contrata a cobertura quanto a eventuais despesas decorrentes de atendimento médico, mas não o fornecimento de determinado serviço, o qual é prestado pelo médico, laboratório e afins, e não pela operadora.

Considerou ainda que a incumbência da operadora se amolda à obrigação de dar coisa fungível, de cobrir os custos, por meio de pagamento, sendo o serviço executado por outrem, e que o interesse do contratante, a orientar a natureza da obrigação, mostra-se claro, qual seja, a cobertura de atendimento médico prestado por terceiro, e não qualquer atividade-meio que venha a ser desenvolvida pela operadora no decorrer da atividade-fim.

Adotando os conceitos do Direito Civil, aduziu que o contrato em tela não possui natureza comutativa, em que o desembolso financeiro realizado pelo segurado corresponde exatamente a uma prestação. O elemento típico a reger os contratos é a aleatoriedade, a revelar que o contratante desembolsa mensalidade sem saber ao certo se e quando utilizará a assistência médico-hospitalar.[7]

[7] Em seu voto, o Ministro Marco Aurélio salientou que "O beneficiário do plano de saúde, ao entabular e formalizar o negócio jurídico, busca cobertura, pela operadora, do serviço de assistência fornecido por médico, laboratório ou hospital conveniado. E essa cobertura é uma obrigação de dar, de pagar. Não se pode falar em serviço prestado. Entender de modo diverso justifica a cobrança de Imposto Sobre Serviço no tocante a qualquer atividade securitária, o que, como é sabença geral, não é o que ocorre. Assim como os contratos de seguro, as atividades de plano de saúde são caracterizadas pela aleatoriedade. Corre-se o risco de contratar um plano e jamais utilizá-lo. Como falar então na prestação de serviço? Como

Concluiu que as atividades desenvolvidas pelas operadoras de planos de saúde se assemelham ao contrato de seguro, nos termos do art. 757 do Código Civil. E desta forma, seria indevida a incidência do Imposto Sobre Serviços de Qualquer Natureza.

Importante registrar que o acórdão refere a precedentes[8] que conferiram interpretação ampliativa ao vocábulo "serviço" constante no artigo 156, inciso III, da Lei Maior, admitiu uma interpretação mais ampla do texto constitucional quanto ao conceito de serviços, desvinculado do conceito de "obrigação de fazer", porém permanece a necessidade de demonstração de um fazer para fins de incidência tributária.

Como se vê, o caso em estudo aventa a interpretação dos conceitos das normas tributárias frente a Constituição.

O Supremo Tribunal Federal, ao analisar a questão em tela, salientou que Direito Constitucional Tributário adota conceitos próprios, razão pela qual não há um primado do Direito Privado e que a Constituição Tributária deve ser interpretada de acordo com o pluralismo metodológico, abrindo-se para a interpretação segundo variados métodos, que vão desde o literal até o sistemático e teleológico.

A Corte ressaltou que os conceitos constitucionais tributários não são fechados e unívocos, devendo-se recorrer também aos aportes de ciências afins para a sua interpretação, como a Ciência das Finanças, Economia e Contabilidade.

Sustentou que não se pode interpretar isoladamente o art. 110, do CTN, o que do contrário conduziria à prevalência do método literal e daria aos conceitos de Direito Privado a inconcebível primazia hermenêutica na ordem jurídica.

Asseverou que deve-se promover a interpretação conjugada dos artigos 109 e 110, do CTN, avultando o método sistemático quando estiver em jogo institutos e conceitos utilizados pela Constituição, e, de outro, o método teleológico quando não haja a constitucionalização dos conceitos.

defender a existência de obrigação de fazer? Sendo tal resposta negativa, não há como vislumbrar a efetiva realização da materialidade do Imposto Sobre Serviços." Verifica-se a adoção dos conceitos do direito civil para a interpretação da norma tributária em questão e para a subsunção.

[8] *Ex vi*, RE 547.245; RE 592.205; RE 116.121.

É de se ponderar que de fato a unidade do ordenamento jurídico é conferida pela própria Constituição, por interpretação sistemática e axiológica, entre outros valores e princípios relevantes do Direito.

A Corte considerou que os tributos sobre o consumo, ou tributos sobre o valor agregado, de que são exemplos o ISSQN e o ICMS, assimilam considerações econômicas, porquanto baseados em conceitos elaborados pelo próprio Direito Tributário ou em conceitos tecnológicos, caracterizados por grande fluidez e mutação quanto à sua natureza jurídica.

Nesse acórdão, assinalou-se que o critério econômico não se confunde com a teoria da interpretação econômica do fato gerador, consagrada no Código Tributário Alemão de 1919, mas antes em reconhecimento da interação entre o Direito e a Economia, em substituição ao formalismo jurídico, a permitir a incidência do Princípio da Capacidade Contributiva.

Portanto, segundo o Supremo Tribunal Federal, não se preconiza a tese da interpretação econômica no Direito Tributário, o que enfraqueceria a segurança jurídica, mas também não se predica o primado do Direito Privado como único critério a nortear a interpretação do texto constitucional.

Reforça-se a ideia de que é perfeitamente possível ao Direito Tributário – e primordialmente ao Direito Constitucional Tributário – adotar conceitos próprios que podem se identificar ou não com aqueles consagrados em dispositivos infraconstitucionais já vigentes.

No caso vertente, reconheceu-se que ainda que a contraposição entre obrigações de dar e de fazer para fins de dirimir o conflito de competência entre o ISSQN e o ICMS seja utilizada no âmbito do Direito Tributário, à luz do que dispõem os artigos 109 e 110, do CTN, novos critérios de interpretação têm progressivamente ganhado espaço, permitindo uma releitura do papel conferido aos supracitados dispositivos. Ressaltou-se que essa área de interseção entre o Direito Civil e o Direito Tributário gera compreensões ambíguas e contraditórios, mostrando-se de difícil conciliação.

Desta sorte, conclui-se no acórdão que, embora os conceitos de Direito Civil exerçam um papel importante na interpretação dos conceitos constitucionais tributários, eles não exaurem a atividade interpretativa.

Conclusões

Para se ter de fato um sistema jurídico, é tarefa essencial no Direito firmar conceitos, pois isso garante coerência, ordem, nos termos ensinados por Canaris, e por conseguinte segurança jurídica.

A escolha de um significado de um termo utilizado na norma jurídica no lugar de outro estabelece o rigor e a não-suscetibilidade de mal-entendido, o que provocaria instabilidade jurídica.

O Direito Privado em geral, nomeadamente o Direito Civil, é tradicionalmente a área do Direito que abarca a maior quantidade e qualidade de significados jurídicos, porquanto é o ramo que rege as relações jurídicas em sociedade, servindo de parâmetro para todo o ordenamento jurídico.

A Constituição da República Federativa do Brasil, por sua vez, embora traga seus próprios significados, nomeadamente no âmbito do Direito Tributário, consagra sentido político às suas normas, o que pode comprometer os conceitos dali extraídos.

Ao mesmo tempo, a finalidade precípua do Direito Tributário não permite que se adote integralmente conceitos do Direito Privado, disso decorre que mesmo no caso de atos nulos incidem as normas tributárias, desde que tenham realizado operação econômica (princípio *non olet*).

A interpretação econômica do Direito Tributário, de origem germânica, torna o sistema jurídico como que sujeito a uma álea, o que acaba por colocar em risco a segurança jurídica, uma vez que o casuísmo tende a andar ao lado do subjetivismo.

O Direito Português preferiu uma orientação que nos parece mais segura, coerente, organizada e, portanto, sistemática: adotam-se os conceitos do Direito Privado, salvo se o Direito Tributário dispuser ele próprio e expressamente dos seus conceitos.

Referências

BALEEIRO, Alliomar e DERZI, Misabel Abreu Machado. *Direito Tributário Brasileiro.* Rio de Janeiro: Forense, 2013.

CAMPOS, Diogo Leite de e CAMPOS, Mônica Horta Neves Leite de. *Direito Tributário.* Coimbra: Almedina, 2000.

CANARIS, Claus-Wilhelm. *Pensamento Sistemático e Conceito de Sistema na Ciência do Direito.* Fundação CalousteGulbenkian: Lisboa, 1989. Trad. A. Menezes Cordeiro.

DOURADO, Ana Paula. *O Princípio da Legalidade Fiscal: Tipicidade, Conceitos Jurídicos Indeterminados e Margem de Livre Apreciação*. Coimbra: Almedina, 2007.

GOMES, Fabio Luiz. *Princípio da Neutralidade Aplicado ao IVA e ao ICMS*. *In* Garantias dos Contribuintes no Sistema Tributário-Homenagem a Diogo Leite de Campos. Org. Fabio Luiz Gomes *et all*. São Paulo: Saraiva, 2013.

LARENZ, Karl. *Metodologia da Ciência do Direito*. Trad. José Lamego. Fundação CalousteGulbenkian: Lisboa, 1983.

SCHOUERI, Luís Eduardo. *Direito Tributário*. Saraiva: São Paulo, 2011.

SOUSA, Rubens Gomes de. *Compêndio de Legislação Tributária*. Editora Resenha Tributária: São Paulo, 1975.

TIPKE, Klaus e LANG, Joachim. *Direito Tributário (Steuerrecht)*. Trad. Luiz Dória Furquim. V. 1. Sérgio Antonio Fabris Editor: Porto Alegre, 2008.

6.
REFORMA TRIBUTÁRIA E SIMPLIFICAÇÃO: MANTRAS FISCAIS DE RISCO

Gabriel Moreira
Paulo Rosenblatt

Introdução

> Há 40 anos, o Sistema Tributário brasileiro era estruturado de acordo com a forma e a cor das estampilhas. Havia estampilhas federais, estaduais e municipais e as diretrizes da Política Fiscal concentravam-se em disciplinar – arduamente a hierarquia dos formatos das estampilhas e a tropicalidade das suas cores. [...] Naquele tempo, graças ao colorido e ao formato das estampilhas, o chamado Sistema Tributário era um Carnaval. Só havia confusão, muito papel colorido e era até divertido[1].

O Sistema Tributário brasileiro atual é bastante diferente daquele denunciado por Becker, que o adjetivou de carnavalesco, em razão da sua falta de sistematização e coordenação. As estampilhas, por exemplo, não fazem mais parte da rotina dos que interpretam e aplicam as leis fiscais.

Contudo, as alterações não significam que o nosso Sistema Tributário tenha deixado de ser um carnaval. Na verdade, cada espécie tributária é uma grande agremiação, com tantas especificidades que nem mesmo os

[1] BECKER, Alfredo Augusto, 1928 – Carnaval tributário/Alfredo Augusto Becker. – 2. Ed. – São Paulo: LEJUS, 1999, p. 13.

"foliões" mais fervorosos em matéria fiscal são capazes de compreender, com clareza, suas marchas e canções[2].

O manicômio tributário de hoje – para continuar nas definições utilizadas pelo autor gaúcho – possui problemas em todos os signos presuntivos de riqueza, que servem de base para a tributação. Não por acaso, a mídia noticia com frequência propostas para alterações na legislação do imposto sobre a renda, da folha de salário e do consumo.

Apesar de a preocupação global com o sistema tributário ser necessária, o fato é que a reforma tributária do consumo protagoniza a pauta política do país. A tributação incidente sobre a comercialização de bens e serviços é frequentemente apontada como a principal causa da complexidade do sistema. As origens deste mal são conhecidas.

O Brasil optou por ser uma federação. Isto implica autonomia política e financeira dos entes que a compõe. Não deve haver subordinação entre União, Estado, Municípios e Distrito Federal, mas sim, colaboração e coordenação em benefício da população. Para isso, faz-se necessária uma repartição equilibrada do poder de tributar. É preciso que cada

[2] A dificuldade do sistema tributário brasileiro, que representa um desafio até para os especialistas, não é uma realidade exclusivamente tupiniquim. Prova disto é o relato de Klaus Vogel, mencionado por Klaus Tipke, ao comentar o direito tributário alemão: "Klaus Vogel descreve a situação atual como segue: 'São os princípios jurídicos em que se baseiam nossas leis tributárias, ou melhor: em que deveriam basear-se, em grande extensão não mais salvaguardados, tornados irreconhecíveis. Eles foram por um sem número de alterações e complementações tão sobrepostos e deformados por exceções e novamente exceções a essas exceções, que para os atingidos não são mais reconhecíveis como tentativas de uma distribuição justa da carga tributária. Com certeza, o Direito Tributário já há muito, desde ao menos a Primeira Grande Guerra, se converteu para o leigo em um ramo jurídico difícil de abarcar. Hoje, entretanto, também um especialista dificilmente ainda pode dominar... Já desde os anos setenta e oitenta multiplicaram-se por isso as manifestações de juízes superiores, advogados e cientistas, que descrevem o vigente direito tributário como 'caos', 'selva' ou até mesmo 'perversão'. Nesse caos conseguem os altamente remunerados, que podem dispor de um caro aconselhamento tributário, reduzir legalmente seus deveres tributários. Os mal remunerados não tem essa possibilidade. Eles pagam, como já se expressou renomado diplomado em gestão empresarial, um 'imposto para tolos'. '[...]. *in* TIPKE, Klaus. Moral Tributária do Estado e dos Contribuintes. Tradução Luiz Dória Furquim. Porto Alegre: Sergio Antonio Fabris Editor, 2012. p. 74. *Apud* ROCHA, Sérgio André. *Da Lei à Decisão: A segurança jurídica Tributária Possível na Pós-Modernidade*. Lumen Juris. Rio de Janeiro, 2017, p. 78-79.

membro da federação seja capaz de se autofinanciar, aplicando recursos capazes de concretizar suas políticas públicas[3].

A Constituição Federal tentou alcançar este equilíbrio financeiro a partir do fracionamento da tributação sobre o consumo. Há impostos e contribuições federais, estaduais e municipais que oneram esta atividade econômica por vezes de forma simultânea. O resultado é uma quantidade excessiva de obrigações tributárias, principais e acessórias, que confundem o contribuinte e dificultam o exercício da atividade empresarial.

Além disso, a não-cumulatividade, princípio constitucional obrigatório para o ICMS e IPI, mas opcional para as contribuições sociais destinadas à seguridade social, é desrespeitado constantemente. No Brasil, há debates infindáveis acerca de quais aquisições geram, ou não, direito a crédito. Tornaram-se habituais interpretações das administrações tributárias que apequenam o mandamento constitucional e restringem o direito dos contribuintes, ocasionando grande contencioso.

Não bastasse isto, o referido princípio não se aplica de forma idêntica aos tributos mencionados. Há regras e formas de apuração distintas para cada um deles. Contribuintes submetidos ao IPI e ICMS devem estabelecer controles contábeis segregados para cada um desses impostos, incrementando os custos de conformidade.

Destaca-se que a função precípua da não-cumulatividade é permitir a neutralidade fiscal. O ônus tributário deve ser transferido ao longo da cadeia de produção até chegar ao consumidor final, que arcará efetivamente com o tributo[4]. Ao estabelecer grandes dificuldades para aplicação deste princípio, cria-se um sistema cumulativo, pois muitas vezes o tributo incidente na etapa anterior não é recuperado. O resultado são "resíduos tributários" que afetam a capacidade contributiva e implica perda de competitividade.

[3] BATISTA JÚNIOR, Onofre Alves; MARINHO, Marina Soares. *Do federalismo de cooperação ao federalismo canibal: a Lei Kandir e o desequilíbrio do pacto federativo.* Revista de informação legislativa: RIL, v. 55, n. 217, p. 159-160, jan./mar. 2018.

[4] MOREIRA, André Mendes. Não-cumulatividade tributária na Constituição e nas leis (IPI, ICMS, PIS/COFINS, impostos e contribuições residuais). 2009. Tese (Doutorado em Direito Econômico e Financeiro) – Faculdade de Direito, Universidade de São Paulo, São Paulo, 2009, p. 87.

A política fiscal também trouxe prejuízos. A realização exagerada de política econômica por meio de tributos criou incontáveis regimes especiais, para os mais diversos setores. A quantidade substancial de exceções gerou verdadeira inflação legislativa, completamente descoordenada e carente de racionalidade. Esta situação dificulta que os particulares conheçam, com clareza, as regras do jogo. Além disso, as políticas estaduais de incentivos acarretaram a guerra fiscal, que corrompeu a federação e trouxe mais insegurança jurídica aos particulares[5].

Esses e diversos outros fatores contribuíram para que o Brasil amargue as piores posições em *rankings* internacionais, que avaliamos sistemas tributários ao redor do mundo[6]. Este cenário justifica a busca pela simplificação do sistema e qualquer reforma posta em discussão parece ter este objetivo como a principal diretriz. Aliás, onde quer que seja, reforma e simplificação são mantras repetidos periodicamente por políticos, acadêmicos, auditores fiscais, advogados e empresários, mas que, não raro, redundam em mais legislação e, assim, maior complexidade e confusão[7].

Dentre as propostas em trâmite no Congresso Nacional, que visam tornar mais fácil a apuração de tributos, destacam-se as emendas à constituição 45 e 110, que propõem a unificação de impostos e contribuições, incidentes sobre o consumo. A primeira acaba com o ICMS, o ISS, o IPI, o PIS e a COFINS. A segunda avança mais, e além dos já mencionados extingue o IOF, a CIDE-Combustíveis e o salário-educação. Ambas criariam o Imposto sobre Bens e Serviços, o IBS.

[5] Rostagno, Alessandro. *Guerra Fiscal e os benefícios unilaterais concedidos por outros estados.* In Darzé, Ana Medrado; Rostagno, Alessandro. Contencioso administrativo tributário: questões polêmicas – São Paulo: Noeses, 2011.

[6] A título exemplificativo, menciona-se o *TaxComplexity Index*, em que o Brasil ocupa a última posição, dentre 100 países pesquisados, no que se refere à complexidade tributária – neste estudo considerada como *dificuldade*. Disponível em https://www.taxcomplexity.org/. Acessoem 13/1/2021.

[7] Braithwaite, John, *'Making tax law more certain: a theory'*, 2002. Disponível em: http://ctsi.anu.edu.au/publications/WP/44.pdf. Acesso en 23 Ago. 2011. No mesmo sentido, cf. KREVER, Richard. *'Plain English drafting, purposive drafting, principle-based drafting: Does any of it matter?' in J. Freedman (ed), Beyond boundaries: developing approaches to tax avoidance and tax risk management (Oxford: Oxford University Centre for Business Taxation*, 2008, p. 189.

Há, também, a proposta do Governo Federal, apresentada por meio do projeto de Lei nº 3.887/20, que cria a Contribuição sobre Bens e Serviços (CBS), em substituição ao PIS e à COFINS.

Todas essas propostas convergem para uma tributação sobre o valor agregado (IVA), semelhante ao que ocorre em boa parte do mundo. Neste modelo, os fatos sujeitos à tributação são amplos, pois a incidência do imposto depende mais da existência de uma atividade econômica, e menos de sua classificação ou denominação. Se há consumo, há o pagamento do tributo.

Além disso, defendem uma ampla não-cumulatividade (promessa de substituição do crédito físico pelo financeiro) e a inexistência ou limitação na concessão de incentivos fiscais. Esses dois elementos permitiriam, segundo seus defensores, que o sistema tributário caminhe para neutralidade e transparência. A tomada de créditos em todas as aquisições sujeitas ao tributo viabilizaria arrecadação limitada à parcela de valor que o agente econômico agregou ao produto, permitindo que o imposto efetivamente onere o consumo, e não a produção. A ausência ou limitação de incentivos fiscais mitigaria o surgimento de regimes diferenciados, que criam exceções muitas vezes sem justificativas e não permitem que o consumidor final saiba, exatamente, a carga tributária incidente sobre determinada mercadoria ou serviço. Apesar das diferenças pontuais, as premissas inerentes à instituição de uma tributação sobre o valor agregado são respeitadas nas três propostas.

Fugindo da ideia de unificar tributos, um grupo de municípios apresentou proposta alternativa. Trata-se do "Simplifica Já!". Neste caso, a sugestão é manter o ICMS e o ISS, garantindo competência tributária dos Estados, Distrito Federal e Municípios tal como ocorre hoje. A alteração consiste em criar uma legislação nacional para esses impostos, em substituição às locais. Há pontos de convergência com as opções mencionadas acima, principalmente relacionadas ao ICMS. Também é proposta uma não-cumulatividade ampla, pautada no crédito financeiro. O seu cálculo seria "por fora" e suas alíquotas padronizadas por resolução do Senado Federal.

Estas propostas, acompanhadas do espírito reformador que ocupa a política nacional, indicam a existência de consenso a respeito da transformação do carnaval tributário em verdadeira bagunça, que deve ser enfrentada. Uma bagunça perigosa, com repercussões negativas para toda a sociedade.

A mudança é, portanto, necessária. Contudo, a situação caótica pela qual passa o sistema tributário não deve servir de cheque em branco para que se promovam reformas sem a devida reflexão. Simplificar é importante, mas não é, e nem pode ser, o único objetivo. Há outros elementos igualmente importantes, que devem ser privilegiados. Isonomia, desenvolvimento regional e federalismo não podem ser negligenciados. E nem tudo o que há na tributação sobre o consumo brasileira atual é necessariamente ruim.

Este artigo visa demonstrar que, mais do que ser a favor ou contra determinada proposta, é preciso alertar para o cuidado que a busca pela simplificação exige.

1. Por que o sistema tributário é complexo?

Quando um contribuinte não consegue identificar, com segurança, a alíquota do ICMS aplicável à venda dos seus produtos, em razão do emaranhado que é o regulamento deste imposto em seu Estado, ainda não há, necessariamente, complexidade. O que há é dificuldade[8].

É verdade que a gestão de tantas obrigações acessórias não é fácil. É, sem dúvidas, tarefa árdua conhecer a legislação do ISS de todos os municípios em que determinada empresa opera. Entretanto, tais inconvenientes não autorizam afirmarmos que o sistema tributário é, só por isso, complexo. A dificuldade tributária é um sintoma da complexidade, mas não é capaz de explicá-la.

A complexidade neste estudo deve ser compreendida em seu aspecto sociológico. Sua relevância está em se opor à concepção de um mundo ordenado e harmônico, que pode ser explicado por leis elegantes e simples. Esta visão de mundo, combatida pela recepção da complexidade, sustentou os principais postulados das ciências naturais modernas, capi-

[8] "Portanto, complexidade não pode ser confundida com dificuldade, mas refere-se a conjuntos de elementos heterogêneos em constante interação. Essas interações são responsáveis pelo aparecimento de emergências, padrões que surgem das interações e que não são redutíveis à soma das partes". FOLLONI, André; SIMM, Camila Beatriz. *Direito tributário, complexidade e análise econômica do Direito*. Revista Eletrônica do curso de Direito da UFSM. v. 11, n. 1/2016. p. 56. Disponível em "https://periodicos.ufsm.br/revistadireito/article/view/19726". Acesso em 13/1/2021.

taneadas por Descartes e Newton. Para eles, a realidade poderia ser explicada e compreendida por meio da matemática e princípios geométricos cartesianos, tendo influenciado, inclusive, as ciências humanas através de Thomas Hobbes e os positivistas Augusto Comte e Émile Durkheim[9].

Contudo, este paradigma de simetria e regularidade entra em crise dentro das próprias ciências naturais. A teoria da relatividade de Einstein refuta a existência de simultaneidade universal e mostra que o tempo e espaço absolutos de Newton não existem. Esta revolução cria um novo paradigma para as ciências e reabilita o estudo do caos, da irreversibilidade, do indeterminismo e da complexidade[10].

Assim, a sociedade moderna diferencia-se das anteriores por sua alta complexidade. Para Niklas Lhumann, isto significa a existência permanente de um alto número de diversidade e interdependência de ações possíveis que nem sempre podem ser realizadas. O modelo sistêmico lhumanniano entende que evolução ocorre mediante a transformação do improvável em provável. É a normalização das improbabilidades, assim entendidas como a incorporação de elementos desviantes, não esperados por uma estrutura inicial[11].

Para Lhumann, a evolução dos subsistemas sociais – dos quais o Direito faz parte – ocorre quando são cumpridas três condições, que se vinculam: a variação, a seleção e a restabilização.

A variação pode ser explicada como o surgimento de elementos, que se desviam do modelo até então existente. Este fator, que estressa as estruturas predominantes, pode ser rejeitada pelo sistema, ou pode ser "selecionado", permitindo a continuidade da inovação. Contudo, a evolução só ocorrerá após a retenção da variação pelo sistema, por meio da restabilização. Apenas neste momento, a inovação gozará de duração e capacidade de resistência. Marcelo Neves demonstra este processo evolutivo e sua aplicação ao sistema jurídico:

[9] Neves; Clarissa Eckert Baeta. Neves, Fabrício Monteiro. *O que há de complexo no mundo complexo?* Niklas Lhumann e a Teoria dos Sistemas Sociais. Sociologias, Porto Alegre, ano 8, nº 15, jan/jun 2006, p. 183-184.

[10] Neves; Clarissa Eckert Baeta. Neves, Fabrício Monteiro. *Idem*, p. 185-186.

[11] Neves, Marcelo. *Entre Têmis e Leviatã: uma relação difícil: o Estado Democrático de Direito a partir e além de Luhmann e Habermas/Marcelo Neves*; tradução do autor. – 3ª ed. – São Paulo: editora WMF Martins Fontes, 2012. – (Biblioteca jurídica WMF), p. 2-15.

> Na esfera jurídica, a variação evolutiva, que diz respeito aos elementos, apresenta-se como "comunicação de expectativas normativas inesperadas". Isso significa que o respectivo comportamento não é previsto nas estruturas normativas preexistentes, desaponta expectativas contrafácticas dominantes. O desvio pode ser seletivamente rejeitado ou tratado com indiferença. É possível, porém, que a repetição ou difusão do desvio conduza à produção de novas estruturas normativas que venham a condicionar a continuidade da inovação. A seleção significa, portanto, que conduta inicialmente desviante passa a ser prevista no plano das expectativas. Não importa necessariamente restabilização. Esta só ocorre quando a nova expectativa é inserida como norma jurídica vigente no modelo estrutural de reprodução do direito. Refere-se à unidade do sistema jurídico e, portanto, ao problema da inserção consistente da nova norma no ordenamento jurídico[12].

Um exemplo contribuirá na compreensão da evolução dos sistemas sociais em geral, e do jurídico em particular. Atualmente, constata-se relativa abertura da sociedade para as relações homoafetivas, o que inclui as celebrações de uniões estáveis e os cuidados de crianças por pessoas do mesmo sexo. Tais situações, ao surgirem, representam desvios, já que não previstos pelo ordenamento jurídico vigente. Contudo, a realidade se impõe e demanda soluções pelo sistema jurídico. Questões relacionadas à sucessão dessas pessoas não podem ficar sem respostas, por exemplo. Essas irritações desafiam o Direito, que altera os aspectos normativos e dogmáticos de sua estrutura para contemplar essas inovações. É a complexidade do ambiente criando complexidade para o sistema, obrigando-o a incorporar diversas possibilidades antes não imaginadas[13].

O incremento de complexidade do ordenamento jurídico, em razão do ambiente que o cerca, alcança todos os ramos didaticamente autônomos do sistema legal. O direito tributário não foge à regra.

[12] NEVES, Marcelo. *Entre Têmis e Leviatã: uma relação difícil: o Estado Democrático de Direito a partir e além de Luhmann e Habermas/Marcelo Neves*; tradução do autor. – 3ª ed. – São Paulo: editora WMF Martins Fontes, 2012. – (Biblioteca jurídica WMF). p. 18-19.

[13] VIANA, Ulisses Schwarz. *Horizontes da justiça: complexidade e contingência no sistema jurídico.* 2013. Tese (Doutorado em Filosofia e Teoria Geral do Direito) – Faculdade de Direito, Universidade de São Paulo, São Paulo, 2013. P. 112. Disponível em "https://teses.usp.br/teses/disponiveis/2/2139/tde-11062014-110504/pt-br.php".

Conforme denúncia realizada por José Souto Maior Borges, o jurista estudioso do fenômeno tributário não pode se limitar à investigação da norma em seus aspectos semânticos (significado dos termos) e sintáticos (a relação de hierarquia entre os termos).Esses elementos são fundamentais. Não há dúvidas. Mas é preciso evoluir para uma análise pragmática, que pauta a aplicação do sistema jurídico-tributário a partir de condutas concretas, abrindo-se para a riqueza da realidade. Nessa perspectiva, afastar do direito tributário as considerações sobre outros sistemas como o da moral, o econômico e o político implicaria excessiva redução do âmbito de ação desta área do conhecimento jurídico, acarretando graves prejuízos.

O autor defende sua tese com interessante reflexão a respeito da relação entre o direito tributário, o direito financeiro e a moral. Para ele, a exagerada especialidade dos ramos jurídicos criou "departamentos" intransponíveis. Ao tributarista seria irrelevante, e até vedado, investigar a destinação dos recursos obtidos por meio dos impostos. Isto seria competência do jurista especialista no direito financeiro. Esta limitação retiraria importante competência do especialista em tributação, que, em razão da sua expertise, seria um forte aliado no combate à deterioração do patrimônio público, deixando de auxiliar a sociedade em uma melhor aplicação do dinheiro extraído dos particulares. Inclusive, este pensamento implicaria desprestígio ao princípio da moralidade da administração pública, positivado no art. 37 da Constituição Federal[14].

É importante esclarecer que o referido autor não defende uma fusão entre direito, moral, economia ou qualquer outro sistema. Pelo contrário, entende que há divisões rígidas entre estas áreas do conhecimento e elas devem ser respeitadas. O objetivo é criticar a ideia de que divisão implica não comunicação entre esses conhecimentos. É provar que o esforço simplificador leva a não compreensão do todo em que o direito tributário está inserido. É a negativa da complexidade e das múltiplas manifestações do tributo na vida econômico-social-ambiental[15].

[14] Borges, José Souto Maior. *Um ensaio interdisciplinar em direito tributário: superação da dogmática.* Revista Dialética de Direito Tributário (RDDT), 211 (abril – 2013), p. 106-121.

[15] Folloni, André. *Clareiras e caminhos do direito tributário: crítica da ciência do direito tributário a partir da obra de José Souto Maior Borges.* Tese de doutorado em Direito do Estado. Universidade Federal do Paraná. Setor de ciências jurídicas. Programa de Pós-Graduação em Direito, p. 420.

A interação do direito tributário com os demais sistemas não pode ser negada. Ela está expressa na própria Constituição Federal, basta a leitura dos arts. 145, § 1º e art. 150, inciso II, segundos os quais o sistema tributário deve promover a isonomia entre os contribuintes. A instituição dos tributos deve auxiliar na atuação do Estado sobre a ordem econômica e na correção das desigualdades sociais e regionais, como preveem os arts. 146-A e 151, inciso I, respectivamente. Deve, também, garantir o equilíbrio da federação, que depende de uma justa distribuição do poder de tributar, consoante os arts. 153 a 162.

A exigência de justiça fiscal, desenvolvimento regional e social, e a existência de uma federação são elementos que se somam aos objetivos do direito tributário. Esta pressão obriga o ordenamento jurídico-tributário a internalizar novas expectativas, e disso resulta maior complexidade tributária. No dizer de Saldanha Sanches: "um sistema fiscal complexo é necessário para tornar exequível a cobrança de impostos elevados que acudam a um sistema de despesas de igual grau de complexidade"[16].

Como advertido anteriormente, não é a vultosa legislação do ICMS que é complexa de per si. Ela procura atender às exigências destinadas ao sistema tributário, promover distinções entre contribuintes e regiões e dividir o poder de tributar com 26 (vinte e seis) estados mais o Distrito Federal.

Atacar a "dificuldade" na apuração dos tributos incidentes sobre o consumo não faz desparecer a complexidade. Isto é, os fatores externos ao direito tributário, e que o pressionam, continuam a existir e a agir. A simplificação, por estar em descompasso com a realidade, pode:[17] (i) gerar graves prejuízos ao meio em que está inserida, pois deixará de atender às contingências; ou (ii) será posteriormente desconstruída, em

[16] Sanches, Saldanha J. L. *Justiça Fiscal*. Lisboa: Relógio D'Água/Fundação Francisco Manuel dos Santos, 2010, p. 14.

[17] Destacamos a função do termo "pode" neste texto por se tratar de especulação. O presente estudo não tem pretensões proféticas. Nem mesmo a riqueza de dados disponíveis e pesquisas empíricas são capazes de projetar, com exatidão, como será o Brasil após a reforma tributária, seja ela qual for. Muitas ainda são as dúvidas. Este trabalho cumprirá sua função se contribuir com a reflexão acercada importância de considerar a complexidade do sistema tributário nos debates.

razão das investidas externas e, assim, até mesmo levar a situações mais graves do que a anterior.

Diante da relevância de cada um desses fatores que agem sobre a tributação, cabem os seguintes comentários.

a) tributação e isonomia

A questão tributária convive com um *trade-off* inescapável, que consiste na escolha entre eficiência e equidade. Toda tributação causa, em alguma medida, um peso morto, assim entendido como o desestímulo ao trabalho e ao empreendimento[18]. É o caso, por exemplo, da tributação progressiva pelo imposto sobre a renda. Esta pode ser compreendida como punição à prosperidade; quem detém maior riqueza deverá pagar, justamente por este motivo, mais imposto. Apesar disto, ganha-se com a redução das desigualdades sociais, mediante a desconcentração da renda. Além da reflexão sobre o certo e errado nesta política fiscal, o cerne da questão é a escolha entre prioridades.

Sobre o *trade-off*, a literatura apresenta três interpretações, que se destacam: a interpretação descritiva de Okun; a perspectiva crítica à eficácia redistributiva dos tributos, a partir da figura do *rent-seeking*; e a defesa da tributação ótima[19].

A primeira compreende a igualdade como um bem relevante para a sociedade, o que tornaria aceitável a perda de eficiência econômica em nome da redistribuição, por meio da tributação. Contudo, as políticas fiscais distributivas reduziriam o rendimento nacional disponível para realizar políticas públicas no longo prazo. Isto decorreria dos custos administrativos necessários para gerenciar a distribuição (burocracia), do desincentivo ao trabalho e à produtividade, da fuga de capitais e, por consequência, do não crescimento econômico. O país ficaria ainda mais pobre e limitado para realizar investimentos, inclusive na área social[20].

Para a segunda corrente, a transferência de recursos incentiva a formação de grupos que "caçam" rendas estatais, fenômeno conhecido

[18] Sendretti, Lilian. *Justiça e moralidade política na tributação: tensões entre equidade, liberdade e eficiência*. 2019. Dissertação (Mestrado em Ciência Política) – Faculdade de Filosofia, Letras e Ciências Humanas, Universidade de São Paulo, São Paulo, 2019, p. 31.

[19] Sendretti, Lilian. *Idem*, p. 42-43.

[20] Sendretti, Lilian. *Idem*, p. 43-45.

como *rent-seeking*[21]. Os valores retirados da parcela mais abastada da população não seriam destinados a investimentos ou ativos relevantes para a economia. Por não agregarem valor através da competição e da alocação de preços, como ocorre no mercado, a distribuição de renda significaria um jogo de soma zero[22].

Por sua vez, a tributação ótima defende que a sociedade compartilha, em alguma medida, a aversão à desigualdade[23]. Assim, as perdas de eficiência não poderiam ser obstáculo às medidas distributivas. Ambos os valores são relevantes para a comunidade e devem ser conciliados. Seu desafio é encontrar formas de reduzir as distorções econômicas, sem violar a capacidade contributiva dos indivíduos.

A partir da análise das teses acima, o embate eficiência x equidade parece indicar favorecimento à primeira variável. Este fato aumenta a necessidade de cautela com relação a essas formulações teóricas. Os estudos pioneiros no campo da tributação ótima são prova disso. Frank Ramsey, em 1927, propunha que as alíquotas mais elevadas do imposto sobre o consumo deveriam ser aplicadas sobre os bens e serviços mais inelásticos. Argumentava que esta tributação causaria poucas distorções, já que o consumidor não alteraria sua decisão de consumir em face da alteração dos preços relacionados àqueles produtos[24]. Entretanto, a característica da inelasticidade é comum nos bens de primeira necessidade, que são os mais consumidos pela parcela pobre da população. Assim, se levada a cabo esta tese, o resultado seria uma perversa regres-

[21] Sendretti, Lilian. *Idem*, p. 45-46.

[22] Cristiano Carvalho expõe o jogo de soma zero como "uma interação "não cooperativa", onde os incentivos mútuos (pay offs) são "pegar carona" nas escolhas do outro jogador. Em outras palavras, do jeito que as recompensas são postas, há incentivo ao oportunismo". Carvalho, Cristiano. *Novos paradigmas jurídicos para o Século 21: estratégia, pragmatismo e empiria. Ou: a sobrevivência dos mais aptos.* Coluna em Revista Eletrônica de Direito do Estado. NUM 128. 3/4/2016. Disponível em "http://www.direitodoestado.com.br/colunistas/cristiano-carvalho/novos-paradigmas-juridicos-para-o-seculo-21-estrategia-pragmatismo-e-empiria-ou-a-sobrevivencia-dos-mais-aptos". Último acesso em 4/2/2021.

[23] Sendretti, Lilian. *Idem*, p. 47-50.

[24] Teodorovicz, Jeferson. *Tributação ótima, tributo justo, ciência do direito tributário no brasil e direito financeiro.* Cadernos da escola de direito (UNIBRASIL), Curitiba-PR/Vol. 2, nº 23, jul/dez 2015, p. 14.

sividade, que desprezaria por completo a equidade e a capacidade contributiva[25].

É importante destacar que a proposta de Ramsey decorreu de questionamento elaborado por Pigou, seu professor. A pergunta a ser enfrentada era: quais as alíquotas o governo deveria impor sobre diferentes bens, supondo a inexistência de impostos do tipo *lump sum*[26]? Para respondê-la, o autor considerou que todos os indivíduos são iguais perante a economia, o que justifica total ausência das preocupações com a equidade e foco exclusivo na elasticidade do preço de determinados bens.

As limitações desta tese, que ignora a justiça distributiva e se sustenta sobre uma realidade simplória (a ausência de diferenças entre os agentes econômicos), foi percebida por Diamond e Mirrlees[27]. O grande mérito desses autores foi reposicionar o debate, defendendo que os impostos podem, sim, aumentar o bem-estar social. Eles demonstram que os agentes econômicos são variados e distintos e demandam atuação estatal para além da eficiência. Assim, propõem a conciliação entre efici-

[25] LIMA, Juciléia de Souza. *Tributação ótima: estudo jurídico, econômico e financeiro de modelos* [doi:10.11606/D.2.2017.tde-04102017-115527]. São Paulo: Faculdade de Direito, Universidade de São Paulo, 2014. Dissertação de Mestrado em Direito Econômico e Financeiro, p. 65.

[26] O imposto tipo *lump sum*, para teoria econômica, é o único capaz de não gerar distorções. Contudo, ele é impossível de ser instrumentalizado, em razão do déficit informacional. Para que funcione, seria necessário levar em consideração as diferenças existentes entre os indivíduos, em especial suas e riquezas e preferências. Este imposto alcançaria o nível máximo de eficiência, pois o produto de sua arrecadação independeria do comportamento do agente econômico e estaria relacionado às características do indivíduo, que tendem a ser imutáveis. O problema é que esses dados são privados e não estão perfeitamente disponíveis para o Estado. Por isso, torna-se inevitável a adoção de impostos distorcivos, que alteram comportamentos originalmente eficientes e impedem a economia de alcançar o ótimo de Pareto (quando um agente não pode melhorar sua condição sem que o bem-estar de outro piore). Assim, é preciso fazer escolhas facilmente observáveis, como são a renda e o gasto. Diante desta impossibilidade, os estudos voltam-se à formulação de outros arranjos tributários, que sempre serão *second best*. Cf. BARBOSA, Ana Luiza Neves de Holanda. *Teoria da Tributação ótima sobre o consumo*. Dissertação apresentada ao Curso de Pós-Graduação da FGV/EAS, como requisito para obtenção do título de mestre em Economia. São Paulo, 1999, p. 5-23.

[27] DIAMOND, Peter A.; MIRRLEES, James A. *Optimal taxation and public production: I – production efficiency. In: American Economic Review*, 61, 1971, p. 8-27.

ência e equidade, o que poderia ser feito a partir da junção da teoria da tributação com a do gasto público.

As teses defensoras da eficiência partem da premissa ingênua de que os mercados, antes da tributação, são perfeitos e capazes de alocar os recursos de forma satisfatória para toda a sociedade, sem necessidade da intervenção estatal. Ignoram, contudo, que o mercado possui uma série de falhas e que a tributação pode ajudar a corrigi-las o tornando mais eficiente, inclusive[28].

De fato, a experiência tem mostrado que o mundo "complexo" espera mais da tributação do que apenas a arrecadação. A despeito dos calorosos debates, boa parte dos países com economias sofisticadas utilizam-se das eficácias distributivas e regulatórias dos tributos, com o objetivo de promover justiça e induzir comportamentos[29].

Obter recursos sem causar distorções econômicas não pode ser o único objetivo do direito tributário. Fosse a eficiência a única preocupação do sistema, teríamos de considerar legítimo um imposto cobrado de forma *per capita*, pago em valor fixo e idêntico para todos os contribuintes a ele submetidos. Conforme destaca Luís Eduardo Schoueri, nesses casos não haveria qualquer razão para os particulares alterarem seus comportamentos iniciais eficientes, nem seriam afetadas suas decisões sobre comprar ou vender. Independente do comportamento, o tributo não mudaria. Contudo, este cenário bastante próximo de uma eficiência ideal permitiria que se cobrasse do miserável a mesma carga tributária exigida do abastado, o que seria inaceitável em uma sociedade que pretenda, minimamente, reduzir desigualdades sociais[30].

É a exigência de que haja justiça na tributação que justifica a existência de imposições distintas de acordo com a capacidade tributária de cada indivíduo. Na tributação direta, isto geralmente é alcançado pela progressividade do imposto sobre a renda. A tributação indireta, por onerar o bem ou serviço e não o sujeito que o adquire, não pode se utilizar deste mecanismo. Entretanto, nem por isso o princípio da capaci-

[28] Elkins, David. *Horizontal equity as a Principle of tax Theory. Yale Law & Police Review*, vol. 24, 2006. p. 48-49.

[29] Avi-Yonah, Reuven S. *The Three Goals of Taxation. Tax Law Review*. 60, nº 1 (2006). p. 3-4.

[30] Schoueri, Luís Eduardo. *Direito Tributário*/Luís Eduardo Schoueri. – 6ª ed. – São Paulo: Saraiva, 2016, p. 44.

dade contributiva deixará de ser atendido, devendo aqui ser concretizado pela seletividade, onerando menos os produtos essenciais e mais os supérfluos ou que produzem externalidades negativas[31].

A técnica da seletividade é fundamental para a construção de um sistema tributário mais justo, já que a tributação do consumo tende a ser regressiva. Os tributos incidentes sobre a comercialização de bens e prestação de serviços são, geralmente, repassados no preço para que sejam arcados pelos consumidores. Acontece que o pobre aplica a maior parte dos seus recursos para consumir, pois não possui excedentes para gastar, poupar ou investir. O inverso ocorre quando o mesmo gasto é feito pela parcela mais rica. Desse modo, quanto maior for a tributação incidente sobre o consumo, tenderá a ser maior também a concentração de renda.

A defesa da seletividade e, por consequência, de regimes tributários diferenciados parece intuitiva, uma vez que representa medida razoavelmente eficaz para reduzir o impacto tributário sobre as famílias pobres. Contudo, André Mendes Moreira e Roberto Miglio Sena[32] destacam que estudo realizado pela OCDE, intitulado "*The distributional effects of consumption taxes in OECD Countries*"[33], indica que a tributação do consumo poderia ser proporcional ou relativamente progressiva. Além disso, a referida pesquisa conclui que um sistema de alíquotas únicas para o IVA seria mais adequado, inclusive para fins redistributivos. Argumenta que as reduções aplicadas aos bens essenciais beneficiam as classes ricas, que consomem mais desses produtos. Além disso, aponta que as reduções de alíquotas destinadas a bens com finalidades culturais e sociais também beneficia os mais favorecidos, já que representam a maior fatia desse mercado consumidor. Assim, por contribuir muito pouco com a justiça social e aumentar distorções, conclui pela impertinência da adoção de várias alíquotas para o IVA.

Entretanto, os autores mencionados tecem críticas importantes ao método utilizado pela OCDE. Afirmam que as conclusões do estudo só

[31] A seletividade é expressamente adotada pelo sistema constitucional tributário brasileiro para o IPI e ICMS nos arts. 153, §3º, inciso I e 155, § 2º, inciso III, respectivamente.

[32] Moreira, André Mendes. Sena, Roberto Miglio. *(In)justiça na tributação do consumo: o que a OCDE tem a nos dizer.* RFPTD, v. 4, n. 4, 2016. p. 1-27.

[33] Os efeitos distributivos dos tributos sobre o consumo nos país da OCDE, em tradução livre do inglês.

foram possíveis, em razão da adoção das despesas da família[34], em substituição a renda, como parâmetro para análise da regressividade. Acontece que a maioria das pesquisas que se debruçam sobre o mesmo objeto utilizam o critério da renda e são unânimes no sentido de apontar a regressividade da tributação do consumo. E isto não acontece por acaso. O critério renda é o mais factível para se verificar a regressividade, pois aproxima-se da noção de riqueza. É a partir dela, portanto, que é possível verificar quanto um indivíduo sacrifica para ter acesso a determinado bem ou serviço.

Ainda que a seletividade tenha seus deméritos, ela pode ser defendida para aqueles bens diretamente relacionados à subsistência dos mais pobres, relacionados ao consumo de itens constantes da cesta básica, água, energia elétrica e transporte público, por exemplo. A esse respeito, é o seguinte trecho de Saldanha Sanches:

> "[...] o projecto de escolher os produtos de luxo como objectos especiais da tributação do consumo estava marcado por um incontornável anacronismo: uma distinção inequívoca entre consumos de luxo e consumos necessários só é possível numa sociedade pobre e com um número reduzido de privilegiados.[35]

Em recente estudo, Rita de la Feria e Michael Walpole[36] endossam as conclusões da OCDE apresentada em 2014, e defendem que as reduções nas alíquotas de tributos do tipo IVA beneficiam as famílias mais ricas, além de representar um custo fiscal significativo para o Estado, já que implica renúncia de receita. No entanto, o aspecto interessante do estudo está em apontar que a crença geral de que reduções nas alíquotas do imposto refletem redução no preço dos produtos pode ser uma ilusão. Apontam que o repasse da carga tributária no preço deveria sempre ocorrer, se considerado um mercado perfeitamente competitivo. Como

[34] Este método consiste em dividir a população pelos décimos de despesa e medir a carga tributária em percentual das despesas.

[35] SANCHES, Saldanha J. L. *Justiça Fiscal.* Lisboa: Relógio D'Água/Fundação Francisco Manuel dos Santos, 2010, p. 37.

[36] DE LA FERIA, Rita. WALPOLE, Michael, *The Impact of Public Perceptions on General Consumption Taxes (December 4, 2020). (2020) British Tax Review* 67/5, 637-669, Disponível em SSRN: https://ssrn.com/abstract=.

o mercado muitas vezes não alcança este nível ideal, a transferência do impacto fiscal pode ocorrer em menor grau ou simplesmente não ocorrer. Assim, a não adoção de alíquotas distintas decorreria da ação de grupos de interesse que, utilizando-se das noções de justiça e equidade, visariam benefícios próprios.

A despeito da relevância do estudo, que traz para o debate a importante questão dos interesses egoísticos na formulação de políticas fiscais, propomos uma reflexão a partir do sistema tributário brasileiro. Adotemos a hipótese de que a redução das alíquotas do IVA não implica redução dos preços e, portanto, a eficácia redistributiva da seletividade é questionável. Tal fato implica defender como necessária uma reforma tributária nos termos das propostas em tramite no Congresso Nacional? Seria positivo a adoção de alíquotas idênticas para todo e qualquer bem ou serviço no Brasil?

A resposta parecer ser negativa. Se é verdade que nos países habituados com o IVA, a redução de alíquotas não significa barateamento dos produtos, tampouco isto implica torná-los mais caros. Em tese, os benefícios fiscais poderão não melhorar a situação dos mais pobres, mas não se imagina que poderá piorá-la.

Contudo, no caso do Brasil, a adoção do IBS, tal como proposto, ensejará aumento generalizado dos preços. Diversos produtos que atualmente possuem alíquotas reduzidas ou zeradas – que geralmente são os mais consumidos pelas pessoas de baixa renda –, serão tributados em percentuais elevados, já que se prevê uma alíquota de, no mínimo, 27% (vinte e sete por cento) para este novo imposto[37].

Esta consequência não é ignorada pelos defensores da proposta, que, para sanar este grave problema, sugerem a devolução do imposto pago no preço dos produtos pela população pobre. Isto poderia ser realizado mediante programas de transferência de renda, segundo eles, possivel-

[37] A projeção foi realizada pelo Instituto de Pesquisa Econômica Aplicada e foi fixada de acordo com a reposição dos antigos tributos, segundo as diretrizes da PEC nº 45/2019. Isso significa que a alíquota de referência do IBS federal proporciona uma estimativa de arrecadação igual à soma do PIS/COFINS e do IPI. A alíquota de referência do IBS estadual, igual ao total de ICMS arrecadado pelos estados; e a alíquota do IBS municipal, igual ao total de ISS dos municípios. Texto para discussão / Instituto de Pesquisa Econômica Aplicada. – Brasília: Rio de Janeiro: Ipea, 1990, p. 14-15. Disponível em "https://www.ipea.gov.br/portal/index.php?option=com_content&view=article&id=35279&Itemid=444".

mente se utilizando de cadastros existentes de programas sociais oficiais, como o Bolsa Família.

Contudo, esta resposta abre espaço para outros questionamentos. O que deve ser entendido como "baixa renda" para fins de devolução do imposto pago? A depender de como esta definição seja estabelecida, poderá ocorrer a perpetuação de injustiças. A título exemplificativo, caso se estabeleça que os beneficiados serão aqueles abarcados pela faixa de isenção do imposto de renda, o que corresponde a um rendimento mensal máximo de R$ 1.903,98, pessoas com rendimento pouco superiores ficarão de fora. Será que podemos afirmar que o indivíduo que ganha R$ 2.500,00 por mês, que corresponde a R$ 30.000,00 anuais, está em condições financeiras suficientes para suportar uma tributação de 27%, na melhor das hipóteses, sobre todos os bens e serviços que vier a consumir?

A resposta a esta e a outras perguntas sobre como conciliar equidade e eficiência deve protagonizar o debate. A discussão acerca dos efeitos da reforma tributária sobre a economia é fundamental e necessária. Ninguém discorda que o sistema atual é um entrave ao desenvolvimento do país. Contudo, como se pretendeu demonstrar, a tributação não serve apenas para tornar o mercado mais ou menos eficiente. Ela pode ser também um mecanismo eficaz de distribuição de renda, se estrategicamente alinhada com outros fatores como o gasto público. O objetivo deste texto, reitera-se, não é ser oposição à reforma, mas sim aperfeiçoá-la. Isto exige uma calibração adequada entre fim de distorções e redução de desigualdades sociais.

Feitas essas considerações, é necessário apresentarmos breves comentários sobre o papel da tributação no desenvolvimento, sobretudo regional.

b) Tributação e desenvolvimento regional

O mercado, como nos lembra, Eros Grau, é uma instituição jurídica. Ele não é uma produção espontânea ou natural. É uma criação histórica, que decorre de circunstâncias econômicas, sociais, políticas e ideológicas. É produto da cultura e se destina a manter determinadas estruturas de poder[38].

[38] Grau, Eros Roberto. *A Ordem econômica na Constituição de 1988: (interpretação e crítica)*/ Eros Roberto Grau. – 18. Ed. atual. – São Paulo: Malheiros, 2017. p. 27.

Para que funcione adequadamente, o mercado exige uma ordem, no sentido de regularidade e previsibilidade. Isto é alcançado por meio da uniformização de condutas, que permite o desenvolvimento de cálculos que informarão decisões a serem tomadas no dinamismo do mercado. Esta uniformidade, por sua vez, só pode ser assegurada com a substituição de critério subjetivos, por padrões objetivos[39].

É interessante notar que esta uniformização de condutas só se torna possível com o surgimento do Direito Moderno. O monarca absolutista decidia subjetivamente, de acordo com sua vontade e conveniência, o que impedia qualquer pretensão de previsibilidade. O direito posto, entretanto, pretender ser racional e tem na Lei seu fundamento de objetividade. É a substituição da vontade do príncipe pela vontade da Lei (aprovada pela burguesia). Não é mera coincidência o fato de o Estado Moderno tenha surgido quase concomitantemente com o mercado capitalista[40].

É possível afirmar que o Estado que conhecemos hoje é invenção da burguesia. Esta precisa da coercitividade do ordenamento jurídico para que os contratos sejam cumpridos e respeitados, o que é indispensável para a economia de mercado. O Estado não é inimigo do capitalismo, mas foi o seu primeiro e mais importante aliado.

Por isso, soam estranhas as alegações que tentam opor o mercado ao Estado, com pedidos efusivos de uma redução da atuação deste último. E é lamentável que tragédias humanitárias como a do COVID-19, com a perda de milhares de vidas, sirvam para provar que esta separação não é possível. Afinal, o que seria do livre mercado sem a intervenção do Estado, mediante injeção significativa de recursos por meio de bancos centrais para manter operacional economias paralisadas pelo vírus? O desafio não é impedir que o Estado atue sobre o domínio econômico, mas definir a medida desta atuação.

E a Constituição Federal não foge a este desafio e busca a conciliação entre o livre mercado e a necessidade de intervenção estatal. É uma constituição dirigente, que determina, por meio das denominadas normas constitucionais programáticas, fins e objetivos futuros, visando a

[39] Grau, Eros Roberto. *A Ordem econômica na Constituição de 1988: (interpretação e crítica)/* Eros Roberto Grau. – 18. Ed. atual. – São Paulo: Malheiros, 2017, p. 28.
[40] Grau, Eros Roberto. *Idem*, p. 29-34.

melhora das condições sociais e econômicas da população. Isto não significa abandono das conquistas obtidas pelo Estado de Direito, que se constituem na defesa da propriedade privada e da proteção dos indivíduos contra arbítrios. A esses direitos somam-se outros, que demandam prestações positivas do Estado[41]. Este já não pode mais ser indiferente ao desenvolvimento social e econômico.

Uma análise superficial do texto constitucional comprova o alegado. Logo em seu art. 1º, inciso IV, consta que os valores sociais do trabalho e da livre iniciativa constituem fundamentos da República Federativa do Brasil. Em seguida, o art. 3º, incisos I e III, prevê que a construção de uma sociedade livre, justa e solidária, bem como a erradicação da pobreza, marginalização e redução das desigualdades sociais e regionais, são verdadeiros objetivos, que devem ser perseguidos. O título da ordem econômica, em seu dispositivo inaugural, determina que esta funda-se na valorização do trabalho humano, da livre iniciativa e da justiça social. Enfim, são exemplos diversos extraídos não dos debates doutrinários ou de decisões judiciais, mas do direito posto.

São "complexidades", que demandam a concretização de diversos objetivos, muitas vezes difíceis de serem conciliados, mas que não permitem a escusa pelo Estado. Este "contexto constitucional", como se refere Luís Eduardo Schoueri, não se contenta com um ordenamento dado, que apenas deve ser mantido. Ele demanda a construção de uma realidade social nova, a partir de medidas legais que privilegiem o interesse público. Esta ausência de neutralidade do Estado implica ausência de neutralidade da tributação[42], que passa a ser utilizada para alcançar objetivos não limitados à arrecadação. O tributo assume funções "indutoras", auxiliando o Estado a alterar a realidade social então existente.

Todos os tributos, em alguma medida, influenciam nas escolhas e decisões dos indivíduos, e nunca possuem eficácia limitada ao custeio da máquina pública. Contudo, existem normas tributárias que são ela-

[41] BERCOVICI, Gilberto. *A problemática da constituição dirigente: algumas considerações sobre o caso brasileiro.* Revista de Informação Legislativa. Brasília a. 36 n. 142 abr./jun.1999. p. 36-37. Disponível em "https://www2.senado.leg.br/bdsf/item/id/474". Acesso em 24/1/2021.

[42] SCHOUERI, Luís Eduardo. *Normas tributárias indutoras e intervenção econômica*/Luís Eduardo Schoueri. – Rio de janeiro: Forense, 2005, p. 2.

boradas especificamente para estimular ou desestimular comportamentos. Para essas normas, o efeito arrecadatório é secundário e irrelevante. A Constituição Federal expressamente as previu e até estimula a sua utilização em determinadas situações, mitigando algumas limitações constitucionais ao poder de tributar para o seu exercício[43].

Essas normas, conhecidas como "extrafiscais", podem ser utilizadas com o objetivo de reduzir a desigualdade social entre as regiões do país. O art. 151, inciso I é prova disso[44]. Por meio de uma política fiscal, é possível atrair empreendimentos para regiões mais pobres, gerando emprego e renda para a população. Esta estratégia é largamente utilizada no Brasil, e é responsável pela existência de diversas indústrias e empresas nas localidades menos atrativas, como é o caso das regiões Norte e Nordeste.

No entanto, a estratégia de atrair empreendimentos por meio de incentivos fiscais criou um cenário de severa guerra fiscal. Os Estados da federação deixaram de atuar de forma cooperativa e passaram a disputar investimentos mediante desonerações tributárias cada vez mais agressivas e, não raro, ao arrepio do texto constitucional. Esta situação, a despeito de incialmente objetivar a correção de desigualdades sociais e regionais, causou insegurança para os contribuintes e queda nas receitas dos entes federados.

É por isso que um dos pilares das reformas tributárias em discussão consiste na extinção ou redução dos incentivos fiscais. A PEC 45/2019 é a mais enérgica e considera a total ausência de benefícios tributários como a medida mais adequada. Para os defensores desta proposta, o IBS instituirá uma não-cumulatividade ampla. O imposto incidente sobre todos os insumos e bens de capital adquiridos pelos prestado-

[43] A título exemplificativo, é o caso do art. 153, § 1º, em que é facultada à União, nas condições e limites estabelecidos em lei, alterar as alíquotas do imposto de importação, imposto de exportação, imposto sobre produtos industrializados e do imposto sobre operações de crédito, câmbio e seguro, ou relativas a títulos ou valores mobiliários. Cf. LEÃO, Martha. *Contributo para o estudo da extrafiscalidade: a importância da finalidade na identificação das normas tributárias extrafiscais.* Revista de Direito Tributário Atual, IBDT, nº 34, 2018, p. 306-309.

[44] Este dispositivo estabelece, que a União não pode instituir tributo que não seja uniforme em todo o país, mas admite a concessão de incentivos fiscais para promover o equilíbrio socioeconômico entre as diferentes regiões.

res de serviços, produtores, comerciantes e exportadores serão recuperados imediatamente. Assim, espera-se que as empresas sujeitas ao IBS não arquem com a carga tributária do imposto e funcionem como meros agentes recolhedores. O ônus econômico, afirma-se, será integralmente suportado pelas famílias consumidoras. Desse modo, como quem produz já é desonerado em razão desta eficaz não-cumulatividade, a concessão de incentivos fiscais simplesmente perderia o sentido[45].

O problema é que este repasse do tributo nem sempre é tão simples, mesmo com a erradicação da cumulatividade. A definição de quem arcará com o imposto depende mais do tipo de mercado, do que do indivíduo eleito pelo legislador para suportar o imposto. A sensibilidade do mercado ao tributo é fator determinante para a ocorrência ou não do repasse. Em mercados competitivos, a tendência é que o produtor arque com uma parcela maior, pois mesmo pequenos aumentos no preço em razão do tributo podem implicar perda de mercado. O mesmo ocorrerá se os consumidores dispuserem de muitos substitutos para determinado bem. Neste caso, o aumento do preço induzirá o consumidor a adquirir outro bem, que atenda às necessidades dele sem que precise sacrificar mais da sua renda. Por outro lado, quanto mais concentrado o mercado, maior será a transferência do encargo para os consumidores finais, em razão da limitação deste último em alterar seu comportamento em razão da majoração do preço[46].

Assim, a completa desoneração dos prestadores de serviços, produtores, comerciantes e exportadores, como pensada pelos defensores da PEC 45/2019, pode não ocorrer, por razões externas ao sistema tributário. Esta ponderação por si só é suficiente para questionar se a extinção *a priori* dos incentivos fiscais é realmente a solução.

Além disso, a necessidade de o direito tributário atuar para reduzir as desigualdades sociais – exigência da Constituição Federal e da "complexidade" que ela incorpora – permanece a impedir a aceitação abso-

[45] Centro de Cidadania Fiscal *Benefícios Fiscais e o IBS*. Versão 3. São Paulo: CCiF, setembro de 2018. Disponível em: https://ccif.com.br/wp-content/uploads/2020/06/1809-Benef%C3%ADcios-Fiscais-e-o-IBS-v.3.pdf. Acesso em: 29/1/2021.

[46] Vasconcellos, Marco Antonio; Garcia, Manuel E. *Fundamentos de Economia*. 2ª Ed. Saraiva, 2006, p. 48. *Apud* Costa, Leonardo de Andrade. *Sistema Tributário Nacional*. Graduação 2018.2. FGV Direito Rio, p. 22.

luta da proposta de pôr fim aos incentivos. E esta afirmação se mantém mesmo diante de todos os prejuízos causados pela guerra fiscal, mencionados acima. Muitos empreendimentos produtivos situados nas regiões Norte e Nordeste apenas escolheram essas localidades por vantagens tributárias. Nesses casos, o fim de incentivos fiscais pode significar o imediato desinteresse dessas empresas em manter suas instalações nos Estados mais pobres.

A escolha do local em que uma fábrica irá estabelecer-se não depende apenas das questões tributárias, é verdade. Diversos fatores são considerados para a tomada de decisão. Disponibilidade de matéria prima, energia elétrica, água, mão de obra, qualidade de vida, serviços essenciais, infraestrutura e proximidade com mercado consumidor e fornecedores são variáveis que não podem ser negligenciadas[47].

Esses elementos não dependem de renúncias tributárias. Desse modo, caso determinado Estado deseje colaborar com a construção de um ambiente de negócio mais atrativo, deve investir nesses fatores, mediante gasto público, e não fazendo uso de incentivos fiscais. É a solução dos responsáveis pelas propostas de reforma tributária, sobretudo da PEC nº 45/2019.

Essas melhorias estruturais são desejáveis e até preferíveis em relação aos benefícios tributários. Ao invés de perder receitas tributárias, o Estado poderia investir em infraestrutura para aumentar a eficiência dos agentes econômicos e obter maior crescimento no longo prazo.

Contudo, este "caminho ideal" encontra obstáculos na realidade brasileira. A vulgarização nas renúncias fiscais e sua utilização desesperada para captar investimentos é resultado da falta de uma política industrial para o país. Ao longo de décadas, o que se assistiu foi um descompromisso dos governos com uma agenda focada em criar elementos necessários ao desenvolvimento econômico. Aplicação de recursos com a qualificação da mão de obra e tecnologia jamais foram adequada e suficientemente efetivas. Neste cenário, a concessão de incentivos fiscais foi e é largamente utilizada, por representar medida rápida e fácil de ser implementada, visando corrigir um problema que é urgente.

[47] ALVES, José Roberto Xavier. ALVES, João Murta. Definição de localidade para instalação industrial com o apoio do método de análise hierárquica (AHP). *Production*, v. 25, n. 1, p. 15, jan./mar, 2015.

Assim, atribuir ao gasto público a responsabilidade pela correção das desigualdades regionais é preocupante, quando considerado o histórico do país. A supressão dos incentivos fiscais, se ocorrer, deve ser acompanhada de medidas substitutivas efetivas, detalhadas e amplamente debatidas. Apostar em uma saída que foi sistematicamente ignorada no passado, retira a confiança para seguir em um futuro com redução nas disparidades entre as regiões da federação.

As reflexões sobre a padronização de alíquotas e seus impactos sobre a equidade na tributação; e a extinção dos incentivos fiscais e sua repercussão no combate às desigualdades regionais, relacionam-se e afetam diretamente outro elemento importante: a federação, conforme brevemente suscitado no tópico abaixo.

c) Tributação e federação

A questão federativa é de suma importância para o país. Basta ver que possui o *status* de cláusula *pétrea*, que não pode ser extinta ou sequer reduzida por emenda constitucional[48].

Definir um Estado federativo é tarefa difícil. Quase impossível, em razão da infinidade de modelos possíveis, que são desenvolvidos de acordo com as características e necessidades de cada Estado. Contudo, é possível identificar parâmetros mínimos e características fundamentais, sem os quais restaria comprometida a existência do federalismo. Misabel Derzi ressalta que a sua maior virtude consiste em ser garantia adicional da liberdade e da democracia. A federação pressupõe considerável grau de autonomia e independência dos seus membros e dificulta a concentração do poder. A centralização seria enfraquecida com o fortalecimento da autonomia legislativa dos entes federados. A consequência seria a criação de um maior espaço para a co-deliberação e autodeterminação popular. E a referida autora arremata "quem quer concentrar

[48] O art. 60, § 4º, inciso I da Constituição Federal determina, que a norma poderá ser emendada mediante emendas, vedada, entretanto, deliberação de propostas *tendente* a abolir a forma federativa de Estado. A palavra *tendente*, utilizada pelo dispositivo, transmite a ideia de inclinação e propensão. Isto permite concluir que não apenas a extinção do sistema federativo é proibida. Eventuais investidas que o desconfigure, reduza e limite são igualmente censuradas.

não dilui o poder pelo território nacional, diluição que é característica do Federalismo[49]".

É importante destacar que esta descentralização não se aplica apenas às questões administrativas e financeiras. Afinal, autarquias também detém essas características. Um Estado-membro é mais do que isso. Ele possui parcela do poder estatal. Sua autonomia é também político-jurídica. Não é mais nem menos importante que a União, mas com ela guarda deveres recíprocos[50]. Não há hierarquia, mas atuações distintas em razão das competências constitucionalmente atribuídas a cada uma das pessoas jurídicas de direito público interno.

Esta independência entre os membros da federação, acompanhada da articulação de suas atuações, implica a conclusão de que os objetivos fundamentais estabelecidos pela Constituição Federal não devem ser perseguidos apenas pela União. Conforme defende Heleno Torres, a existência do federalismo cooperativo "coloca o objetivo de redução das desigualdades regionais como um dever de todos, em esforços comuns, segundo os parâmetros de articulação definidos pela União[51]".

Em razão desta importante responsabilidade compartilhada na concretização de valores e fins estabelecidos pela constituição, não se admite retrocesso da Federação. Os valores que norteiam a descentralização do poder impedem qualquer tentativa de retorno à unidade, em prejuízo à redução das desigualdades regionais e do desenvolvimento equilibrado. Neste sentido, o autor enfatiza que este modelo de Estado federativo não comporta a ideia de unidades federativas como meras

[49] Derzi, Misabel Abreu Machado Derzi. *Federalismo, Liberdade e Direitos Fundamentais.* Revista de Estudos Institucionais, Vol. 4, 1, 2018. p. 123-126. Disponível em https://www.estudosinstitucionais.com/REI/article/view/266/215. Acesso em: 30/1/2021.

[50] Derzi, Misabel Abreu Machado Derzi. *Federalismo, Liberdade e Direitos Fundamentais.* Revista de Estudos Institucionais, Vol. 4, 1, 2018. p. 127. Disponível em https://www.estudosinstitucionais.com/REI/article/view/266/215. Acesso em: 30/1/2021.

[51] Torres, Heleno Taveira. *Constituição financeira e o federalismo financeiro cooperativo equilibrado brasileiro.* Revista Fórum de Direito Financeiro e Econômico – RFDFE, Belo Horizonte, ano 3, n. 5, p. 49-51, mar./ago, 2014.

gestoras de gasto público, desprovidas da liberdade política para tomar decisões[52].

Estas observações assumem posição de destaque no que se refere às propostas de reforma tributária. Conforme mencionado anteriormente neste estudo, os principais projetos de emenda à constituição preveem significativa redução e até a extinção da possibilidade de os Estados e Municípios concederem incentivos fiscais. Neste novo imposto, a atuação desses entes federados consistirá, quando muito, na fixação das alíquotas. O detalhe é que, se Estado ou Município resolver reduzir a alíquota para determinado bem, terá de fazer o mesmo para todos os outros[53]. É uma permissão praticamente inexequível. É óbvio que o objetivo de reduzir a carga tributária de determinados bens e serviços não se aplica a outros.

São significativas restrições às liberdades de os membros da federação planejarem e executarem políticas fiscais. É, enfim, redução do seu poder político-jurídico. Esses fatos obrigam a formulação do seguinte questionamento: os Estados e Municípios passarão a ser meros gestores de gasto público, desprovidos de liberdade política para tomar decisões? A relevância do Federalismo impõe refletirmos e debatermos sua compatibilidade com o IBS.

Conclusões

Os problemas do sistema tributário brasileiro são antigos, como são também as críticas a ele direcionadas. A despeito da existência de preocupações relacionadas a todas as bases de incidência (renda, patrimônio e consumo), as insatisfações são direcionadas mais fortemente à tributação sobre a comercialização de bens e serviços. O fracionamento desta base de incidência entre todos os entes da federação, o desrespeito sis-

[52] Torres, Heleno Taveira. *Constituição financeira e o federalismo financeiro cooperativo equilibrado brasileiro.* Revista Fórum de Direito Financeiro e Econômico – RFDFE, Belo Horizonte, ano 3, n. 5, p. 53, mar./ago. 2014.

[53] É o que prevê a PEC nº 45/2019, por exemplo. No caso da PEC nº 110/2019, a possibilidade de os Estados e Municípios interferirem nas alíquotas é ainda mais limitada, ou melhor, inexistente. Nesta última proposta, a alíquota é definida por lei complementar, aplicada uniformemente em todo território nacional.

temático aos seus fundamentos e a existência de uma política fiscal descoordenada a tornaram difícil de ser compreendida e instrumentalizada.

Não por acaso, as principais propostas de reforma tributária em trâmite no Congresso Nacional visam alterá-la. Comum a todas, é a busca pela simplificação, com o objetivo de facilitar a apuração desses impostos e contribuições.

Entretanto, tentamos demonstrar que existe uma diferença fundamental entre a complexidade e a dificuldade no direito tributário. A primeira, consiste na necessidade de o sistema conciliar diversas expectativas distintas, que demandam respostas e soluções. A complexidade é responsável por incrementar as funções dos tributos, em razão da interação deste com a realidade econômica e social. A segunda, por sua vez, está relacionada aos desafios práticos e cotidianos do jurista, contador, economista e empresário ao lidar com os tributos. A distinção é importante, pois esclarece que a dificuldade não é uma causa autônoma, explicável a partir da sua análise isolada. Na verdade, ela é o resultado da incorporação de diversas expectativas direcionadas à tributação, que incrementam a complexidade deste sistema. Lidar com diversos tributos, alíquotas e regimes diferenciados é difícil. Complexos, contudo, são os fatores que levam a essas situações.

A dificuldade é inevitável. Ela é produto do dever de o direito tributário atender a funções redistributivas, auxiliar na redução de desigualdade sociais e regionais e manter o pacto federativo. Não fosse a existência desses fatores, não seria necessário o enfrentamento de boa parte dos atuais problemas. Acontece que eles existem e continuarão a existir, mesmo após a aprovação de eventual reforma tributária, seja ela qual for. O debate sobre a alteração da tributação sobre o consumo não pode tangenciar essas variáveis. Simplificação não pode ser o único valor a nortear as deliberações no Congresso Nacional. Tal visão é míope e não enxerga o rico contexto em que o tributo está inserido.

Nesse quadro, é oportuno se aliar ao argumento de Saldanha Sanches:

> "[...] a simplificação fiscal constitui uma das questões centrais dos sistemas fiscais contemporâneos, quer pela via da redução do número excessivo de benefícios fiscais, que destrói a coerência sistemática do ordenamento jurídico tributário, quer pela via da limitação das soluções de personalização do imposto ou de ajustamento deste a situações peculiares, que, apesar de fei-

tas como um projecto de aumento da justiça, são pela sua difícil praticabilidade, fontes de efectiva injustiça.

A solução, contudo, não passa pela pura e simples extinção dos benefícios fiscais: a sua atribuição pode ser um instrumento essencial para estimular exportações ou conseguir a instalação de indústrias com elevada tecnologia, além de justificação indiscutível das isenções de mecenato social. A questão principal está, repita-se, na possibilidade de abusos e distorções que a sua existência implica e que qualquer discurso sobre justiça fiscal deve encarar"[54].

O objetivo deste trabalho foi, portanto, o de demonstrar a necessidade de se discutir equidade, desenvolvimento e federação com o mesmo entusiasmo que tem permeado os diálogos sobre eficiência e reduções de distorções.

Referências

ALVES, José Roberto Xavier. ALVES, João Murta. *Definição de localidade para instalação industrial com o apoio do método de análise hierárquica* (AHP). Production, v. 25, n. 1, jan./mar. 2015.

AVI-YONAH, Reuven S. *The Three Goals of Taxation. Tax Law Review*. 60, nº 1 (2006).

BARBOSA, Ana Luiza Neves de Holanda. *Teoria da Tributação ótima sobre o consumo*. Dissertação apresentada ao Curso de Pós-Graduação da FGV/EAS, como requisito para obtenção do título de mestre em Economia. São Paulo, 1999.

BECKER, Alfredo Augusto, 1928 – *Carnaval tributário*/Alfredo Augusto Becker. – 2. Ed. – São Paulo: LEJUS, 1999.

BRAITHWAITE, John, 'Making tax law more certain: a theory', 2002. Disponível em: http://ctsi.anu.edu.au/publications/WP/44.pdf. Acesso en 23 Ago. 2011.

BERCOVICI, Gilberto. *A problemática da constituição dirigente: algumas considerações sobre o caso brasileiro*. Revista de Informação Legislativa. Brasília a. 36 n. 142 abr/jun.1999.

BATISTA JÚNIOR, Onofre Alves; MARINHO, Marina Soares. *Do federalismo de cooperação ao federalismo canibal: a Lei Kandir e o desequilíbrio do pacto federativo*. Revista de informação legislativa: RIL, v. 55, n. 217, p. 159-160, jan./mar. 2018.

BORGES, José Souto Maior. *Um ensaio interdisciplinar em direito tributário: superação da dogmática*. Revista Dialética de Direito Tributário (RDDT), 211 (abril – 2013).

CENTRO DE CIDADANIA FISCAL. *Benefícios Fiscais e o IBS*. Versão 3. São Paulo: CCiF, setembro de 2018.

[54] SANCHES, Saldanha J. L. *Justiça Fiscal*. Lisboa: Relógio D'Água/Fundação Francisco Manuel dos Santos, 2010, p. 52.

CARVALHO, Cristiano. *Novos paradigmas jurídicos para o Século 21: estratégia, pragmatismo e empiria. Ou: a sobrevivência dos mais aptos.* Coluna em Revista Eletrônica de Direito do Estado. NUM 128. 3/4/2016.

DE LA FERIA, Rita. WALPOLE, Michael, *The Impact of Public Perceptions on General Consumption Taxes (December 4, 2020). (2020) British Tax Review* 67/5.

DERZI, Misabel Abreu Machado Derzi. *Federalismo, Liberdade e Direitos Fundamentais.* Revista de Estudos Institucionais, Vol. 4, 1, 2018.

DIAMOND, Peter A.; MIRRLEES, James A. *Optimal taxation and public production: I – production efficiency. In: American Economic Review*, 61, 1971.

ELKINS, David. *Horizontal equity as a Principle of tax Theory. Yale Law & Police Review*, vol. 24, 2006.

FOLLONI, André; SIMM, Camila Beatriz. *Direito tributário, complexidade e análise econômica do Direito.* Revista Eletrônica do curso de Direito da UFSM. v. 11, n. 1/2016.

–. *Clareiras e caminhos do direito tributário: crítica da ciência do direito tributário a partir da obra de José Souto Maior Borges.* Tese de doutorado em Direito do Estado. Universidade Federal do Paraná. Setor de ciências jurídicas. Programa de Pós-Graduação em Direito.

GRAU, Eros Roberto. *A Ordem econômica na Constituição de 1988: (interpretação e crítica)*/Eros Roberto Grau. – 18. Ed. atual. – São Paulo: Malheiros, 2017.

KREVER, Richard. 'Plain English drafting, purposive drafting, principle-based drafting: Does any of it matter?' *in* J. Freedman (ed.), Beyond boundaries: developing approaches to tax avoidance and tax risk management, Oxford: Oxford University Centre for Business Taxation, 2008, p. 189-195.

LEÃO, Martha. *Contributo para o estudo da extrafiscalidade: a importância da finalidade na identificação das normas tributárias extrafiscais.* Revista de Direito Tributário Atual, IBDT, nº 34, 2018.

LIMA, Juciléia de Souza. *Tributação ótima: estudo jurídico, econômico e financeiro de modelos* [doi:10.11606/D.2.2017.tde-04102017-115527]. São Paulo: Faculdade de Direito, Universidade de São Paulo, 2014. Dissertação de Mestrado em Direito Econômico e Financeiro.

MOREIRA, André Mendes. *Não-cumulatividade tributária na Constituição e nas leis (IPI, ICMS, PIS/COFINS, impostos e contribuições residuais).* 2009. Tese (Doutorado em Direito Econômico e Financeiro) – Faculdade de Direito, Universidade de São Paulo, São Paulo, 2009.

MOREIRA, André Mendes. SENA, Roberto Miglio. *(In)justiça na tributação do consumo: o que a OCDE tem a nos dizer.* RFPTD, v. 4, n. 4, 2016.

NEVES; Clarissa Eckert Baeta. NEVES, Fabrício Monteiro. *O que há de complexo no mundo complexo?* Niklas Lhumann e a Teoria dos Sistemas Sociais. Sociologias, Porto Alegre, ano 8, nº 15, jan./jun. 2006.

NEVES, Marcelo. *Entre Têmis e Leviatã: uma relação difícil: o Estado Democrático de Direito a partir e além de Luhmann e Habermas/Marcelo Neves*; tradução do autor. – 3ª ed. – São Paulo: editora WMF Martins Fontes, 2012. – (Biblioteca jurídica WMF).

ROSTAGNO, Alessandro. *Guerra Fiscal e os benefícios unilaterais concedidos por outros estados*. In DARZÉ, Ana Medrado; ROSTAGNO, Alessandro. Contencioso administrativo tributário: questões polêmicas – São Paulo: Noeses, 2011.

SANCHES, Saldanha J. L. *Justiça Fiscal*. Lisboa: Relógio D'Água/Fundação Francisco Manuel dos Santos, 2010.

SENDRETTI, Lilian. *Justiça e moralidade política na tributação: tensões entre equidade, liberdade e eficiência*. 2019. Dissertação (Mestrado em Ciência Política) – Faculdade de Filosofia, Letras e Ciências Humanas, Universidade de São Paulo, São Paulo, 2019.

SCHOUERI, Luís Eduardo. *Direito Tributário*/Luís Eduardo Schoueri. – 6. ed. – São Paulo: Saraiva, 2016.

–. *Normas tributárias indutoras e intervenção econômica*/Luís Eduardo Schoueri. – Rio de janeiro: Forense, 2005.

TEODOROVICZ, Jeferson. *Tributação ótima, tributo justo, ciência do direito tributário no Brasil e direito financeiro*. Cadernos da escola de direito (UNIBRASIL), Curitiba-PR / Vol. 2, nº 23, jul/dez 2015.

TIPKE, Klaus. *Moral Tributária do Estado e dos Contribuintes*. Tradução Luiz Dória Furquim. Porto Alegre: Sergio Antonio Fabris Editor, 2012. p. 74. *Apud* ROCHA, Sérgio André. Da Lei à Decisão: A segurança jurídica Tributária Possível na Pós-Modernidade. Lumen Juris. Rio de Janeiro, 2017.

TORRES, Heleno Taveira. *Constituição financeira e o federalismo financeiro cooperativo equilibrado brasileiro*. Revista Fórum de Direito Financeiro e Econômico – RFDFE, Belo Horizonte, ano 3, n. 5, mar./ago. 2014.

VASCONCELLOS, Marco Antonio; GARCIA, Manuel E. *Fundamentos de Economia*. 2ª Ed. Saraiva, 2006. *Apud* COSTA, Leonardo de Andrade. Sistema Tributário Nacional. Graduação 2018.2. FGV Direito Rio.

VIANA, Ulisses Schwarz. *Horizontes da justiça: complexidade e contingência no sistema jurídico*. 2013. Tese (Doutorado em Filosofia e Teoria Geral do Direito) – Faculdade de Direito, Universidade de São Paulo, São Paulo, 2013.

7. ANÁLISE CRÍTICA DO CASO APPLE X IRLANDA SOB A ÓTICA DO BEPS

Hélio Silvio Ourém Campos
Gabriela Cristina Rosa dos Santos

Introdução

O presente trabalho de conclusão de curso possui como tema a análise crítica do caso da Apple sob a ótica dos 15 Planos de Ação do BEPS, em especial no que se refere às decisões fiscais proferidas pela Irlanda que concederam benefícios fiscais à Apple, o que culminou na investigação realizada pelo Comitê de Regulação Europeu.

O objetivo geral do presente estudo é expor o caso e explorar os fundamentos da decisão proferida pelo Comitê Europeu, além de relacioná-las com as recomendações formuladas pela OCDE nos planos de ação do BEPS.

Em virtude disso, dividiu-se o estudo da seguinte maneira: inicialmente, a contextualização do cenário internacional atual, onde será feito um breve corte epistemológico que tratará sobre a atual conjuntura de união entre os países, e também abordará sua possível causa, o sentimento de insegurança jurídica provocado pelo devastador período de Guerra, o que contribuiu para o anseio de criar um órgão responsável por manter a harmonia da economia internacional, a OCDE, evitando-se novos conflitos.

Outrossim, elucidou acerca da OCDE, principal responsável pelo impulsionamento do fenômeno da internacionalização do cenário tributário pela propositura dos Planos de Ação que visam evitar a erosão da base tributável.

Em sucessivo, no segundo capítulo, buscará revelar os principais aspectos dos 15 planos de ação do BEPS, com destaque para o Plano de Ação 7, que versa sobre o conceito de estabelecimento permanente.

E, finalmente, no terceiro capítulo pretenderá desvendar o caso, expondo os fatos investigados, além de esclarecer acerca da estrutura do grupo Apple, para, ao final fundamentar com base nos princípios e diretrizes expostas nos capítulos anteriores, e, por fim, apresentar opinião crítica.

A metodologia de pesquisa utilizado para o desenvolvimento deste trabalho foi a teórica, baseada nos manuais que versam sobre o assunto e, principalmente nas sugestões dos Planos de Ação do BEPS que, futuramente, espera-se que sejam incorporadas à estrutura jurídica dos países. Além disso, utilizou-se também da consulta aos Tratados, normas e procedimentos que amparam a decisão proferida pelo Comitê.

Esse estudo proporciona a compreensão dos principais aspectos dos planos de ação do BEPS, alinhados à análise crítica do caso da Apple, com vistas a comprovar sua importância e a possível eficácia das recomendações, de maneira a incentivar os países a adotá-los no futuro.

1. Contextualizando o cenário internacional

1.1. Plano Histórico

A economia internacional sofrera completa transformação no período de guerra, com o aumento do comércio e dos investimentos diretos ultrapassando o ritmo de crescimento do produto global.

Entre o final do século XIX e a metade do século XX a economia mundial foi completamente reestruturada em virtude do cenário pós-guerra, com a ascensão do modelo capitalista, cumulada com as inovações tecnológicas que impulsionaram as produções em massa.

Nesse período, como consequência das Guerras, os sistemas financeiros de crédito estavam em fiapos. Foi nessa atmosfera de recessão e escassez de crédito que, em 1944 surgiu, como forma de reação à instabilidade estrutural, o acordo de o Bretton Woods, que levou as principais potências à discutirem as possibilidades para o cenário financeiro mundial, criando-se a possibilidade de conversão do dólar em ouro.

Tal conferência, que reuniu em torno de 44 países na cidade de Bretton Woods, New Hampshire nos Estados Unidos, redesenhou o rumo do capitalismo. Tendo por objetivo garantir a estabilidade das moedas, o acordo conferia preferência e proteção ao livre fluxo de comércio e capitais, determinando um regime de paridades fixas, mas maleáveis, o que funcionou por boa parte do século.

Em outras palavras, a o Bretton Woods buscou eliminar as estratégias protecionistas dos anos 30 de maneira a impulsionar o regime multilateral de comércio.

É possível perceber que os países mais expressivos buscaram reunir seus interesses e contribuir para a formalização de acordos que pudessem ajudá-los a recuperarem suas economias, acarretando um processo de globalização do cenário econômico internacional.

Dessa maneira, os fluxos de comércio explodiram ao longo do século, deixando-se de lado os tratados bilaterais para dar espaço aos multilaterais, tais como o GATT (acordo Geral de Tarifas e Comércio), de maneira a impulsionar o ritmo de expansão do comércio internacional.

Além do *Bretton Woods, o Plano Marshall* também foi um importante aparato que contribuiu para as melhorias do cenário pós-guerra. Nesse contexto, foi criado, nos Estados Unidos e almejava recuperar a economia dos países capitalistas destruídos pela Segunda Guerra Mundial. Foi graças a esses planejamentos e acordos econômicos que muitos países conseguiram, nas décadas de 1950 e 1960, recompor-se.

1.2. A OCDE

A Organização para a cooperação e Desenvolvimento Econômico – OCDE –, fundada em 1960, é uma expressiva organização internacional, da qual fazem parte ao todo 35 países, dentre eles, boa parte do continente europeu. A OCDE, sediada em Paris, na França, sucedeu a Organização para Cooperação Econômica Europeia – OECE –, cuja origem é proveniente do Plano Marshall e vigorou entre o período de 1948 e 1960.

O propósito de criação da organização foi proporcionar melhor desenvolvimento econômico para seus países membros, além de buscar caminhos para alcançar as metas de desenvolvimento idealizadas a nível mundial, bem como a discussão dos mecanismos para a melhoria de níveis de emprego e de vida.

Como função inerente à sua existência, a OCDE delimitou princípios que atuam como norte na ordem econômica internacional, como por exemplo o da transparência, que prevê uma disponibilização mais detalhada das informações fiscais, de forma a evitar a erosão da base tributável, ou mesmo que para inibir os paraísos fiscais.

Além desse, pode-se citar também o princípio da ampla concorrência, que busca inibir a disparidade de tributação entre empresas as quais se encontrarem em situação jurídico-econômica similar.

Tomando por base parâmetros como os supracitados, e, numa perspectiva histórica, atuando como pioneira, a OCDE desenvolveu o BEPS, assinalando o fim de uma época de *laissez-faire* e inaugurando uma nova era, marcada pela intervenção dos Estados manifestamente no que diz respeito às práticas a serem implementadas pelas empresas no âmbito de suas atividades.

1.3. O atual contexto fiscal internacional

A legislação tributária atual tem se demonstrado ineficiente para taxar a economia digital, uma vez que não atinge a capacidade contributiva dos agentes de maneira satisfatória, haja vista a possibilidade de os agentes econômicos, no âmbito internacional, esvaírem-se da tributação no país da fonte, ao passo que concorrem com as empresas residentes, as quais muitas vezes não são tributadas por paraísos fiscais, o que causa certa desproporção no mercado.

Nesse sentido, é indubitável o quanto as normas regentes do sistema tributário têm se tornado cada vez mais obsoletas e antiquadas. Isso porque o fenômeno da globalização dilatou os horizontes no que diz respeito à perspectiva da integração das economias nacionais, o que, por conseguinte, impactou as atividades transnacionais, que por sua vez, afetou o cenário interno dos países, reiterando a necessidade de integração dos múltiplos sistemas tributários.

E, uma vez reduzidas as hipóteses de dupla tributação, os contribuintes de maior expressão passaram a adotar condutas ousadas no ao planejamento tributário, incluindo a evasão fiscal. Nesse aspecto, a ideia do BEPS foi aperfeiçoada com o intuito de analisar a viabilidade de aprimorar políticas tributárias harmônicas que coexistam no atual contexto de universalidade da economia global.

Nessa toada, foi publicada a versão final de uma série de recomendações no curso do ano de 2015, pelo G-10, as quais deram origem a múltiplos planos de ação, traçados pela OCDE. São elas as recomendações do BEPS, desenvolvidas com base em regras cujo intuito é a redução do impacto na bitributação, pautando-se em princípios de coerência, substância e transparência, de forma que a tributação internacional não represente mais um empecilho ao comércio global e evitando-se assim, a erosão da base tributável.

Por erosão entende-se o desparecimento de uma base tributável a partir de uma prática que deve ser combatida. É exatamente nesse ponto que os planos de ação do BEPS procuram intervir.

Após a publicação do plano de ações que acarretou repercussão de ampla escala no cenário internacional, inaugurou-se uma profusão de quebras de paradigmas no que tange às regras de tributação internacional.

O Brasil, por exemplo, grande interessado em incrementar sua participação no mercado internacional, importando e exportando capital de produtos, aumentou suas pesquisas na área, o que ocasionou a publicação da Lei 12.973, em maio de 2014, que alterou algumas regras de tributação de renda em bases universais. Tal tema está, inclusive, amplamente relacionado com o Plano de Ação de nº 3 do Projeto BEPS.

Tal problemática deu origem a quinze planos de ação, desenvolvidos pela OCDE, em conjunto com o G-20. Além disso, tem-se por objetivo, além dos supracitados, a coerência a nível internacional, no que tange à tributação da renda das pessoas jurídicas.

Há, entretanto, uma ressalva, pois, embora as recomendações propostas pelo BEPS inclinem-se para o lado neutro da discussão da tributação da renda x tributação na fonte, faz-se imperioso ressaltar o aspecto da soberania dos Estados, pois, conforme elucida Marcus Lívio Gomes *"sob o suposto intento de se enfrentar o abuso, observa-se uma clara tendência de privilegiar a tributação na residência em detrimento da tributação na fonte"*.

E, sobre isso, é possível salientar vários exemplos de medidas propostas pelo BEPS que limitam a soberania dos Estados, no que tange à diminuição ou, até mesmo supressão da capacidade do Estado da fonte de atrair investimentos, e nesse aspecto, há recomendações no sentido de enfatizar a necessidade de se complementarem os acordos para evitar a dupla tributação. Em outras palavras, é cediço que o BEPS demanda ampla discricionariedade para as Administrações Tributárias.

Os planos de ação do BEPS têm natureza jurídica de recomendação, sendo assim, para integrar o projeto, por óbvio, é necessário que o país interessado possua regras compatíveis com a atuação praticada no âmbito internacional, de maneira que não acarrete inabilidades porventura ausentes em outras jurisdições.

E, conforme a prática trivial em se tratando de tratados internacionais, a filiação a um convênio multilateral importa na recepção de uma cadeia envolvendo cerca de três mil tratados os quais têm por objetivo a evasão da dupla tributação, ou, em outras palavras, dupla não tributação.

Como se trata de uma política global, cada alteração unilateral, ou ainda de uma região, poderá significar um retrocesso ao invés de um avanço, podendo acarretar a indesejada bitributação, ou ainda a total ausência de tributação, efeitos estes que fazem parte de grande parte das preocupações das nações detentoras de grandes riquezas.

É necessário, portanto, que cada Estado realize um zeloso estudo para analisar a compatibilidade de seu sistema com as recomendações do BEPS, para evitar possíveis contrastes, considerando que o projeto afronta, em parte, a soberania dos Estados ao passo que aumenta a importância da atração dos investimentos a nível internacional, ao invés de priorizar a política interna dos Estados.

Mesmo porque, embora os organismos internacionais diligenciem no sentido de adotar alternativas, que respeitem a soberania dos Estados, mas que sejam capazes, *per si,* de solucionar os conflitos, as lacunas, ainda assim, continuarão a existir.

Diante do exposto, é possível concluir que o projeto BEPS, cujo objetivo é atacar formas de planejamento tributário agressivo, além de combater o agravamento da erosão da base tributável, propõe também atender a uma certa moralidade tributária.

2. O BEPS

2.1. Aspectos gerais dos Actions Plans do BEPS

O Pano BEPS fora criado a partir do pedido dos ministros de finanças do G20, em conjunto com a Organização para Cooperação e Desenvolvimento Econômico – OCDE –, durante a reunião realizada em julho de 2013, com o fito de discutir maneiras de combater a erosão fiscal e a transferência de lucros para jurisdições nas quais a tributação é menor.

Não é por acaso que ao BEPS dá-se o nome de "Plano de Ação". Isso se deve à ideia de que suas recomendações assumem feições de estratégia militar, pois são controladas por um Alto Comando (tarefa de responsabilidade da OCDE, delegada pelo G20), na medida em que identificam o inimigo (empresas multinacionais), e a partir disso buscam selar alianças com os Estados, quando então é possível planejar uma estratégia. Há, todavia, um detalhe. O objetivo final dessa estratégia de guerra não é a destruição do inimigo, mas sim a sua sujeição ao que será imposto pelas partes vencedoras.

Por outro lado, muitas críticas são feitas à atribuída feição militar, uma vez que tal teoria pressupõe um raciocínio causalista, ao passo que na vida real os projetos que compõem o BEPS são determinados por uma série de fatores, muitos deles oriundos de responsabilidade dos próprios Estados.

Para mais, repisa-se que as recomendações componentes do BEPS são aperfeiçoadas no sentido de buscar a viabilidade de políticas tributárias harmônicas no atual contexto da universalidade da economia global, as quais subdividem-se em quinze planos de ação, listados a seguir, sob a perspectiva de seus principais aspectos.

O primeiro Plano de Ação trata das mudanças decorrentes da economia digital, uma vez que as manifestações de riqueza modificam-se rapidamente, assumindo novas formas e exigindo que a lei tributária se adeque aos novos critérios. Em outras palavras, o BEPS pretende não apenas distinguir os principais empecilhos, mas sobretudo progredir e fortalecer os meios possíveis de solução de problemas, sem desprezar nenhum tipo de tributação, isto é, considera ambas as formas, direta e indireta.

Ora, é inegável que essa nova organização é de difícil construção, vez que não se pode desconsiderar, ainda que por um breve momento, a fluidez da economia digital, porquanto isso envolve a volatilidade de diversos fatores, tais quais os intangíveis, ou que podem ser alterados ao longo do tempo, ou ainda dos clientes, que podem tanto adquirir quanto abster-se de adquirir determinado produto ou serviço, além de se considerar também a mobilidade do próprio negócio digital, que exige a mínima presença física, ou quase que nenhuma, uma vez que pode ser controlado de qualquer local.

Ademais, vale ressaltar algumas características-chave que permeiam e conferem tamanha volatilidade à economia digital e são eles: mobilidade, no que se refere a intangíveis, usuários e as atividades econômicas; além da dependência de dados, difusão de modelos de negócios multilaterais e tendência ao monopólio. A esses, somam-se também a tendência ao oligopólio; e especialmente a volatilidade decorrente da facilidade de ingresso no mercado, além do rápido e incontrolável desenvolvimento tecnológico[1].

Questiona-se, quanto a esse aspecto, a perspectiva de criação e desenvoltura de critérios desvinculados da pessoa física, daí porque ao reduzir a necessidade da presença física, torna-se viável discutir se as regras permanecem apropriadas, ou se tornaram-se obsoletas, parcial ou totalmente. Imperioso salientar importante posicionamento do escritor Luiz Eduardo Schoueri[2] em sua obra que aborda o Projeto BEPS e sua estratégia militar, na qual afirma que é necessário estabelecer novos critérios para a tributação, desprendido do conceito estático de presença física em um território, isso porque, ao garantir os acertos da economia material, corre-se o risco de desdenhar do lado virtual, o que seria um grande equívoco, porque a economia digital apresenta campos férteis e infinitos. Por fim, ele arremata: *"No âmbito do BEPS, deve-se ver que se os Estados fincam o pé nos atuais critérios de tributação, baseados na presença física (estabelecimento permanente) e ao mesmo tempo se propõem a não conferir tratamento diverso ao comércio virtual, então a própria tributação da economia virtual se torna inviável. Mais adequado seria estabelecerem-se novos critérios para a tributação, desvinculados da presença física em um território e, uma vez definidos, estendê-los ao comércio real. "*

Além disso, o relatório desta ação também apresenta os princípios os quais são imprescindíveis vez que são basilares para a desenvoltura dos projetos de ação. Sendo assim, um dos conceitos apresentados, em se tratando de princípios, é o da ampliação do sentido de Estabelecimento Permanente.

A consequência possível desse alargamento conceitual, pode dificultar a integração de empresas provenientes de países emergentes inclinadas a instalarem-se nos países desenvolvidos. Isso porque a burocracia interna é, por vezes, excessiva, provocando, por conseguinte, a reserva de mercado aos países de primeiro mundo.

Há de se considerar com uma certa cautela a situação dos países em desenvolvimento, pois conforme bem elucida Marcus Lívio Gomes,

[1] Tratado da OCDE, 2015a, p. 157.

[2] A tributação na era pós-BEPS: soluções globais e peculiaridades de países em desenvolvimento. Volume II (pág. 36).

no primeiro volume do livro Relatório do Projeto de Pesquisa Coletiva "*Base Erosion and Profit Shifting*", *a ampliação do conceito de estabelecimento permanente pode dificultar a presença de empresas de países emergentes em países desenvolvidos, haja vista a diversidade da burocracia interna, o que pode representar reserva de mercado por parte dos países de Primeiro Mundo. Os membros da OCDE precisarão considerar os pleitos dos países emergentes, porque dada a mobilidade dos fatores e a volatilidade dos negócios, caso os países em desenvolvimento não adiram às propostas do BEPS, poderão receber mais empresas digitais que o farão visar à evasão fiscal, e tributarão os lucros na integralidade, ainda que à alíquota diferenciada.*"

Já no que se refere ao Plano de Ação de nº 2, conforme delineia Marcus Lívio Gomes "*cujo objetivo é descrever medidas suscetíveis de neutralizar os efeitos das assimetrias legais em negócios denominados híbridos, propondo evitar que ocorra em todos os países envolvidos na transação, regra geral, a dupla dedução (DD), assim como a não incidência de tributos (NI) sobre o pagamento que tiver sido dedutível em alguma jurisdição*".

Ingressando no lamacento terreno dos instrumentos híbridos, é de bom alvitre tecer algumas considerações. A erosão da base tributável é descrita a partir de binômios, como a dupla dedução ou dedução/não tributação, sendo certo que o Plano de Ação nº 2 atua no sentido de impedir que os países utilizem os dispositivos híbridos para obter benefícios indevidos por meio de tratados.

Além disso, é possível ainda a formulação de regras domésticas, que, dentre outras, pode-se citar como exemplo as que não permitem a dedução de um pagamento que também seria dedutível em outra jurisdição, ainda que longínqua. Outrossim, faz-se exequível a fixação de diretrizes norteados de uma sistemática de coordenação, ou que se estipulem critérios de desempate.

Frise-se, para além destes, uma perspectiva outra sobre o BEPS. Ora, muito embora seja difícil precisar exatamente os países que perderam receitas tributárias, diminui-se o montante total de impostos recolhidos por todos os Estados, o que não configura um bom indicador sob a perspectiva da concorrência, eficiência econômica, transparência e, principalmente, equidade.

Isso porque a implementação das recomendações implica em inúmeras discussões de teor político, econômico e fiscal, próprias e particulares de cada país. Ora, considerando que, para aderir às recomendações e obter as deduções é necessário integralizar os planos de ação na legislação tributária nacional, representando uma interferência grave na soberania dos Estados, o que poderia acarretar a posterior nulidade dessa recomendação.

Partindo para a Recomendação de nº 3, propõe o fortalecimento das regras relativas às Sociedades Estrangeiras Controladas (CFC), que corresponde a compatibilidade da legislação de transparência fiscal internacional com os tratados internacionais cujo fito é o escape da tributação, que muitas vezes, acarreta um choque com as normas nacionais, que muitas vezes seguem em lados diametralmente opostos, razão pela qual esse é mais um dos planos de ação que traz em seu bojo diversas discussões polêmicas de cunho doutrinário e judicial.

Regras CFC possuem o condão de paralisar eventuais vantagens obtidas em baixas nos quais a tributação é de menor potencial, uma vez que os lucros auferidos são tributados, de imediato, pela controladora. Mas, tais regras não abrangem a transferência para empresas interligadas, ainda que no exterior, vez que se limita aos casos de desvio de lucros em sentido vertical ascendente.

Com o intuito de elaborar diretivas para a posterior criação de regras de CFC, o Plano de Ação nº 3 divide em blocos as recomendações, para impedir que o lucro seja trasladado para subsidiárias estrangeiras. São eles: (i) conceito; (ii) exceções e requisitos mínimos; (iii) descrição do conceito de renda; (iv) contabilização da renda; (v) alocação da renda; e por fim, (iv) prevenção e eliminação da bitributação.

Em seguida, o Plano de Ação de nº 4 versa sobre a limitação da dedutibilidade de juros e outros pagamentos, mediante a sugestão de um percentual entre 10% a 30%, desde que de seja de natureza financeira, e incida sobre o lucro da entidade. Por exemplo, impedir a utilização do recurso a empréstimos de sociedades relacionadas ou terceiras, desde que tenha por objeto a obtenção de deduções excessivas de juros. Isso considerando que a dedutibilidade das despesas de juros pode dar origem à denominada "dupla não tributação" quando se tratar investimento estrangeiro, ou ainda, nacional com destino ao exterior.

Além disso, permite-se a complementação dessa regra, mediante a fixação de um limite mínimo, por exemplo, considerando que tal regra não se abarca os percentuais inferiores aos propostos.

E, é possível, também, a exclusão dos juros pagos em virtude de financiamento de projetos públicos. Por fim, vale acrescentar mais um detalhe, a possibilidade de futura utilização da parcela de juros não glosada, quando esta vier a superar o coeficiente.

Mas, embora os percentuais sejam bastante atrativos, os países que não utilizam o lucro como base para deduzir os juros devem analisar alguns pontos antes de adotar a recomendação supracitada, enumeradas por Marcus Lívio Gomes[3], que são: a existência de juros sobre o capital próprio (JCP), a efetividade das atuais regras de limitação de dedutibilidade de juros, ainda mais rígidas [...]. E, enfim, a rígida repartição de competências tributárias, a exigir do legislador federal, na decisão sobre a dedutibilidade, a conformação com o conceito de renda espelhado no art. 43 do Código Tributário Nacional [...]"

Por fim, evidencia-se um último ponto, isto é, a implementação desta ação, tanto quanto as demais, presume a alteração do regimento interno. Sem isso, torna-se impossível levar este Plano de Ação adiante.

O Plano de nº 5 aborda um conjunto de práticas tributárias prejudiciais, com especial destaque para a disponibilização de informações numa escala global, sobretudo no que se trata de regimes preferenciais. O Plano 6, por sua vez, está pautado pelas recomendações da OCDE sugere aos países que alterem seus tratados no sentido de incluir uma norma geral anti-abuso, pautada no propósito principal das transações – PPT – *Principal Purposes Test* –.

Isso porque, no entendimento da OCDE, tais regras poderão impedir, ou pelo menos minorar a utilização abusiva por parte dos contribuintes, o que sinaliza um ponto positivo, mas, por outro lado, evidencia que a necessidade de criar institutos jurídicos para inovar no combate ao planejamento tributário corrosivo. Entretanto, esse aperfeiçoamento deve respeitar as rédeas da igualdade material dos contribuintes, além de preservar a segurança jurídica.

Outrossim, não se pode deixar de citar o principal enfoque do Plano 11, o qual versa sobre a propositura de metodologias para coleta e estudo dos dados acerca da corrosão da base tributável, além da transferência

[3] A tributação na era pós-BEPS: soluções globais e peculiaridades de países em desenvolvimento. Volume II.

de lucros. Ocorre que tal plano, na prática, depende da difícil aceitação por parte dos membros da OCDE.

Pois, caso haja um certo descomprometimento ou dificuldade no convencimento à adesão, torna-se impossível a execução desta medida. A teoria, bem idealizada, distancia-se da prática, uma vez que é árdua a tarefa de harmonização e coordenação das múltiplas e distintas jurisdições envolvidas, como já tem demonstrado a União Europeia, que, demanda vastos esforços para uniformizar a legislação tributária de seus países-membros, ante a resistência deles, pelas mais diversas razões.

O Plano 12, por sua vez, ressalta a necessidade de intensificação – mútua – de transparência na relação partilhada entre o fisco e o contribuinte. Isto é, incentiva-se sobremaneira a apresentação, por parte dos contribuintes, de seus esquemas de planejamento tributário agressivo. Isso porque tais informações são imprescindíveis para que os governos detectem as áreas de maior risco, buscando intervir nessas regiões.

Mas, corre-se o risco de pender para o lado errado, ante a ausência e conceito certo e definido de planejamento tributário agressivo, o que pode ocasionar insegurança jurídica, por conseguinte, resistência dos contribuintes envolvidos. Desse ponto, é possível concluir que o foco das medidas é, de fato, a Administração Tributária, deixando, por vezes, as demandas dos contribuintes à deriva.

O Plano de Ação 14 entremostra-se um dos mais interessantes, porquanto visa ao fortalecimento dos dispositivos responsáveis pela solução de conflitos. Não obstante, o sucesso desta propositura é diretamente proporcional à boa vontade política dos países interessados, para que se disponham celebrar tratados, ou até mesmo alterar os já retificados, além de modificar suas normas internas, com o fito de integrar as normas oriundas do âmbito internacional às suas próprias.

Nesse ponto, destacam-se os procedimentos do *Mutual Agreement Procedure (MAP)* e da arbitragem, que surgem como uma maneira de desafogar o já abarrotado sistema judiciário, sufocado pela vultuosa demanda que já tramita em seus juízos, como é o caso de vários países, em especial os emergentes, dentre os quais inclui-se o Brasil.

Mas, para um procedimento válido e eficaz, também são necessárias mudanças nos ordenamentos de quem desejar ratificar tal propositura, fazendo com que os meios de solução de conflitos possuam competência para dirimir causas com a proposição de composição das partes, conciliando-as, ou ainda, incentivando-as a transacionar.

Por fim, o último Plano de Ação, mas não menos relevante, veicula a ideia de um Convênio Multilateral, do qual deverão fazer parte vários Estados, proporcionando, assim, uma ampla discussão, seguida da posterior execução dos planos de ações.

Contudo, para a efetiva concretização dos Planos de Ação do BEPS é imprescindível que os países internalizem as recomendações dos *Actions Plans,* adequando suas leis internas às sugestões. Além disso, as mudanças também deverão provocar alteração nos tratados bilaterais firmados com o objetivo de evitar a dupla tributação.

O instrumento multilateral equipara-se a uma ponte que serve para avançar sob o território inimigo. Diante das inúmeras exigências, e modificações, surge como alternativa inovadora para evitar o desfazimento de vários tratados de bitributação já existentes, podendo, por outro lado, corrigir os vícios, sem, contudo, desfazer os tratados.

É cediço que a OCDE defende a utilização do tratado multilateral como alternativa, para evitar a modificação de outros três mil tratados bilaterais contra a bitributação, já em vigor, soma-se a isso a posição duvidosa dos Estados Unidos, que por vezes, demonstra insatisfações com as posições adotadas pela OCDE, considerada um símbolo nato de burocracia do Continente Europeu.

Muitas outras questões são suscitadas conforme se esmiúçam as recomendações contidas nos Planos de Ação do BEPS, de maneira que algumas dessas serão abordadas no decorrer do presente trabalho, em conjunto com a análise de um caso prático de grande repercussão, o que será abordado a seguir.

2.2. Plano de Ação 7: estabelecimento permanente

a) Conceito de PE

Nas últimas décadas, o advento da tecnologia da informação transformou muitos conceitos, prioridades além do panorama dos negócios. Mas, antes de toda essa evolução, o conceito de estabelecimento permanente estava relacionado a um lugar fixo de negócios, acrescido de uma grande lista negativa de caracterização. Nesse mesmo cenário desenvolveu-se a definição e os aspectos de agente independente, com ênfase na capacidade de conclusão de contratos.

Após algumas transformações, a OCDE definiu preceitos basilares para que um estabelecimento seja caracterizado como permanente (PE), isto é, faz-se necessário existir uma empresa que realize negócios, que possua sede fixa e que exerça atividades, ainda que não totalmente. Além disso, A OCDE encarregou-se também de listar quais locais seriam naturalmente caracterizados como PE's, além de definir regras para excluir outras circunstâncias.

Para alguns estudiosos do assunto, o PE e sua definição atuam como limitantes do poder tributante, mas, por outro lado, é também uma condição para que tal poder seja exercido por determinado Estado.

A evolução no conceito de estabelecimento permanente deve ser interpretada em conjunto com a compreensão de territorialidade, tão relevante quando se trata de tributação. Ocorre que as convicções de território são variáveis, o que confere certa volatilidade à caracterização do PE, porquanto um é pressuposto para o outro.

Sendo assim, depreende-se que não é possível delimitar uma definição pontual e fechada acerca de PE, e, por causa disso, a jurisprudência confere diversas interpretações distintas ao seria um PE, bem como suas limitações e particularidades.

Nessa toada, o Plano de Ação 7 do BEPS foi projetado visando coibir – supostos – abusos na utilização e interpretação das limitações necessárias para desenvolver as características de um PE.

Os padrões adotados pela OCDE inclinam-se no sentido de limitar a caracterização do estabelecimento permanente no que se refere à tributação em países que deveriam ser considerados como fonte, apenas, e não como domicílio. Para Ronaldo Apelbaum[4] "essa é a *proteção conferida às pessoas e empresas globais de que a realização de um simples negócio em determinada jurisdição não caracterizará um Estabelecimento ali, com todas as consequências legais derivadas desse fato"*.

Sobre isso, vale acrescentar que para Torres[5] a definição de estabelecimento permanente é uma noção jurídica de atribuição de residência.

[4] A tributação na era pós-BEPS: soluções globais e peculiaridades de países em desenvolvimento. Volume III.

[5] A tributação na era pós-BEPS: soluções globais e peculiaridades de países em desenvolvimento. Volume III. (Pág 216).

b) Análise das mudanças propostas pelo Plano de Ação 7 do BEPS

A revisão do conceito de estabelecimento permanente deveria trazer maior precisão acerca do conceito, ao invés de ampliá-lo, pois isso ocasiona certa insegurança jurídica uma vez que aumenta a gama de incertezas.

Entretanto, o que se percebe é que pouco se alterou do modelo proposto pela OCDE, isso porque as mudanças estão focadas nas atividades preparatórias, normas antifragmentação, e na limitação ao conceito de agente e comissário. Antes de iniciar a análise, vale ressaltar alguns aspectos do art. 5º da OCDE.

O primeiro é que a expressão estabelecimento permanente é utilizada para designar uma instalação de negócios fixa, em que uma empresa exerça sua atividade de maneira integral (ou parcial). São listados como estabelecimentos permanentes: sede de direção, sucursal, escritório, fábrica, oficina e os locais de extração de recursos naturais.

Por outro lado, a OCDE especifica o que deve ser excluído do conceito de estabelecimento permanente:

> a) a utilização de instalações unicamente para fins de armazenagem, exposição ou entrega de bens ou mercadorias pertencentes à empresa;
>
> b) a manutenção de um estoque de bens ou mercadorias pertencentes à empresa unicamente para fins de armazenagem, exposição ou entrega;
>
> c) a manutenção de um estoque de bens ou mercadorias pertencentes à empresa unicamente para fins de transformação por outra empresa;
>
> d) a manutenção de uma instalação fixa de negócios unicamente para fins de comprar bens ou mercadorias ou para obter informações para a empresa;
>
> e) a manutenção de uma instalação fixa de negócios unicamente para fins de desenvolver, para a empresa, qualquer outra atividade de caráter preparatório ou auxiliar.

Além disso, quando se tratar de empresa que exerce sua atividade por intermédio de um corretor ou qualquer agente com status de independente, não será considerado um estabelecimento permanente, desde que tais sujeitos atuem nos limites de suas atividades.

Por fim, ainda em referência ao art. 5º, não se pode olvidar de mencionar que o fato de uma sociedade residente de um Estado contratante estar sob gerência ou gerenciar uma sociedade residente de outro Estado Contratante, ou que exerça atividade em outro Estado (por meio de estabelecimento permanente), não se enquadra, por si só, na qualidade de estabelecimento permanente uma da outra.

Mas, para que seja caracterizado um estabelecimento permanente entre empresas, é necessário:

> 5. Não obstante o disposto nos parágrafos 1 e 2, quando uma pessoa desde que não seja um agente independente a quem se aplique o parágrafo 6 atuar por conta de uma empresa e tiver, e habitualmente exercer, em um Estado Contratante autoridade para concluir contratos em nome da empresa, tal empresa será considerada como tendo um estabelecimento permanente naquele Estado em relação a quaisquer atividades que aquela pessoa desenvolva para a empresa, a não ser que as atividades de tal pessoa estejam limitadas àquelas mencionadas no parágrafo 4, as quais, se exercidas através de um local fixo de negócios, não fariam deste local fixo de negócios um estabelecimento permanente de acordo com o disposto naquele parágrafo.

Conforme supracitado, a primeira proposta do BEPS visa trazer à baila mudanças no que tange às exceções ao conceito de antifragmentação, mais precisamente no que tange ao art. 5º, tópico 4.

Nesse parágrafo, a pretensão é eliminar do alcance da definição de PE todas as atividades as quais não forem essenciais à atividade principal da empresa. Na atividade principal da empresa, estão abrangidas as estruturas físicas e fixas concebidas para manutenção de estoque. O que não for atinente à essa lista, e caracterizado como acessório.

O BEPS não alterou formalmente esse conceito proposto pela OCDE, apenas conferiu nova interpretação, no sentido de reforçar a determinação de que a exceção abrange exclusivamente os estabelecimentos os quais exercem atividades consideradas como auxiliares ou preparatórias.

E, além disso, o BEPS propõe um rol exemplificativo de atividades nas exceções listadas, o que possibilita a posterior inclusão de novas atividades, o que pode ajudar os contribuintes a se defender de manobras duvidosas dos Estados, na tentativa de caracterizar um PE.

Sendo assim, o BEPS propõe a inclusão da denominada regra antifragmentação no Modelo da OCDE, que constitui-se em uma maneira de expansão da regra de caracterização de um estabelecimento permanente para empresas com estrutura societária semelhante. Essa regra impossibilitaria, ou pelo menos dificultaria, que as empresas fracionem suas atividades na tentativa de escapar do do conceito de PE.

Na hipótese da definição de PE no caso de mais de um estabelecimento associado ao mesmo grupo econômicos, tal caracterização somente se verificaria quando for devidamente comprovado que as atividades não são apenas acessórias ou preparatórias, mas que estão atreladas à função principal da empresa.

Já em relação ao ponto *ii*, que versa sobre os casos de abuso na utilização de agentes e comissários, não se verifica qualquer alteração na redação do art. 5º do Modelo da OCDE.

Esse é um aspecto extremamente importante, considerando que comumente as empresas, em suas relações negociais a nível internacional utilizam-se das figuras de pessoas que agem em seu nome. São os mandatários, comissários ou agentes.

Os primeiros agem em nome e por conta do contratante. Já os segundos atuam apenas por conta do contratante, ao passo que os últimos arrecadam e negociam negócios para o seu contratante.

Nas palavras de Ronaldo Apelbaum[6] *um comissário pode ser definido como um arranjo em que uma pessoa vende produtos em nome próprio, mas por conta de uma empresa titular dos direitos sobre aquele produto. A interpretação das regras relativas ao PE permite que contratos para venda de mercadorias pertencentes a uma empresa estrangeira sejam negociados e concluídos em um país sem que os lucros dessa transação sejam tributados da mesma forma caso a venda tivesse ocorrido por meio de um distribuidor. Os contratos de comissários permitem assim a transferência do lucro do país em que o contrato é celebrado para o país da empresa estrangeira.*

Considerando que a figura do agente é peça central para as negociações da empresa, o BEPS não poderia deixar de tratar sobre o tema. Pois bem.

Nos parágrafos 5 e 6 do Projeto BEPS, verifica-se que à relação jurídica do Comissionário conferiu-se um caráter mais informal, porquanto, ao alterar certas expressões, modificou profundamente o status da pes-

[6] A tributação na era pós-BEPS: soluções globais e peculiaridades de países em desenvolvimento. Volume III.

soa que desempenha a negociação de contratos. Nessa ótica, qualquer pessoa que negocie em nome da empresa poderia ser considerada como um PE.

É certo que a abertura do conceito é preocupante, mas vale ressaltar que isso vem sendo mitigado, embora com parcimônia.

3. Análise crítica do caso da APPLE sob a ótica do BEPS

3.1. Narrativa do caso

A Comissão da União Europeia tem como papel zelar pela harmonia das economias integrantes da Comunidade Europeia, isso porque elas são estritamente integradas, e qualquer impacto pode afetar a comunidade inteira.

Sendo assim, em meados de 2013 a Comissão solicitou que a Irlanda fornecesse informações detalhadas acerca de suas práticas tributárias, em especial no que tange às decisões fiscais proferidas pela Administração Fiscal da Irlanda em favor da empresa *Apple Operations Europe* (AOE) e ASI (*Apple Sales International*):

> (59) Em 1991, a Apple propôs um método de determinação do lucro líquido da sucursal irlandesa da Apple Computer Accessories Ltd. (que posteriormente passou a designar-se ASI) que foi autorizado pela administração fiscal irlandesa numa decisão fiscal. De acordo com essa decisão, o lucro líquido a afetar à sucursal irlandesa da ASI seria calculado como 12,5 % de todos os custos de exploração da sucursal (38), excluindo o material destinado a revenda.
>
> (60) Em 2007, a administração fiscal irlandesa autorizou, numa nova decisão, um método alterado para determinar o lucro líquido da sucursal irlandesa da ASI. De acordo com essa decisão, o lucro líquido a afetar à sucursal irlandesa da ASI seria calculado como sendo igual a [10-15] % sobre os custos de exploração da sucursal, excluindo custos como encargos de filiais da Apple e custos de material.

De posse das informações fornecidas pela Irlanda, e, com fulcro no art. 108, nº 2 do Tratado[7], em junho de 2014 a Comissão decidiu abrir a

[7] 2. Se a Comissão, depois de ter notificado os interessados para apresentarem as suas observações, verificar que um auxílio concedido por um Estado ou proveniente de recursos estatais não é compatível com o mercado interno nos termos do artigo 107º, ou que esse

investigação formal em para investigar a legalidade das decisões fiscais supracitadas proferidas pela Administração Fiscal Irlandesa (*Irish Revenue*) em favor da AOE (Apple Operations Europe) e ASI (*Apple Sales International*) no interstício entre 1991 e 2007, por entender que tal atitude poderia incorrer no art. 107, nº 1 do Tratado:

> 1. Salvo disposição em contrário dos Tratados, são incompatíveis com o mercado interno, na medida em que afetem as trocas comerciais entre os Estados-Membros, os auxílios concedidos pelos Estados ou provenientes de recursos estatais, independentemente da forma que assumam, que falseiem ou ameacem falsear a concorrência, favorecendo certas empresas ou certas produções.

Isso porque, nos termos seguintes do mesmo artigo do Tratado, os auxílios concedidos nas decisões fiscais contestadas não se enquadram nos previstos como compatíveis com o mercado interno, uma vez que não estão destinados à remediar os danos causados por calamidades naturais, nem tampouco compensar desvantagens econômicas, ou situações análogas, como amparar regiões afetadas pela pobreza.

Além disso, essa forma de cálculo que beneficiou a empresa foi considerada um auxílio, porém indevido, uma vez que foge das hipóteses compatíveis com o mercado interno.

De acordo com esse benefício, o lucro líquido alocado à filial irlandesa seria calculado anualmente excluindo-se os alguns custos, dentre eles, o de materiais e os encargos das filiais, majorando, assim, os benefícios para ambas as partes.

Em suma, a investigação foi aberta pela Comissão Europeia com a finalidade de investigar a legalidade das decisões fiscais proferidas pela *Irish Revenue*, as quais permitiram que a ASI e a AOE apurassem anualmente o seu passivo de impostos sobre sociedades na Irlanda, aplicando os métodos de alocação de lucros aprovados pelas contestadas decisões fiscais.

auxílio está a ser aplicado de forma abusiva, decidirá que o Estado em causa deve suprimir ou modificar esse auxílio no prazo que ela fixar. relativos à instituição ou alteração de quaisquer auxílios. Se a Comissão considerar que determinado.

3.2. Estrutura do grupo Apple Inc.

Ab initio, faz-se necessário delinear brevemente acerca da empresa mundialmente conhecida envolvida no caso *in tela.* O grupo Apple, sediado nos Estados Unidos, é formado pela Apple Inc. em conjunto com todas as sociedades por ela controladas. O grupo fabrica e transaciona equipamentos eletrônicos, além de *softwares,* soluções de rede, dentre outros.

As operações da companhia se dividem entre os territórios das Américas, Europa, Japão, China e a região Asiática, mas é supervisionado e controlado pela empresa matriz, constituída nos Estados Unidos.

A título exemplificativo, ressalta-se que em 2015 a Apple faturou 233,7 milhões de USD em vendas líquidas, além de apurar como rendimento líquido 186,9 milhões de USD em caixa. Isso demonstra que a Companhia é uma empresa de tal porte que está enraizada em praticamente todos os comércios do mundo. É quase a expressão mais significativa do conceito de internacionalização de mercado.

Na Irlanda, as filiais da Apple estão divididas conforme a estrutura abaixo demonstrada na figura 1:

Estrutura empresarial da Apple na Irlanda

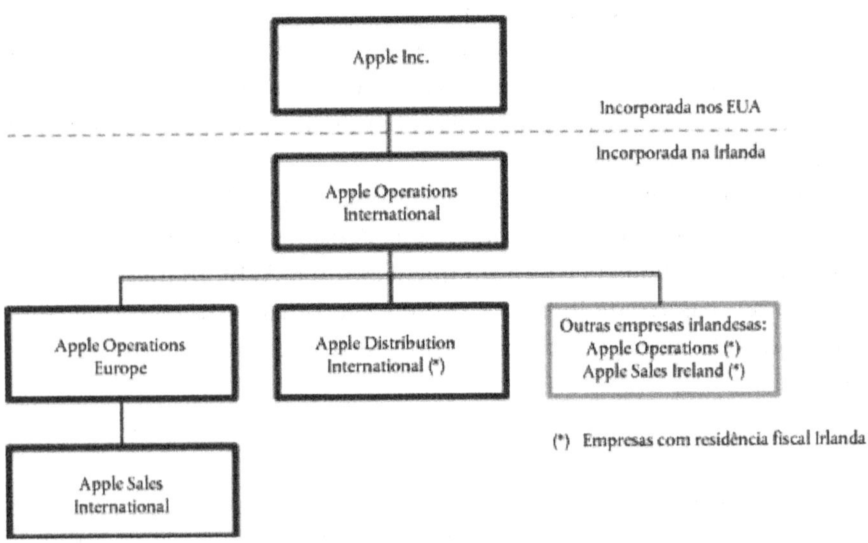

Dentre as sociedades do grupo Apple constituídas na Irlanda, a Apple Operations é responsável por adquirir componentes para futura venda aos fabricantes, e a Apple Sales Ireland, por sua vez, desenvolve e confere suporte aos programas de venda da Apple no mercado irlandês.

Sobre isso, a decisão do Comitê destaca que "*Das sociedades do grupo Apple constituídas na Irlanda, mas que não são residentes fiscais na Irlanda, a ASI é uma filial a 100% da AOE, que por sua vez é uma filial a 100% da AOI, que por sua vez é uma filial a 100% da Apple Inc., que está constituída nos EUA (11). A AOE e a ASI exercem atividades na Irlanda através de sucursais. A figura 1 representa esta estrutura empresarial*".

Dentre as componentes do grupo, é possível notar uma diferença entre as que possuem domicílio fiscal no território irlandês – ADI, a *Apple Operations e a Apple Sales Ireland* – e as que não possuem, como por exemplo a AOI, ASI e AOE.

Isso porque as sociedades estabelecidas na Irlanda recolhem imposto incidente sobre sociedades, ainda que sejam conduzidas por matriz circunscrita afora do território irlandês.

Essa disparidade entre as sociedades que recolhem o referido imposto e as que não são consideradas contribuintes ocasiona uma modalidade por vezes classificada como desleal e perigosa para a concorrência fiscal da comunidade europeia.

E, considerando que a ASI e a AOE estão na Irlanda, mas têm domicílio fiscal em outra jurisdição, sobre isso, explica o Comitê que "*Durante o período em que as decisões fiscais contestadas se encontravam em vigor, a ASI e a AOE eram consideradas «sociedades pertinentes» para efeitos da Section 23A do TCA 97, uma vez que ambas eram controladas em última instância por uma sociedade residente num país signatário de uma convenção fiscal, nomeadamente a Apple Inc., que é residente fiscal nos EUA (13), e, uma vez que a ASI e a AOE exerciam uma atividade comercial na Irlanda através das respetivas sucursais e eram geridas e controladas fora da Irlanda, as sociedades eram consideradas sociedades não residentes na Irlanda ao abrigo da exceção comercial constante da Section 23A do TCA 97.*

Em outras palavras, no período em que as decisões contestadas estavam em vigor, a AOE e a ASI não possuíam funcionários nem instalações fixas, de forma que exerceram suas atividades por intermédio de uma filial na Irlanda, mas controlada pela matriz dos Estados Unidos.

Sendo assim, pode-se afirmar que elas, as sucursais, não possuíam expressiva presença ao ponto de serem consideradas como sujeitos tributáveis, nem na Irlanda, nem tampouco em outro território, pois, devido a suas características peculiares não se enquadravam no que previam as normas tributárias dos Estados envolvidos, o que confere à essas sociedades a característica de apátridas, para efeitos de residência fiscal.

E isso ocorrera por força do art. 23º do TCA 97[8], no qual entendia-se que *"deve considerar-se que uma sociedade constituída no Estado é residente no mesmo para efeitos dos Tax Acts (Leis relativas aos impostos) e dos Capital Gains Tax Acts (Leis relativas ao imposto sobre as mais-valias)."*

Além disso, com base nesse dispositivo, também era possível excepcionar a tributação nas sociedades que, constituídas no Estado, reunissem dois requisitos, isto é, a prática de uma atividade no Estado ou a associação a uma sociedade que exerça uma atividade no Estado.

Ocorre que a Section 23A foi alterada pelo Finance Act 2013, de maneira que excluiu a possibilidade de uma sociedade constituir-se na Irlanda sem estabelecer residência fiscal.

Sendo assim, em virtude de tal alteração, que passou a vigorar a partir de janeiro de 2015, todas as sociedades constituídas na Irlanda são consideradas residentes fiscais para fins de tributação, desde que a sociedade não tenha residência fiscal em outra jurisdição.

3.3. Análise Crítica do caso Apple sob a ótica do BEPS

No caso *in tela*, certamente um dos mais expressivos considerando o imponente valor envolvido, o Comitê Europeu determinou que a Apple devolvesse à Receita Irlandesa os benefícios fiscais concedidos à ASI e a AOE.

[8] 23A Company residence.
(1) Subject to subsection (2), a company which is incorporated in the State shall be regarded for the purposes of the Tax Acts and the Capital Gains Tax Acts as resident in the State. (2) Notwithstanding subsection (1), a company which is regarded for the purposes of any arrangements, having the force of law by virtue of section 826 (1), as resident in a territory other than the State and not resident in the State shall be regarded for the purposes of the Tax Acts and the Capital Gains Tax Acts as not resident in the State. (3) Nothing in subsection (1) shall prevent a company that – (a) is not incorporated in the State, and (b) is centrally managed and controlled in the State, being resident in the State for the purposes of the Tax Acts and the Capital Gains Tax Acts.

A Comissão entendeu que a Irlanda, aproveitando-se da brecha existente na Section 23A do TCA 97 concedeu, por meio de decisões fiscais proferidas pela *Irish Revenue* entre o interstício de janeiro de 1991 a maio de 2007, benefícios fiscais considerados inapropriados porquanto beneficiaram em demasiado o Grupo Apple.

Isso porque as sucursais não possuíam expressiva presença tributável e não poderiam, portanto, ser consideradas como residentes fiscais na Irlanda, seja porque as filiais irlandesas são controladas por uma matriz sediada em jurisdição fora do território irlandês, seja porque não há instalações físicas da ASI e AOE.

Sobre isso, vale ressaltar trecho da decisão:

> (112) A Irlanda afirmou que a Apple a informou de que não existiam ETI empregados pela ASI nem pela AOE para além dos empregados nas respetivas sucursais irlandesas e na sucursal da AOE em Singapura. De acordo com a Apple, a ASI e a AOE eram funcionalmente geridas e controladas a partir dos EUA e todas as decisões empresariais significativas (designadamente em relação a questões como PI, desenvolvimento de produtos, que produtos e componentes seriam fabricados e estratégia de vendas e marketing) eram tomadas nos EUA e não nas sucursais irlandesas da ASI e da AOE.

E, dessa maneira, a ASI e a AOE não foram tributadas nem pela Irlanda, nem pelo território onde está localizada a sede, os Estados Unidos. Nesta toada, destaca-se a previsão da Section 25 do TCA 97 carrega em seu bojo a previsão de que uma sociedade não residente no Estado não recolhe o imposto sobre sociedades, a não ser que efetue trocas comerciais no Estado, por meio de sucursal ou agência, e nesse caso, sujeita-se ao recolhimento sobre as sociedades incidente sobre todos seus lucros, sem se valer da origem.

Isto, os lucros é, os lucros tributáveis de uma sociedade não residente no Estado, mas que transaciona comercialmente por meio de uma sucursal (ou agência) são os seguintes:

> a) qualquer rendimento comercial direta ou indiretamente obtido por intermédio ou a partir da sucursal ou agência, e qualquer rendimento patrimonial ou direitos utilizados por, ou detidos por ou para, a sucursal ou agência, mas o presente número não inclui distribuições recebidas de sociedades residentes no Estado, [...].

Em outras palavras, uma sociedade não residente é tributada pelo imposto sobre as sociedades a não ser que efetue trocas comerciais por meio de uma agência ou sucursal.

E, nessa hipótese, se a sociedade não residente efetuar as trocas comerciais, essa sociedade estaria sujeita a recolher o imposto sob quaisquer rendimentos comerciais direta ou indiretamente obtidos por intermédio ou a partir da sucursal ou agência; – qualquer rendimento patrimonial ou direitos utilizados por, ou detidos por ou para, a sucursal ou agência; e – mais-valias tributáveis imputáveis à sucursal ou agência.

Em suma, existem duas situações. A primeira diz respeito à sociedade não residente que não efetua trocas comerciais. Nesse caso, não se sujeita ao imposto sobre as sociedades, mas apenas ao imposto sobre rendimento aplicável a qualquer rendimento de origem irlandesa e ao imposto sobre as mais-valias decorrentes da alienação de determinados ativos irlandeses, sob reserva do benefício de qualquer acordo disponível.

Já na segunda hipótese, a sociedade não possui domicílio fiscal estabelecido no território, mas efetua trocas comerciais por meio de uma sucursal ou agência. Nessa possibilidade, o imposto sobre as sociedades terá por base de cálculo todos os lucros tributáveis.

Pois bem. Voltando ao caso em análise, a concessão desse benefício ocasionou uma distorção no cenário europeu. E, por isso, a Comissão decidiu investigar o caso por entender, preliminarmente, que as decisões fiscais contestadas concederam auxílio estatal à ASI e a AOE, com fulcro no art. 107, nº 1 do Tratado pela Irlanda à Apple e, com isso, incorreram na previsão do art. 107, nºs 2 e 3 do mesmo tratado, uma vez que tal auxílio revela-se incompatível com o mercado interno.

Além disso, a Comissão considerou preliminarmente que os métodos de afetação de lucros praticados pelas sucursais se afastam do princípio da ampla concorrência, pois, concedendo tais vantagens seletivas à ASI e a AOE, estas empresas estariam submetidas a uma carga fiscal reduzida. O que, por conseguinte, colocou-as em posição mais favorável, se comparadas a outras empresas nos mesmos parâmetros.

Antes de iniciar a análise do caso, faz-se imperioso destacar alguns princípios que permeiam os ares do continente europeu e o primeiro deles é a convivência equilibrada não só dentro dos Estados-membros, mas principalmente entre eles. Esse princípio está exposto no título II do Tratado sobre o funcionamento da União Europeia:

> Artigo 7º A União assegura a coerência entre as suas diferentes políticas e ações, tendo em conta o conjunto dos seus objetivos e de acordo com o princípio da atribuição de competências.

Do excerto depreende-se que a comunidade europeia valoriza e respeita a harmonia entre os mercados internos de seus membros, por entender que todos eles são como partes integrantes de um mesmo organismo, uma vez que qualquer impacto produzido por um deles afeta os demais.

Nessa percepção, foi desenvolvido o título VII do Tratado, que conceitua e categoriza uma série de práticas elegidas como conflitantes à comunidade, as quais são, inclusive, passíveis de nulidade, com destaque para a letra "d", que dispõe sobre as condições desiguais estabelecidas. São algumas delas:

> 1. São incompatíveis com o mercado interno e proibidos todos os acordos entre empresas, todas as decisões de associações de empresas e todas as práticas concertadas que sejam suscetíveis de afetar o comércio entre os Estados-Membros e que tenham por objetivo ou efeito impedir, restringir ou falsear a concorrência no mercado interno, designadamente as que consistam em:
>
> a) Fixar, de forma direta ou indireta, os preços de compra ou de venda, ou quaisquer outras condições de transação; [...]
>
> d) Aplicar, relativamente a parceiros comerciais, condições desiguais no caso de prestações equivalentes colocando-os, por esse facto, em desvantagem na concorrência [...]

Da observância dos princípios adotados pela comunidade europeia, verifica-se grande semelhança com o BEPS, que adota boa parte das recomendações, entretanto, expandidas a nível internacional.

Nessa toada, pode-se afirmar que o BEPS, desenvolvido com o objetivo de harmonizar as políticas tributárias internacionais de maneira a evitar a evasão da base tributável, propõe os 15 *Action Plans* conforme já descritos nos capítulos anteriores, e o faz tomando por base alguns princípios basilares.

Um deles, de grande relevância é o da transparência fiscal, que carrega consigo o *animus* de estabelecer uma relação de confiança entre os contribuintes e o Organismo Internacional, ampliando a gama de informações disponibilizadas pelos contribuintes, para possibilitar que a tributação seja realizada de maneira mais eficaz, e está materializado no Plano de Ação 5.

Contudo, é certo que isso traz algumas polêmicas, uma vez que pode desrespeitar outros preceitos, como o direito ao sigilo bancário e fiscal do contribuinte. Por outro lado, os contribuintes também poderão se beneficiar da grande gama de informações trocadas, ainda que indiretamente.

O incremento da arrecadação decorrente do incremento da arrecadação, possibilitado pela transparência fiscal, seria também um efeito positivo na medida em que surge como alternativa à majoração tributação, ou com a bitributação. A universalização das regras em matéria tributária também poderia simplificar o quadro para os contribuintes, pois contribuiria significativamente para a redução de controvérsias, provenientes da extensa gama de normas próprias de cada país.

No caso em questão, pode-se verificar que a manutenção do sigilo, em virtude da gama de informações deliberadas ao Comitê, foi uma das preocupações da empresa. E, a partir disso verifica-se a importância da utilização do princípio da transparência, uma vez que a Apple e a Irlanda disponibilizaram todos os documentos fiscais envolvidos e requisitados. E o Comitê, analisou a documentação e manteve o sigilo.

Essa é uma postura que possivelmente deve ser adotada pelos países, inclusive, incluindo a internalização em suas leis, porquanto beneficia a todos, contribuintes e organismos de arrecadação, desde que, repisa-se respeitado o sigilo fiscal.

Outro princípio que não se pode deixar de mencionar é o Arm's Length que atua como um norte previsto pela OCDE, fixando os preços das transações entre as partes, isto é, na transação entre sociedades de um mesmo grupo empresarial, o preço fixado é denominado "preço de transferência".

Também ocorre a fixação de preços de transferência no bojo de uma sociedade, desde que a sociedade integrante possua um estabelecimento estável em jurisdição distinta.

Existem, contudo, limites para a fixação destes valores, sobretudo no âmbito internacional, para evitar que as operações sejam escondidas, o que ocasionaria o esvaimento da base tributável.

O propósito almejado pelo Arm's Length, consagrado como sinônimo do princípio da igualdade, é conferir tratamento às empresas vinculadas, como as componentes de empresas multinacionais, como se independentes fossem.

Isso porque as operações negociadas tinham seus preços livremente definidos, sem qualquer parâmetro ou agente regulador, ao passo que as operações entre empresas independentes têm seus preços de transferência fixados pelo mercado, o que, por conseguinte, causa certa distorção entre os procedimentos e ocasiona prejuízos à concorrência.

A OCDE define alguns princípios no que tange aos preços de transferência, de maneira que desenvolve cinco métodos para orientar a fixação dos preços de transferência entre sociedades componentes de um mesmo grupo empresarial e são eles: i) o método do preço comparável de mercado; ii) método de custo majorado iii) o método do preço de revenda minorado; iv) o método da margem líquida da operação (a seguir designado «MMLO» v) o método do fracionamento do lucro.

E, quando se trata duas empresas associadas, a OCDE dispõe que as condições acordadas não podem distanciar-se das praticadas por empresas independentes:

> (82) O artigo 9º, nº 1, do Modelo de Convenção Fiscal da OCDE sobre «empresas associadas» prevê o seguinte: «[Quando] as duas empresas[associadas], nas suas relações comerciais ou financeiras, estiverem ligadas por condições aceites ou impostas que difiram das que seriam estabelecidas entre empresas independentes, os lucros que, se não existissem essas condições, teriam sido obtidos por uma das empresas, mas não foram por causa dessas condições, podem ser incluídos nos lucros dessa empresa e, consequentemente, tributados». Considera-se que essa disposição estabelece uma declaração credível para efeitos de tributação internacional do «princípio de plena concorrência» da OCDE na fixação de preços de transferência entre sociedades associadas do mesmo grupo.

Pois bem. No que pertine ao caso em tela, verifica-se que as sucursais ASI e a AOE transacionavam com base em métodos unilaterais de afetação de lucros, semelhantes ao MMLO, de forma que o lucro tributável era determinado pelas próprias sociedades, com base em parâmetros distintos dos praticados pelo mercado, contrariando, portanto, a previsão da OCDE.

Tal benefício foi considerado um auxílio indevido pois trata-se de uma vantagem econômica sem a qual a empresa em questão não teria obtido em condições normais de mercado. Isto é, o referido auxílio não condiz com os parâmetros adotados pela União Europeia, sobretudo no que diz respeito aos princípios da livre concorrência e da convivência harmônica entre os mercados internos.

Ora, permitir que apenas a ASI e a AOE abstenham-se de cumprir determinada obrigação fiscal, é reforçar a posição financeira do grupo, ao passo em que falseia a concorrência e trespassa a livre concorrência.

Além disso, outro aspecto que caracteriza que a permissão contida nas decisões fiscais contestadas não é apenas um benefício, mas sim um auxílio inapropriado, repousa no fato de que a empresa não teria alcançado tamanha expressividade se não fosse por intermédio dessa intervenção.

Tal argumento facilmente se verifica quando, comparando-se a situação financeira da empresa nos entornos da medida concessiva ao balanço financeiro caso sem o auxílio, depreende-se que houve um crescimento significativo em virtude da redução do imposto.

Além disso, não se pode olvidar que o benefício foi concedido por decisão proferida em 1991 sem tempo indeterminado, razão pela qual foi aplicada durante 15 anos sem qualquer cláusula de revisão prevendo condições resolutivas, ignorando que cada ano é um novo exercício, razão pela qual tal benefício deveria apresentar justificativas anualmente.

Diante do exposto, depreende-se que as decisões fiscais contestadas foram condenadas como indevidas por conceder benefício fiscal ilegal e desviante dos padrões adotados pela comunidade europeia.

O referido benefício, viola os princípios da ampla concorrência, na medida em que determina a margem de lucro tributável ao fixar seus preços de transação em parâmetros destoantes dos praticados no mercado. Para além disso, o auxílio em questão impulsionou o crescimento do grupo econômico de maneira exacerbada.

Essas são as razões pelas quais o Comitê, acertadamente, determinou que a Apple proceda com a devolução dos grandes valores que estimularam indevidamente o *boom* da empresa.

Além disso, é de bom alvitre ressaltar que a decisão proferida pelo Comitê marca o início de uma época de intervenção na economia internacional para aprimorar a tributação, ao consagrar implicitamente algumas das propostas contidas nos *Actions Plans* do BEPS, como o princípio da transparência fiscal o Arm's length.

Para mais, foi possível verificar que o Comitê, para fundamentar sua decisão, utilizou-se de conceitos também contidos nos planos de ação, como o estabelecimento permanente.

Com isso, conclui-se que seguir as recomendações dos Planos de Ação e internalizá-las nas legislações internas dos países é a tendência internacional, visto que, ao almejar o planejamento tributário agressivo contra a erosão da base tributável, propondo medidas que beneficiem a ordem econômica internacional, contribui para um mercado econômico mais equânime.

Conclusões

O estudo sobre a análise crítica do caso da Apple sobre a ótica do BEPS especificamente quanto à sua organização, estrutura e funcionamento, o que exigiu o conhecimento a respeito do contexto pós Segunda Guerra Mundial, que contribuiu para que os países amadurecessem a ideia de criar organismos que auxiliassem a regular a ordem internacional, de maneira a equilibrar os poderes e promover os debates, para evitar novos embates. Esse sucinto corte epistemológico fora abordado no primeiro capítulo.

Em seguida, no segundo capítulo, tratou sobre a internacionalização da OCDE, que fora desenvolvida durante o período de recuperação das economias dos países, como consequência da Segunda Guerra.

Com base nisso, surgiu a OCDE com a grande responsabilidade de promover medidas reguladoras e impulsionantes da economia internacional, almejando possibilitar mais segurança e igualdade às economias.

Com esse objetivo em mente, a OCDE desenvolveu o BEPS, que compreende 15 planos de ação com vistas a promover o planejamento tributário agressivo e, por conseguinte, evitar a erosão da base tributável.

Os *Actions Plans* foram brevemente expostos no segundo capítulo, a exceção de um, o estabelecimento permanente, ao qual foi dado destaque por carregar em seu bojo conceito importante para o deslinde do caso da Apple que fora apresentado em seguida.

Conferiu-se certo destaque à definição de estabelecimento permanente, porquanto o Plano de Ação nº 7 objetiva a prevenção de novos casos tal qual o exposto, isso com base na enumeração do que seriam estabelecimentos tributáveis e quais, por outro lado, estariam fora da incidência desse campo delimitado.

Em continuação à essa percepção, passou-se à análise do caso propriamente, o que foi feito no terceiro capítulo. Inicialmente, a narrativa do caso foi feita, seguida da explanação detalhada acerca da estrutura do grupo Apple, sobretudo no que diz respeito à ASI e à AOE.

Demonstrou que o Comitê Europeu determinou que o grupo econômico da Apple devolve os benefícios fiscais ilegalmente, considerando que as decisões fiscais responsáveis pelo feito não agiram de acordo com os parâmetros praticados na União Europeia.

Sendo assim, a posição financeira da empresa multiplicou-se extravagantemente devido aos auxílios indevidos, que permitiram à ASI e AOE a abstenção da obrigação de recolher imposto de sociedades, por entender que, devido às suas condições peculiares, elas não possuíam presença tributável relevante.

Por fim, antes de emitir opinião crítica sobre o caso, elucidou acerca dos princípios que fundamentaram a formação da convicção, os quais são a livre concorrência, a transparência fiscal e o *arm's length.*

Da comunhão entre os três, verificou-se que, para que fosse possível a investigação do caso, foi preciso que as partes envolvidas, a Irlanda e a Apple, colocassem à disposição do Comitê Julgador uma ampla gama de documentos fiscais, pondo em risco suas operações, em caso de vazamento de informações.

Nesse ponto, ambas as partes contribuíram para o bom andamento da investigação, o que poderia ser considerado uma invasão no que tange às operações sigilosas do grupo. Contudo, para o BEPS, tal "invasão" denominou-se princípio da transparência fiscal, à proporção que exige maior transparência, estabelece que o órgão julgador deve manter as informações em absoluto sigilo.

Esse princípio, consagrado no Action Plan do BEPS fora utilizado de maneira satisfatória nessa investigação, e, tratando-se de um caso relevante para a ordem internacional, veicula a ideia de que a recomendação exposta no Plano de Ação 7 pode dar certo.

Além disso, falou-se na fixação de preços de transferência entre empresas de mesmo grupo econômico, de maneira que tais valores devem ser fixados tomando por base os preços praticados no mercado, o que não foi respeitado pela Apple, que fixou seus preços com base em indicadores desviantes dos adotados por empresas em situação semelhante.

Sendo assim, foi possível fixar os preços de transferência livremente e permitiu que a margem de lucro tributada e, em decorrência disso, manipular a margem de lucro tributável.

Esse benefício contribuiu fortemente para o enriquecimento ilícito da empresa, falseando a concorrência, e desrespeitando um dos princípios corolário do BEPS e também do Tratado da União europeia, o princípio da livre concorrência.

Além disso, o auxílio concedido foi considerado ilícito porque comprouve-se que a empresa não teria alcançado os mesmos resultados se tivesse adotado os critérios adotados pelo mercado à época, em relação às empresas em situação análoga.

Por essas razões, fundamentou o parecer crítico concordando com a decisão proferida pelo Comitê, que entendeu que os auxílios foram indevidos, e portanto, determinou que a Apple devolvesse determinado montante à Irlanda.

Diante do exposto, espera-se que esse trabalho desperte a atenção acerca da relevância do presente caso, e também contribua para fomentar a ideia a respeito da urgência de adequação das leis internas dos países às recomendações do BEPS, com o fito de evitar a corrosão da base tributável, e promover uma tributação mais equânime, de maneira a inibir paraísos fiscais ou crescimento de grupos econômicos com base em benefícios ilegais.

Referências

AULT, Hugh J. *Some Reflections on the OECD and the Sources of International Tax Principles.* Max Planck Institute for Tax Law and Public Finance Working Paper 2013. July 2013.

Ataliba, Geraldo. *República e Constituição.* 2ª Edição, 3ª Tiragem, atualizada por Rosolea Miranda Folgosi, São Paulo: Malheiros.

Carvalho, Paulo de Barros. *Curso de Direito Tributário.* 19ª Edição, revista, São Paulo: Saraiva, 2007.

Greco, Marco Aurélio. *Planejamento Tributário.* São Paulo: Dialética, 2004.

Hovarth, Estevão. *O princípio do não confisco no Direito Tributário.* São Paulo: Dialética, 2002.

Miranda, Pontes de. *Tratado de Direito Privado.* Tomo I, Campinas: Bookseller, 1999.

Schoueri, Luiz Eduardo e Marcus Lívio Gomes. *A tributação na era pós-BEPS: soluções globais e peculiaridades de países em desenvolvimento.* Volume I, II e III.

Xavier, Alberto. *Tipicidade da tributação, simulação e norma antielisiva.* São Paulo: Dialética, 2001.

–. Coelho, Renato. *Projeto BEPS no Brasil.* Comentários sobre alterações legislativas e normativas brasileiras. Disponível em <https://www.jota.info/opiniao-e-analise/colunas/coluna-do-stocche-forbes/projeto-beps-no-brasil-24012017> Acesso em fevereiro de 2018.

–. *Tratado sobre o funcionamento da União Europeia.* (versão consolidada). Jornal Oficial da União Europeia, outubro de 2012. Disponível em <http://www.concorrencia.pt/vPT/A_AdC/legislacao/Documents/Europeia/Tratado_Funcionamento_U_E.pdf> Acesso em 30 março de 2018

–. Coelho, José Fernandes. *Com o BEPS, novas regras tributárias para países ricos.*

8.
ASPECTOS DE UMA EVENTUAL REFORMA TRIBUTÁRIA

Ives Gandra da Silva Martins

O sistema tributário brasileiro foi plasmado na década de 60, após pelo menos 10 anos de ampla discussão entre especialistas.

Desde o anteprojeto de Rubens Gomes de Souza, da década de 50, à ampla discussão que se estabeleceu no Instituto Brasileiro de Direito Financeiro com juristas da expressão de Gilberto de Ulhôa Canto, Carlos da Rocha Guimarães, Tito Rezende, Aliomar Baleeiro e outros de igual nível, ainda nos anos 50 e começos de 60, a reforma do sistema tributário foi amplamente discutida, sendo que a Emenda Constitucional nº 18/65 e o Código Tributário Nacional (Lei 5.172/66) foram frutos desta discussão.

Quando da convocação de uma Constituinte, após o regime de exceção, que durou de 64 a 85 (E.C. nº 26/66), discutiu-se muito se deveríamos ou não mudar o sistema brasileiro, sendo que após a eleição de seus membros, a posse e escolha do presidente, deputado Ulisses Guimaraes e relator, senador Bernardo Cabral, sob a presidência do Ministro Moreira Alves e conformação dos trabalhos legislativos a partir de oito Comissões, cada uma constituída de três Subcomissões, a temática passou a ser das mais comentadas nos corredores e salas do Congresso Nacional.

A Subcomissão dedicada ao sistema tributário constituída de grandes nomes e conhecedores da matéria do porte, por exemplo, de Roberto Campos, José Serra, Francisco Dornelles e outros, ouviu, durante aproximadamente três meses, os principais conhecedores da matéria no Brasil, que expuseram suas ideias sobre a melhor forma de se ter um sistema capaz de suprir o Estado de recursos para suas necessidades, gerar desenvolvimento econômico e social e ser, fundamentalmente, justo e moderno.

Ao término dos trabalhos constituintes e após a promulgação da Lei Suprema, os principais analistas do país consideraram que o Título VI da Constituição constituíra-se num dos melhores elaborados pela Constituinte (tributos, finanças e orçamentos).

O interessante é que a esmagadora maioria dos especialistas ouvidos defenderam a tese de aproveitamento da espinha dorsal do sistema anterior, a partir da E.C. nº 18/65 e Constituição de 67, pois adotando princípios modernos de tributação na circulação de bens e serviços, com o princípio da não cumulatividade para a circulação de bens e não para a circulação de serviços, visto que a sua prestação não depende de muito suporte anterior.

De qualquer forma, embora fosse, em princípio, logicamente, boa a Constituição no concernente ao sistema tributário, remanescia um sério problema no país, qual seja o peso da carga burocrática a travar o desenvolvimento econômico. O Brasil é um dos países com mais elevado peso do funcionalismo no serviço público e um dos que mais privilégios outorga a seus servidores.

Transcrevo, por exemplo, o peso da estrutura do Poder Judiciário no PIB, num país que é a 12ª economia do mundo – em 2020 foi ultrapassada por Canadá, Rússia e Coreia do Sul – em comparação a outros países:

Despesa do Poder Judiciário como porcentual do PIB (%)

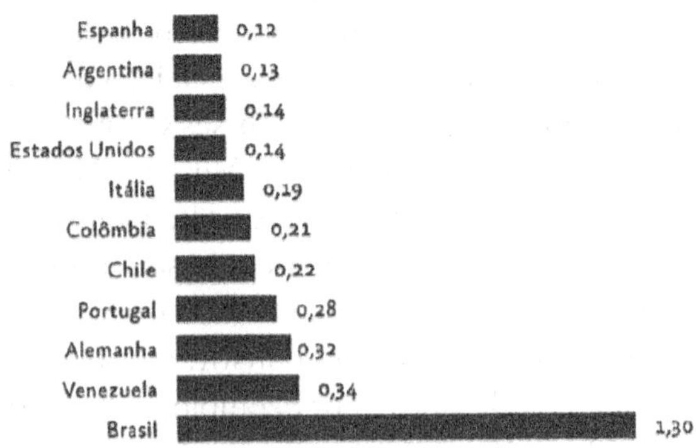

Fonte: *Observatório de Elites Políticas e Sociais do Brasil*

O próprio quadro das despesas com servidores públicos em proporção ao PIB em 2018 não é confortável:

Despesas com servidores públicos em proporção do PIB (%), em 2018

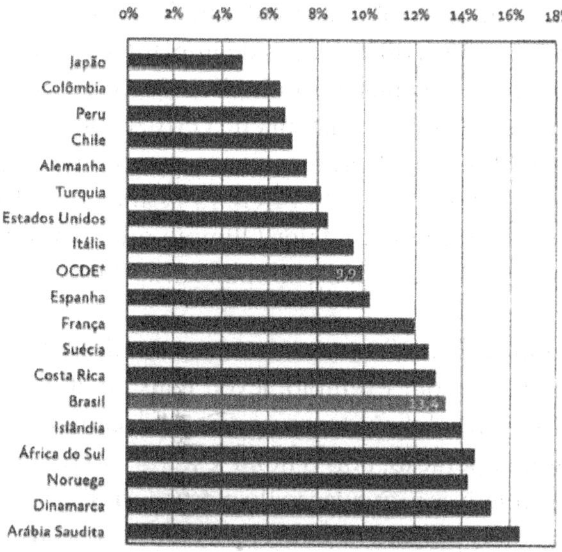

Fonte: *CNI, com dados do FMI (Compensation of employees).*

*OCDE: Organização para a Cooperação e Desenvolvimento Econômico

Vê-se, por exemplo, que a média da OCDE está em 9,9 e no Brasil chegamos a 13,6.

Em relação ao Poder Judiciário as benesses outorgadas são consideravelmente superiores às de qualquer país desenvolvido ou emergente.

À evidência, este diferencial de 3,5% a mais no país em relação a OCDE, que equivale algumas centenas de bilhões de reais de diferença, torna a elevada carga brasileira um breque no nosso poder concorrencial, com o que, apesar do mercado brasileiro, o país não cresce por dentro, com acelerado processo de desindustrialização, que implicou o fechamento de 17 fábricas por dia nos últimos seis anos (2014 a 2020).

Os princípios aprovados pela Constituinte de 88 não eram maus, embora houvesse uma fantástica "contribuição de pioria" com as emendas posteriores, objetivando alavancar mais recursos para sustentar a colossal carga burocrática do país.

O certo é que, se não reduzirmos o peso da excessiva carga tributária, qualquer reforma apenas da técnica de tributação gerará poucos resultados.

Os projetos que aí estão em discussão não são maus do ponto de vista de princípios (compactar a tributação sobre a circulação de bens e serviços), mas não equacionam as grandes dificuldades de implantação, mormente com a manutenção em até 10 anos dos dois sistemas (o anterior e o novo), o que vale dizer até que o novo sistema dê certo, cobrar-se-á os tributos em extinção com alíquotas decrescentes, enquanto crescem as alíquotas do novo tributo (IBS ou IVA). Às PECs 45 (Câmara) e 110 (Senado), foi anexado um substitutivo do Major Olímpio que mantém o nome dos tributos atuais (IPI, ICMS e ISS), simplificando sua implementação.

A não alteração dos nomes dos tributos tem sua razão de ser, na medida em que a Suprema Corte, por exemplo, levou mais de 20 anos num único imposto (ICMS), para definir o que seria circulação, o que seria mercadoria e o que seria operação, pois o nome extenso do tributo é "imposto sobre operações relativas à circulação de mercadorias".

A crise econômica mundial, por outro lado, provocou o ressurgimento de teses ultrapassadas, que não deram certo no mundo, ou seja, a implantação do Imposto sobre Grandes Fortunas previsto na Lei Suprema.

Na Europa, a incidência sobre riqueza líquida foi abandonada, no passado mais distante, por Itália, Irlanda, Áustria, Dinamarca, Alemanha, Holanda, Islândia, Grécia, Finlândia e Suécia. Na Espanha, num sistema gangorral, o imposto é retirado e reintroduzido repetidas vezes e na França se mantém com baixíssima arrecadação (1% do PIB aproximadamente) incidente principalmente sobre o patrimônio imobiliário.

Na Alemanha, o tributo exigia uma legião de funcionários e correspondia a 1% da receita tributária, o que levou o país abandoná-lo em 1976.

Em estudos de Rogério Gandra da Silva Martins e Fátima Fernandes Rodrigues de Souza, no livro por Paulo Rabello de Castro, Rogério Gandra e por mim coordenado, sob o título "Sistema Tributário Brasileiro" – 1ª edição pela FECOMERCIO/SP e 2ª edição pela Editora Quartier Latin – demonstram toda a fragilidade da estrutura do tributo que afugenta investidores, desestimula o desenvolvimento, exige complexa legislação para definir hipóteses de imposição e gera baixíssima arrecadação.

Não sem razão, a própria Receita Federal desaconselha sua adoção. É um tributo exclusivamente ideológico que lembra a observação pertinente de Roberto Campos de que "os ideais socialistas são superiores aos resultados e os resultados capitalistas são superiores aos ideais", os primeiros não funcionam nunca, basta verificar o fracasso de todas as economias autenticamente socialistas ou comunistas (Cuba, Venezuela, antiga URSS). A China só não fracassou, pois em economia adotou o capitalismo mais agressivo de todos os países.

O certo é que, a queda do PIB brasileiro e a não queda dos privilégios e garantias que cercam todos os servidores públicos, tornaram o nosso "déficit nominal" assustador e o endividamento público comprometedor da confiabilidade do país no cenário internacional.

Neste quadro, pessoalmente entendo que, no momento, a reforma tributária ideal não está na grande reforma constitucional, mas na simplificação da legislação infraconstitucional, que no curso dos anos tornou-se caótica.

Uma reforma ordinária, no passado, trouxe para a formalidade grande parte de pequenos e médios empreendimentos, ou seja, o "sistema de lucro presumido". Sistema simples e não pesado foi adotado por mais de 90% das empresas nacionais de pequeno e médio porte.

Por outro lado, tributar mais pesadamente as empresas no seu lucro real é melhor do que dividir parte no lucro e parte na distribuição.

Quando se decidiu tributar mais pesadamente o lucro real no país, antecipou-se o pagamento do tributo da distribuição, que poderia, se não houver nem ocorrer.

Tanto faz tributar 20% sobre o lucro das empresas e 15% quando da distribuição futura, como tributar 34% apenas sobre o lucro das Sociedades, recebendo-se antes e a totalidade das imposições.

No momento, a reforma que me parece necessária é de dupla natureza, porém ordinária, ou seja, simplificando-se, de um lado a legislação ordinária de todos os tributos e reduzindo-se o peso das obrigações acessórias de outro, cujas multas são quase sempre tão absurdas quanto a caótica legislação impositiva infraconstitucional produzida no país, nos últimos anos.

Ao encerrar este breve artigo, entendo que uma modificação de natureza constitucional exigiria pelo menos um tempo apreciável de debate nacional como ocorreu naquela que resultou a E.C. nº 18/65.

Fazê-la de afogadilho para atender projetos mais políticos que de interesse nacional seria um erro.

9.
A TRANSFORMAÇÃO DO BRASIL QUE COMEÇA COM A REFORMA TRIBUTÁRIA

Janssen Murayama

As distorções do sistema tributário brasileiro provocam conhecidas injustiças, taxando proporcionalmente os mais pobres e emperrando o desenvolvimento econômico com uma burocracia hercúlea. Essa pauta vem, merecidamente, ganhado destaque nos últimos meses, tendo havido discussões muito construtivas envolvendo o Congresso Nacional e setores da sociedade civil.

Porém, ainda que muito esperada, apenas uma reforma que simplifique os tributos não será capaz de, sozinha, combater outros problemas que corroem a arrecadação e a sua consequente transformação em serviços públicos de qualidade. A transformação do Estado deve se dar em diferentes frentes, de modo a combater a sonegação fiscal e a informalidade econômica, além de melhorar a qualidade dos gastos e investimentos da máquina pública.

Arrecadar o suficiente para manter as finanças do governo num patamar saudável, mas sem aumentar a já paquidérmica carga tributária que sobrecarrega os brasileiros é um desafio do horizonte dos gestores públicos. Afinal, desde 2015, a arrecadação total da União tem sido insuficiente para cobrir seus gastos primários[1].

Um caminho possível para ajudar a alcançar esse Norte é reforçar os mecanismos de combate à sonegação fiscal. Estima-se que por ano, este

[1] Disponível em <https://diplomatique.org.br/a-sonegação-inconveniente/>, acesso em 13/01/2021.

"ralo" mingue em R$ 500 bilhões os cofres do Estado, segundo a Sindicato Nacional dos Procuradores da Fazenda Nacional (SINPROFAZ)[2], o equivalente a quatro vezes o déficit fiscal e cinco vezes a economia prevista como consequência da reforma da Previdência. De acordo com a rede internacional Tax Justice Network, o Brasil ocupa o segundo lugar no mundo quando o quesito é maior sonegação, perdendo apenas para a Rússia[3].

Uma das razões pelas quais a sonegação é tão atrativa para uma parte dos contribuintes brasileiros é a possibilidade de se usá-la como fonte barata de financiamento para o setor privado, em contraponto ao financiamento bancário regular. Um estudo publicado na "Economic Analysis of Law Review", em 2012, constatou que naquela época, mesmo que fosse descoberta pelo fisco, o não pagamento seria mais vantajoso, principalmente devido à lentidão na tramitação dos processos administrativos e judiciais[4].

O inadimplemento contribui decisivamente para a injustiça tributária, tão marcante no país. Ela é reflexo da regressividade do sistema tributário e aprofunda essa característica, que penaliza os mais pobres ao concentrar a carga tributária sobre o consumo e não a renda, desconsiderando fatores como a capacidade contributiva de quem consome.

Portanto, é necessário que o Estado brasileiro deixe de privilegiar a arrecadação pura e simples, que ocorre na taxação do consumo, para elevar o grau de isonomia tributária. Somando uma arrecadação justa com mecanismos melhor planejados de combate à sonegação, será possível equilibrar a manutenção da máquina pública do país sem uma oneração em excesso de seus cidadãos.

O combate à sonegação também passa pela melhora da qualidade da arrecadação, ampliando o escopo da economia formal, afinal, a informalidade de empresas e indivíduos é um mal histórico do Brasil. Além de agravar a sonegação, esse elevado grau de negócios situados à margem

[2] Disponível em <https://politica.estadao.com.br/blogs/fausto-macedo/prejuizo-com-sonegacao-ultrapassa-economia-prometida-pela-reforma-da-previdencia/>, acesso em 13/01/2021.

[3] Disponível em <https://valor.globo.com/brasil/noticia/2013/11/09/no-mundo-brasil-so-perde-para-russia-em-sonegacao-fiscal-diz-estudo.ghtml>, acesso em 13/01/2021.

[4] Disponível em <http://www.quantocustaobrasil.com.br/artigos/a-sonegacao-e-a-litigancia-tributaria-como-forma-de-financiamento>, acesso em 13/01/2021.

do Estado implica na evasão do Produto Interno Bruto (PIB) e até no incentivo a atividades criminosas, como o contrabando e a pirataria.

Em 2019, a taxa de informalidade bateu recorde em 19 estados e no Distrito Federal. A nível nacional, a média foi de 41,1%, ou seja, 38,4 milhões de indivíduos entre a população ocupada. Isso significa que, a cada dez trabalhadores, quatro estão fora do mercado formal, o dobro da média de aproximadamente 19% dos países desenvolvidos[5].

A história mostra, contudo, que é possível reduzir esse percentual. Em 1992, 57% dos trabalhadores se ocupavam em atividades informais. Dez anos depois, eram 55%. Já em 2012, a taxa caiu para 40%, patamar ainda elevado, mas que configurava uma expressiva redução em relação aos anos anteriores[6]. Não houve tempo para que o processo de formalização dos brasileiros continuasse, e a crise econômica que ainda abala o país dilacerou os empregos formais e forçou boa parte da população a improvisar na informalidade.

No terreno da informalidade, a ausência de controle do Estado abre espaço, inclusive, para o crime. Neste pântano legal, agentes podem praticar a pirataria ou contrabando, o que, além de ilícito, contribui negativamente para o desenvolvimento do país. A pirataria acarretou perdas de R$ 291,4 bilhões ao Brasil em 2019, considerando a sonegação fiscal e o comércio ilegal, de acordo com o Fórum Nacional Contra a Pirataria e a Ilegalidade (FNCP)[7]. Investir no crescimento da economia formal, portanto, também significa reduzir o campo de atuação de piratas e contrabandistas.

Uma das iniciativas que foram bem sucedidas no sentido de incorporar micro e pequenos empresários à formalidade é o Simples, assim como outras inovações regionais que simplificam o pagamento de tributos e reduzem suas alíquotas. Com um processo mais simples, mais empresas são capazes de lidar com a questão tributária, mesmo sem equipes dedicadas à área.

[5] Disponível em <https://economia.estadao.com.br/noticias/geral,quase-3-milhoes-de-brasileiros-procuravam-emprego-ha-mais-de-dois-anos-no-4-tri-de-2019,70003197472>, acesso em 13/01/2021.

[6] Disponível em <https://exame.com/negocios/como-a-alta-informalidade-no-brasil-pode-frear-a-produtividade/>, acesso em 13/01/2021.

[7] Disponível em <https://agenciabrasil.ebc.com.br/economia/noticia/2020-03/mercado-ilegal-de-produtos-da-prejuizo-de-r-2914-bi-para-o-brasil>, acesso em 13/01/2021.

Esse sistema, porém, tem uma fraqueza originada no conjunto do sistema tributário: muitas empresas permanecem no Simples, mesmo crescendo, para escapar da alta e complexa carga tributária que incide sobre as companhias de maior porte. Em vez de pagar uma alíquota única, as empresas que deixam o Simples precisam calcular e pagar cerca de oito tributos diferentes e bem mais complexos.

Isso significa que, apesar de formalizada, essas empresas acabam mantendo parte de suas atividades na informalidade ou até migrando totalmente para fora do mercado formal, minando um potencial de arrecadação, principalmente para municípios, e, consequentemente, de desenvolvimento socioeconômico regional. Uma boa reforma tributária também deve se ater a isso, discutindo uma tributação mais justa e menos burocrática que não penalize os empresários que prosperam.

As ideias citadas anteriormente dizem respeito à tributação. O desejo da sociedade em relação à reforma tributária é de que ela possa aprimorar o sistema, tornando-o mais simples e justo, além de melhorar a saúde financeira dos entes federativos com um melhor processo de arrecadação e também reduzir o peso dos tributos sobre cidadãos e empresas. No entanto, o Estado não deveria se contentar com a reforma das fontes de receita, mas também sobre a qualidade de despesas e investimentos.

Nos últimos anos, chavões como "imposto é roubo" se popularizaram entre as pessoas que desaprovam o sistema tributário brasileiro. Entretanto, tributos são necessários para a manutenção de serviços públicos e de investimentos, tão necessários em tempos de colapso econômico como o causado pela pandemia de Covid-19. Se os tributos são imprescindíveis, por que falta consciência popular sobre isso? Um dos fatores decisivos para que os brasileiros abominem a palavra "imposto" é que a maioria não enxerga resultados positivos da aplicação de grande parte das verbas públicas.

A ineficiência dos gastos públicos no Brasil foi atestada por um estudo do Banco Interamericano de Desenvolvimento (BID), divulgado em 2019. Segundo a instituição, a falta de eficiência dessas despesas gera prejuízos de US$ 68 bilhões por ano ao país, o equivalente a 3,9% do Produto Interno Bruto (PIB)[8]. As ineficiências apontadas pelo banco

[8] Disponível em <https://agenciabrasil.ebc.com.br/economia/noticia/2019-05/gasto-publico-ineficiente-no-brasil-gera-perda-de-us-68-bi-por-ano>, acesso em 13/01/2021.

podem ser observadas na alocação de recursos, na execução de projetos, em compras governamentais, nas transferências de recursos e na gestão do funcionalismo público.

O BID também destaca que 49% dos gastos dos governos estaduais e municipais são financiados por transferências entre as esferas de governo, ou 9,9% do PIB. O banco defende que mais transferências e menos impostos locais tendem a ser gastos em maior parte com salários e ter menores níveis de eficiência na prestação de serviços e investimentos em infraestrutura. Este é um ponto importante a ser debatido nas discussões sobre a reforma tributária.

Planejamento e fiscalização são frentes decisivas no combate ao desperdício do dinheiro público causado pela falta de controle, que resulta em obras caras que atrasam ou não se completam e qualidade dos serviços públicos aquém do necessário. Decisões técnicas devem se sobrepor a influências políticas para evitar casos como os compilados pela reportagem "Ineficiência e pouco planejamento provocam má gestão do dinheiro público", publicada em setembro de 2015 pelo jornal Correio Braziliense[9], que cito a seguir.

A Força Aérea, por exemplo, comprou 12 helicópteros russos sem garantia de manutenção ou fornecimento, o que faz com que parte da frota fique estacionada apenas para servir de estoque de equipamentos. Já em Natal (RN) foi construído um píer turístico que custou R$ 72 milhões, em valores da época, que não consegue receber navios devido a uma ponte e à pequena área de manobra. A reportagem cita ainda o caso do Aeroporto de Goiânia, cujas obras de ampliação foram iniciadas em 2005, sendo só retomadas em 2015 e concluídas no ano seguinte.

As questões mencionadas precisam ser corrigidas por reformas estruturais de longo prazo que criem normas e regras efetivas de condução do planejamento econômico, em consonância com o artigo 174 da Constituição Brasileira, que diz "como agente normativo e regulador da atividade econômica, o Estado exercerá, na forma da lei, as funções de fisca-

[9] Disponível em <https://www.correiobraziliense.com.br/app/noticia/economia/2015/09/06/internas_economia,497482/ineficiencia-e-pouco-planejamento-provoca-ma-gestao-do-dinheiro-public.shtml>, acesso em 13/01/2021.

lização, incentivo e planejamento, sendo este determinante para o setor público e indicativo para o setor privado"[10].

O país também acumula aproximadamente 14 mil obras financiadas com verbas da União paradas, que representam um terço (37,5%) das 38 mil que possuem contratos consolidados e deveriam estar em andamento. Esse diagnóstico foi apontado por uma auditoria operacional realizada pelo Tribunal de Contas da União (TCU), divulgada em maio de 2019[11]. Dos R$ 144 bilhões em investimentos previstos para essas obras, apenas R$ 10 bilhões resultaram em benefícios à população.

O relatório, assinado pelo ministro Vital do Rêgo, aponta que as principais causas das paralisações são: contratação com base em projeto básico deficiente; insuficiência de recursos financeiros de contrapartida; e dificuldade de gestão dos recursos recebidos. Segundo o documento, as obras que permanecem sem execução por muito tempo se desgastam, o que gera ainda mais custos. Além do desperdício de dinheiro público, a morosidade das construções prejudica a prestação de serviços públicos, o crescimento econômico e deixa de gerar empregos.

Já a pesquisa "Diagnóstico sobre Obras Paralisadas", elaborada pelo Conselho Nacional de Justiça (CNJ), constatou que apenas uma em cada 100 das maiores obras públicas que estão paradas encontra-se assim devido a uma ordem judicial[12]. O órgão analisou 3.921 obras, que somam R$ 149 bilhões em recursos públicos pendentes. Outro resultado lamentável encontrado é o de que mais de um quinto (22,9%) dos projetos interrompidos pela Justiça é relacionado à educação, o que evidencia a gravidade dos impactos gerados por esse problema.

Esse cenário é resultado de um sistema em que obras começam sem um projeto ou com um mal feito e mecanismos insuficientes de governança do investimento público. Assim, são numerosos os casos de construções que nunca são concluídas, são entregues incompletas ou, mesmo finalizadas, não conseguem cumprir devidamente seus objetivos devido à má qualidade da obra ou problemas de projeto. Os investimentos tam-

[10] Disponível em <https://www.senado.leg.br/atividade/const/con1988/con1988_18.02.2016/art_174_.asp>, acesso em 13/01/2021.

[11] Disponível em <https://portal.tcu.gov.br/biblioteca-digital/auditoria-operacional-sobre-obras-paralisadas.htm>, acesso em 13/01/2021.

[12] Disponível em <https://www.cnj.jus.br/wp-content/uploads/2019/11/relatorio_obras_paralisadas-1.pdf>, acesso em 13/01/2021.

bém devem seguir após essa etapa, visando garantir a manutenção e a boa prestação dos serviços.

O setor que mais escancara tais necessidades, somando a necessidade de investimentos elevados para erguer estruturas complexas, a contratação de mão de obra especializada e constante necessidade de manutenção, ainda mais em meio a uma pandemia, é a saúde. O Brasil é o único país com mais de 100 milhões de habitantes a conceder acesso gratuito e universal à saúde, mas a qualidade dos serviços oferecidos pelo Sistema Único de Saúde (SUS) ainda peca.

Um estudo elaborado pelo Banco Mundial divulgado em 2018 apontou que o nível de eficiência da atenção primária (postos de saúde) é de 63% no país, e a da média e alta complexidade (hospitais) é de apenas 29%, níveis críticos que custam à nação R$ 22 bilhões por ano[13]. Apenas 42% dos gastos em saúde são públicos, contra uma média de 70% em países com sistemas universais semelhantes.

O financiamento insuficiente da saúde reflete, por exemplo, na oferta de leitos. Entre 2009 e 2019 o SUS perdeu 43 mil leitos de internação, uma queda de 12,7%, segundo dados do Ministério da Saúde[14]. O orçamento entre 2014 e 2018 também revela uma redução para a área. A verba destinada à atenção básica caiu de R$ 22,6 bilhões para R$ 20,8 bilhões no período, enquanto os valores referentes à assistência hospitalar e ambulatorial passaram de R$ 54,6 bilhões para R$ 51,5 bilhões – ambos os valores corrigidos pela inflação do período[15].

A proporção de leitos no Brasil também fica aquém do patamar observado em outros países, inclusive os que se tornaram epicentros de contágio da Covid-19. Por aqui, temos apenas 1,9 leito para cada mil habitantes – eram 2,23 em 2010, uma queda de 12,6%[16]. Alemanha e Coréia do Sul, que conseguiram um bom controle da doença, possuem taxas de 12,3 e 8 leitos, respectivamente. Entretanto, até nas nações que encontraram mais dificuldades no combate à doença possuem estrutura

[13] Disponível em <https://www1.folha.uol.com.br/cotidiano/2019/11/financiar-sus-no-longo-prazo-e-sustentavel-diz-estudo.shtml>, acesso em 13/01/2021.

[14] Disponível em <https://oglobo.globo.com/brasil/sus-perde-43-mil-leitos-de-internacao-desde-2009-23884919>, acesso em 13/01/2021.

[15] *Idem.*

[16] Disponível em <https://super.abril.com.br/saude/grafico-a-quantidade-de-leitos-hospitalares-ao-redor-do-mundo/>, acesso em 13/01/2021.

melhor que a nossa. A Itália tem 3,2 leitos para cada mil cidadãos, e os Estados Unidos, 2,8.

Porém, engana-se quem considera inviável a sustentação do SUS a longo prazo. Essa questão passa, justamente, por uma melhor qualidade das despesas com saúde pública. É o que apontou um levantamento do Instituo de Estudos para Políticas de Saúde (IEPS), prevendo que em 2060, as necessidades de financiamento da saúde chegarão a 12,8% do PIB, avanço de 3,7 pontos percentuais em relação a 2019 (9,1%)[17]. Um dos fatores mais relevantes para esse crescimento é o envelhecimento da população.

O crescimento relativamente baixo dos gastos com saúde não elimina a necessidade de haver crescimento econômico do país para suportar a nova realidade – ponto que, ressalte-se, também passa pela aprovação de uma boa reforma tributária. Contudo, os pesquisadores responsáveis pelo estudo também apontam que há necessidade de uma maior racionalidade na aplicação dos recursos, com volume mais elevado em ações preventivas e serviços de atenção básica, mais baratos do que emergências e que contribuem para a redução de casos mais graves na rede hospitalar.

As parcelas da sociedade que mais dependem desses serviços, e que devem se expandir na crise econômica causada pela pandemia, são as mais proporcionalmente tributadas, neste sistema regressivo que promove injustiças no Brasil há tanto tempo. Daí surge a necessidade urgente de transformação do Estado, com uma reforma tributária que torne o nosso sistema mais similar aos dos países desenvolvidos e da implementação de mecanismos que garantam uma maior qualidade dos gastos públicos, com a prestação de melhores serviços e a sua boa aplicação em investimentos que gerem transformação social.

Na mesma seara tributária também há outros elementos-chave para a busca por justiça que desonere os mais pobres e contribua para o bom funcionamento da máquina pública. Combater a sonegação fiscal e ampliar a base de arrecadação por meio da formalização da economia são objetivos que vêm sendo perseguidos nos últimos anos, mas que pre-

[17] Disponível em <https://www1.folha.uol.com.br/cotidiano/2019/11/financiar-sus-no-longo-prazo-e-sustentavel-diz-estudo.shtml>, acesso em 13/01/2021.

cisam ser intensificados para tornar mais eficazes os efeitos do sistema tributário reformado – seguindo as premissas analisadas anteriormente.

Portanto, a reforma tributária pode ser o início de uma ampla transformação no Estado brasileiro no sentido de combater as numerosas e históricas injustiças, tão presas à nossa realidade. Reduzir a carga tributária dos mais humildes e onerados é uma necessidade antiga, e simplificar tributos para facilitar o desenvolvimento econômico e social se tornou ainda mais urgente num cenário hostil pós-pandemia. Se os agentes empenhados nestas tarefas tiverem o objetivo a longo prazo claro em mente, sairemos desta situação melhores e menos desiguais.

10.
REFORMA TRIBUTÁRIA CONSTITUCIONAL VERDE E O ORDENAMENTO JURÍDICO INTERNACIONAL

João Dácio Rolim
Vivian Marcondes de Oliveira

1. A reforma tributária e o regime de mudanças climáticas das Nações Unidas

O presente artigo trata das obrigações internacionais em geral dos Estados em proteger o meio ambiente, sua interação com a ordem constitucional brasileira e como devem impactar uma reforma tributária, que não somente repita conceitos e princípios, mas que também consagre mecanismos efetivos de proteção ao meio ambiente. Tal proteção se realiza através de medidas de regulação, tais como *capand trade*,[1]tributação mais gravosa para bens e serviços e atividades que causam mais danos ao meio ambiente, como já previsto na CF/88 (art. 170, VI), mas não efetivamente implementado, uma tributação mais favorecida para atividades que reduzam na prática a emissão de carbono e danos ao meio ambiente, bem como a tributação "direta" da emissão de carbono (*carbontax*)[2]. Será discutido ainda se do ponto de vista internacional e constitucional

[1] Em geral neste mecanismo os governos podem ceder a título gratuito ou oneroso direitos transferíveis por danos ambientais, permitindo ao mercado estabelecer um preço e determinar a estratégia mais efetiva em termos de custo para a mitigação dos danos (Rabe, Barry G. The Durability of Carbon Capand Trade Policy, p. 7 Disponível em https://onlinelibrary.wiley.com/doi/10.1111/gove.12151.

[2] "A tax imposed on CO2 releases emitted largely through the combustion of carbon-based fossil fuels. Administratively, the easiest way to implement the tax is through taxing the supply of fossil fuels – coal, oil, and natural gas – in proportion to their carbon content"

a obrigação do Estado Brasileiro poderia ser satisfeita apenas por alguma destas medidas.

Assim, primeiramente, consideraremos a evolução do regime de mudanças climáticas das Nações Unidas, da qual o Brasil é parte. Para isto, levaremos em consideração sua complexidade por meio de seus três pilares principais: ciência, geopolítica e direito, e suas interações. Em seguida, analisaremos a construção do regime de mudanças climáticas por meio de seus três momentos fundamentais e seus respectivos textos jurídicos: a Convenção-Quadro das Nações Unidas sobre Mudanças Climáticas (conhecida como UNFCCC ou a Convenção) de 1992, o Protocolo de Quioto de 1997 e o Acordo de Paris de 2015.

A UNFCCC fornece a base para ações multilaterais de combate às mudanças climáticas e seus impactos na humanidade e nos ecossistemas do planeta. O Protocolo de Quioto e o Acordo de Paris foram negociados no âmbito da UNFCCC e baseados na Convenção.

1.1. A UNFCCC ou Convenção

Em meados da década de 1980, diante do aumento de evidências científicas da interferência humana no sistema climático, juntamente com a crescente preocupação do público com as questões ambientais globais, a questão da mudança climática começou a ser discutida na agenda política internacional. Reconhecendo a necessidade de informações científicas confiáveis e atualizadas, a Organização Meteorológica Mundial (OMM) e o Programa das Nações Unidas para o Meio Ambiente (UNEP) estabeleceram o Painel Intergovernamental sobre Mudanças Climáticas (IPCC) em 1988. Em 1990, o IPCC emitiu seu Primeiro Relatório de Avaliação, confirmando que a mudança climática induzida pelo homem era de fato uma ameaça, pedindo a elaboração de um tratado internacional para solucionar o problema. A Assembleia Geral da ONU respondeu, lançando formalmente as negociações sobre uma convenção-quadro sobre mudança climática. Essas negociações foram conduzidas por um Comitê de Negociação Intergovernamental (INC). O INC se reuniu pela primeira vez em fevereiro de 1991 e após apenas 15 meses, em 9 de maio de 1992, o INC adotou por consenso a Convenção-Quadro

(Fiscal Policies for Paris Climate Strategies – From Principle to Practice, IMF Policy Paper, May 2019).."

das Nações Unidas sobre Mudança do Clima (em inglês, United Nations Framework Convention on Climate Changeou UNFCCC).

A Convenção foi aberta para assinatura na Conferência das Nações Unidas sobre Meio Ambiente e Desenvolvimento (CNUMAD), a chamada "Cúpula da Terra" ("*Earth Summit*"), no Rio de Janeiro em 1992, junto com suas convenções irmãs, a Convenção das Nações Unidas sobre Diversidade Biológica e a Convenção das Nações Unidas para Combate à Desertificação.

O objetivo da Convenção é "estabilizar as concentrações de gases de efeito estufa (GEE) na atmosfera em um nível que evite a interferência antropogênica perigosa no sistema climático". Afirmando que "tal nível deve ser alcançado dentro de um prazo suficiente para permitir que os ecossistemas se adaptem naturalmente às mudanças climáticas, para garantir que a produção de alimentos não seja ameaçada e para permitir que o desenvolvimento econômico prossiga de maneira sustentável" (UNFCCC, 1992).

Observando que a maior parte das emissões de GEE passadas e atuais teve origem no mundo desenvolvido, a Convenção entendeu que seria esperado dos países industrializados maiores esforços para reduzir as emissões. Assim, foi estabelecida uma distinção clara entre os países que tinham a responsabilidade de agir com base em suas emissões históricas (países do anexo-1) e aqueles que não tinham essa responsabilidade (os países em desenvolvimento, referidos como não-anexo 1). Esta diferença entre os países foi baseada no princípio da responsabilidade comum, mas diferenciada e respectivas capacidades, consagrado no Artigo 3 da Convenção (ver item II.2).

A Convenção também tratou da necessidade de assistência financeira e transferência de tecnologia, juntamente com apoio para capacitação, como ferramenta para permitir que as partes não incluídas no Anexo I consigam se adaptar e mitigar os efeitos das mudanças climáticas no contexto do seu desenvolvimento sustentável. Essa necessidade levou a Convenção a criar um mecanismo financeiro de apoio. A Convenção, em seu artigo 11, declara que o funcionamento do Mecanismo Financeiro é confiado a uma ou mais entidades internacionais existentes. A operação do Mecanismo Financeiro é parcialmente confiada ao Fundo para o Meio Ambiente Global (GEF). O Mecanismo Financeiro é responsável perante a COP, que decide sobre suas políticas de mudança climática, prioridades do programa e critérios de elegibilidade para financiamento.

O principal órgão de tomada de decisão da UNFCCC é a Conferência das Partes (COP). A COP é formada por todas as partes da Convenção e se reúne todos os anos para analisar o progresso na implementação da Convenção, e propor, avaliar e aprovar outros instrumentos administrativos e institucionais.

Além disso, a Convenção exige que as partes signatárias desenvolvam um inventário nacional de emissões de GEE e relatem suas políticas e medidas de mitigação.

1.2. O Protocolo de Quioto

O Protocolo de Quioto foi o primeiro tratado negociado no âmbito da UNFCCC e estabeleceu metas e cronogramas de redução de emissões de GEE internacionalmente vinculantes para os países. Em suma, o Protocolo de Quioto possui caráter vinculante e operacionaliza a Convenção ao comprometer os países industrializados a limitar e reduzir as emissões de GEE de acordo com as metas individuais acordadas.

O Protocolo de Quioto foi adotado em 1997, porém, após um complexo processo de ratificação, entrou em vigor apenas em 2005[3]. Atualmente, existem 192 partes signatárias do Protocolo de Quioto.

De acordo com o Protocolo de Quioto, apenas os países do Anexo I, listados no anexo B do protocolo, ou seja, países desenvolvidos e países em transição, possuem metas individuais de redução de emissões. O Protocolo de Quioto estabelece metas vinculativas de redução de emissões para 36 países industrializados e a União Europeia. No geral, essas metas somam uma redução média de 5% nas emissões em comparação com os níveis de 1990 durante o período de cinco anos de 2008-2012 (o primeiro período de compromisso). Em 2012, a Emenda de Doha ao Protocolo de Quioto foi adotada para um segundo período de compromisso, começando em 2013 e durando até 2020. A Emenda de Doha entrou em vigor apenas em 31 de dezembro de 2020 quando, em

[3] A entrada em vigor do acordo estava vinculada à ratificação por, no mínimo, 55 países que somassem 55% das emissões globais de gases de efeito estufa, o que ocorreu apenas em 16 de fevereiro de 2005, após a adesão da Rússia.

28 de outubro de 2020, 147 partes depositaram seu instrumento de aceitação, atingindo o limite para a entrada em vigor da Emenda.

Ressalta-se que, visando atingir os objetivos traçados, o Protocolo de Quioto formalizou a possibilidade de criação de um mercado de carbono internacional, passando a internalizar o que era reconhecido como uma externalidade não precificada.

O Protocolo de Quioto introduziu três mecanismos para a criação de um mercado de carbono: Comércio Internacional de Emissões (*InternationalEmission Trading – IET*), Mecanismo de Desenvolvimento Limpo (*Clean DevelopmentMechanism – MDL*) e Implementação Conjunta (*Joint Implementation – JI*).

O MDL, estabelecido pelo artigo 12, institui que cada tonelada de CO_2 não emitida ou retirada da atmosfera por um país em desenvolvimento pode ser negociada internacionalmente. Os países do Anexo I que não conseguirem (ou não desejarem) reduzir suas emissões poderão comprar Certificados de Emissões Reduzidas (CER) de países em desenvolvimento e usá-los para cumprir suas obrigações. Os países em desenvolvimento, por sua vez, podem utilizar o MDL para promover seu desenvolvimento sustentável.

O IET e JI são mecanismos de flexibilização válidos apenas para países membros do Anexo I.O IET, estabelecido pelo artigo 17, dispõe que cada país do Anexo I pode comercializar parte da redução de suas emissões que exceder as metas compromissadas. Já o JI permite que os países do Anexo I recebam Unidades de Redução de Emissões (UREs) para investir em projetos de redução de emissões em outros países do Anexo I.

1.3. O Acordo de Paris

Na COP 21 em Paris, em 2015, as partes da UNFCCC chegaram a um acordo histórico para combater as mudanças climáticas. O Acordo de Paris traçou um novo curso na história da governança climática ao formalizar uma nova arquitetura do regime de mudanças climáticas, nova diferenciação entre países desenvolvidos e em desenvolvimento e um novo caráter legal dos compromissos.

O Acordo de Paris foi criado para suceder o protocolo de Quioto e tem como objetivo manter o aumento da temperatura média global bem abaixo de 2ºC dos níveis pré-industriais, enquanto perseguindo esforços para limitá-lo a 1,5ºC (artigo 2)[4]. Sendo que cada país deve definir a sua Contribuição Nacionalmente Determinada (NDCs) com as metas domésticas para redução de emissões de gases de efeito estufa.

Com a introdução das NDCs, o Acordo de Paris traz a transição de um modelo centralizado de governança para uma abordagem descentralizada "híbrida" que combina compromissos de mitigação condizentes com as capacidades de cada país[5]. O Acordo de Paris consagrou uma nova lógica da política climática internacional, indo além da dicotomia estática da Convenção e do Protocolo de Quioto, introduzindo uma abordagem mais flexível à diferenciação entre a obrigação dos países[6] (ver item II.2), sem deixar de reconhecer que os países desenvolvidos devem continuar a liderar a redução das emissões de GEE e mobilizar outras formas de apoio aos países em desenvolvimento[7].

O acordo de Paris não incluiu para as NDCs a necessidade de serem quantificadas ou quantificáveis, ou que as propostas sejam sujeitas a um processo formal de revisão para considerar sua ambição, comparabilidade e razoabilidade. No entanto o Acordo traz regras sobre transparência, contabilidade e atualização para as NDCs. Assim, o Acordo de Paris contém disposições que abrangem todo o espectro de caráter legal, incluindo algumas disposições de *hard law* em relação à mitigação e transparência e *soft law* em relação a metas e adaptação[8].

Em sua NDC, o Brasil comprometeu-se a atingir uma meta de redução das emissões de gases de efeito estufa de 37% abaixo dos níveis de 2005 em 2025. Uma contribuição indicativa subsequente é reduzir as emissões de gases de efeito estufa em 43% abaixo dos níveis de 2005 em 2030.

Embora o Acordo de Paris não faça referência expressa ao mercado carbono, tendo em vista alguns de seus artigos, o Acordo pode ter um

[4] Os países em desenvolvimento e os Estados insulares mais vulneráveis conseguiram garantir referência a uma meta ambiciosa de 1,5ºC.

[5] Stavins, Robert. International Cooperation: Agreements and Instruments, Chapter 13, p. 11 In: Intergovernmental Panel on Climate Change: Mitigation of climate change. 2014.

[6] Daniel Bodansky, 'A Tale of Two Architectures: The Once and Future U.N. Climate Change Regime', Arizona State Law Journal, 43/6 (2011): 697.

[7] Sarawesi, A. The Paris Agreement: a new beginning? Journal of Energy & Natural Resources Law, 34(1), 2016.

[8] Idem nota 4.

impacto positivo na estruturação do mercado, dependendo do modo como os seus compromissos e disposições serão implementados na prática.

Continuamente, o Acordo de Paris traz em seu artigo 6 determinações referentes ao comércio de reduções de emissões (ou remoções) entre os países (artigo 6.2); e à geração de redução/remoções de emissões com base em projetos privados, certificados e validados por um órgão supervisor constituído dentro do Acordo de Paris (artigo 6.4). Neste artigo, o Acordo de Paris reconhece a possibilidade de cooperação voluntária entre as partes de transferência internacional de resultados de mitigação visando atingir metas mais ambiciosas de redução das emissões.

Alguns autores recomendaram uma abordagem equilibrada para a governança do Artigo 6, a fim de para evitar "requisitos restritivos de qualidade ou ambição" que podem "amortecer incentivos para a cooperação"[9]. Por outro lado, um crescente corpo de literatura tem apontado para o potencial das abordagens cooperativas de enfraquecer esforços agregados caso não sejam acompanhadas de requisitos de governança robustos[10]. Na próxima sessão trataremos dos princípios internacionais de direito ambiental que podem representar princípios gerais de direito como fonte primaria do direito internacional público, bem como um direito costumeiro internacional de observância obrigatória pelos Estados.

2. Princípios das leis sobre mudanças climáticas

Nesta sessão, consideraremos alguns dos princípios básicos da lei de mudança do clima centrados no Artigo 3 da UNFCCC. Em primeiro lugar, consideraremos o lugar da soberania no centro do regime climático e as tentativas de ir além dessa estrutura limitadora para abordar um problema global. Em segundo lugar, abordaremos as considerações de equidade e sua tradução em textos jurídicos sob o princípio das respon-

[9] Michael A. Mehling et al., Linking Climate Policies to Advance Global Mitigation, 359 SCI. 997, 998 (2018); see also Daniel M. Bodansky et al., Facilitating Linkage of Climate Policies Through the Paris Outcome, 16 CLIMATE POL'Y 956, 960 (2016).

[10] Part two Action taken by the Conference of the Parties at its twenty-first session, 2, FCCC/CP/2015/10/Add.1 (Jan. 29, 2016) [hereinafter Decision 1/CP.21]

sabilidades comuns, mas diferenciadas. Em terceiro lugar, examinaremos o princípio da precaução, que fornece algumas das maneiras pelas quais as bases científicas para a tomada de medidas regulatórias sobre as mudanças climáticas são traduzidas em textos jurídicos e a proteção do meio ambiente como um direito humano internacional.

2.1. Soberania e preocupação comum da humanidade (em inglês, *common concern of human kind)*

O conceito de "preocupação comum da humanidade" (em inglês, *common concern for human kind* ou CCH) fornece uma estrutura para abordar problemas globais[11]. Dinah Shelton explica que "questões de interesse comum são aquelas que inevitavelmente transcendem as fronteiras de um único estado e requerem ação coletiva em resposta"[12]. O modelo CCH é particularmente adequado para problemas ambientais, especialmente mudanças climáticas, já que essa representa um dos maiores problemas de ação coletiva da história da humanidade[13]. No mínimo, uma designação CCH expressa a necessidade de cooperação internacional por meio de instituições globais fortes para enfrentar um problema compartilhado[14].

[11] Bowling, Chelsea, et al. The Common Concern of Humankind: A Potential Framework for a New International Legally Binding Instrument on the Conservation and Sustainable Use of Marine Biological Diversity in the High Seas. 2014.

[12] Dinah Shelton, Common Concern of Humanity, Environmental Law and Policy 39/2 (2009), 83.

[13] O termo "problema de ação coletiva" descreve uma situação na qual vários indivíduos iriam se beneficiar coletivamente de uma ação, que, no entanto, possui um custo associado que torna implausível que qualquer indivíduo possa ou vá absorvê-la e resolvê-la sozinho. O "problema da ação coletiva" denota a situação em que todos (em um determinado grupo) têm uma escolha entre duas alternativas (cooperar ou desertar) e, se todos os envolvidos escolherem desertar, o resultado será pior do que se todos optassem por cooperar. Isso ocorre pois, se todos decidirem agir de forma individual e independente, de forma a garantir seus interesses próprios, o resultado final será o esgotamento do recurso, mesmo que esse não seja o resultado desejado. Essa situação de cooperação foi trazida pelo ecologista Garrett Hardin em seu dilema da "tragédia dos comuns" (*The Tragedy of the Commons*).

[14] F. Biermann, '"Common Concerns of Humankind" and National Sovereignty,' in Globalism: People, Profits and Progress: Proceedings of the Thirtieth Annual Conference of the Canadian Council on International Law (Canadian Council on International Law, 2002) 158, at 177-8.

O conceito de CCH foi qualificado pela UNFCCC, ao afirmar em seu preambulo que "as mudanças do clima na Terra e seus efeitos adversos são uma preocupação comum da humanidade"[15], bem como pela Convenção sobre Diversidade Biológica ("CDB")conceituando que "a conservação da diversidade biológica é uma preocupação comum para toda a humanidade".[16] Mesmo que esses dois tratados multilaterais sejam considerados o marco da introdução do CCH, a frase "preocupação comum da humanidade" apareceu em tratados e jurisprudência internacional desde o início de 1990.

Todavia, o CCH ainda não implica obrigações legais específicas além de uma obrigação geral de cooperação. Fornecendo apenas a estrutura conceitual para negociações de tratados internacionais com relação a atividades ou recursos considerados totalmente sob o controle soberano de Estados individuais[17].

O que se observa é a dificuldade de aplicação efetiva do conceito de CCH no Direito Internacional, pois esse continua centrado no Estado e no consenso estatal. O direito internacional foi concebido para regular as relações entre os Estados e essas relações são baseadas no princípio da reciprocidade e soberania. Todavia, essa concepção tradicional não se mostrou suficiente para tratar de todas as novas relações internacionais geradas, especialmente pelo direito ambiental internacional. Conforme expõe Cottier[18], o direito internacional contemporâneo, por estar baseado nos preceitos da soberania e territorialidade dos Estados nacionais, está mal preparado para os desafios da mitigação e adaptação às mudanças climáticas.

[15] United Nations Framework Convention on Climate Change, 9 May 1992, 31 I.L.M., pp. 849, 851.

[16] Durante as negociações para a Convenção sobre Diversidade Biológica, os negociadores pousaram na frase "preocupação comum da humanidade" em parte porque, em sua opinião, "isso implicava equidade intergeracional e divisão justa de encargos. Ad Hoc Working Group of Legal and Technical Experts on Biological Diversity, Report of the Ad Hoc Working Group of Legal and Technical Experts on Biological Diversity on the Work of its Second Session (March 7, 1991), 4. https://www.cbd.int/doc/meetings/iccbd/bdn-02-awg-02/official/bdn-02-awg-02-05-en.pdf

[17] D. Bodansky. The History of the Global Climate Regime, U. Luterbacher/D. Sprinz (eds.) International Relations and Global Climate Change. pp. 23-40, 2001.

[18] Cottier, Thomas, et al. "The Principle of Common Concern and Climate Change." *Archiv Des Völkerrechts*, vol. 52, nº 3, 2014, pp. 293-324.

Conforme afirma ainda Cottier, políticas eficazes de combate ao aquecimento global e de incentivo à redução de gases de efeito estufa enfrentam problemas fundamentais de ação coletiva. Estados que defendem interesses de curto prazo evitam compromissos internacionais e buscam se beneficiar de medidas de combate ao aquecimento global tomadas em outros lugares (*"freeriding"*).

Continuamente, Philippe Cullet explica as dificuldades associadas ao afastamento de um conceito jurídico baseado na soberania no contexto da biodiversidade ou dos regimes de alterações climáticas porque há muito em jogo para os Estados em termos de controlo imediato dos recursos naturais e do desenvolvimento econômico.

Mesmo assim, o CCH tem influenciado governos a pensarem em termos de responsabilidades conjuntas e cooperação regional ou global, ao invés de soberania estrita. Essas mudanças levaram a uma abordagem preventiva, ao invés de reativa, do direito ambiental internacional[19].

Além disso, o CCH está relacionado à ideia de responsabilidade compartilhada, mas comum dos Estados, que é ainda mais diferenciada com base na causalidade desigual da preocupação comum à luz das diferenças históricas e dos níveis divergentes de desenvolvimento social e econômico (ver item II.2).

A responsabilidade comum se relaciona prontamente com a noção de preocupação comum. Ambos expressam a noção de que lidam com uma responsabilidade compartilhada por uma preocupação compartilhada. O problema é essencialmente atribuído a mais de um estado e não pode ser confinado a um único. Duncan French sugere que a noção de comunalidade é inevitavelmente baseada na obrigação costumeira de todos os estados de serem responsáveis por garantir que "as atividades dentro de sua jurisdição ou controle" não prejudiquem o meio ambiente fora de seu próprio território[20].

Diante desse dilema, Frank Biermann sugere que o modelo CCH também deve incluir um princípio de "solidariedade ambiental internacional". Esse princípio "exige que os Estados desenvolvidos ajudem os

[19] N. Roht-Arriaza, Book Review of Harold Hohmann, supra note 43, 21 Colum. J. Envtl. L. 183, 1996.

[20] D. French, Developing states and international environmental law: the importance of differentiated responsibilities, ICLQ 49/1, 2000, pp. 35-60.

Estados em desenvolvimento, financeiramente ou de outra forma, em seus esforços para abordar as preocupações comuns da humanidade, incluindo a transferência da tecnologia necessária". Sob o regime de preocupação comum, afirma Biermann, a resposta para esse problema não é relaxar os padrões para os países em desenvolvimento, mas exigir que os países desenvolvidos os ajudem a cumprir o alto padrão estabelecido globalmente em resposta a um problema sério[21].

Assim, se a preocupação comum da humanidade deve ser tratada de forma eficaz para a proteção do meio ambiente e o bem-estar de todos, é inevitável que o conceito de soberania inevitavelmente será reformulado e ou reavaliado[22], bem como a possibilidade da emergência de um Direito Internacional menos centrado no Estado e na soberania estadual[23].

2.2. Princípio das responsabilidades comuns, mas diferenciadas, e respectivas capacidades

O princípio de responsabilidades comuns, mas diferenciadas, e respectivas capacidades (em inglês, *the principle of common but differentiate responsibilities and respective capabilities* ou CBDR&RC) tem sido uma questão central no desenvolvimento das leis internacionais sobre mudanças climáticas. A estrutura dessa diferenciação oferece uma maneira de abordar as desigualdades históricas que levaram a níveis assimétricos de poluição no passado, e a diferença dos recursos disponíveis por cada Estado para lidar com os problemas da poluição atual[24]. De acordo com o princípio das responsabilidades comuns, mas diferenciadas, os países com menos recursos, que historicamente contribuíram menos para um problema, deveriam ter menos responsabilidades,

[21] Nota 11 *supra*.

[22] F. D. P. Situma, The Efficacy of International Environmental Law: A Personal Reflection, 2 ILSA J. Int'l & Comp. L., 1995, p. 61.

[23] Gomes, Carla Amado, and Heloísa Oliveira. Tratado de Direito Do Ambiente. ed., vol. Volume I, CIDP/ICJP, 2021.

[24] Jutta Brunnée, The Global Climate Regime: Wither Common Concern?, Holger P. Hestermeyer et.al (eds.) in: COEXISTENCE, COOPERATION AND SOLIDARITY, LIBER AMICORUM FOR RÜDIGER WOLFRUM, Volume I, Martinus Nijhoff, 2012, 727.

enquanto os Estados desenvolvidos teriam mais responsabilidade em resolvê-lo[25].

O princípio do CBDR&RC representa um distanciamento da abordagem tradicional dos acordos internacionais, qual seja, de definir um conjunto comum de obrigações para todas as partes, e dá expressão às preocupações de equidade ao prever que os compromissos relacionados às mudanças climáticas devem ser diferenciados, com base nas diferentes responsabilidades e capacidades de cada país[26].

O princípio do CBDR&RC está profundamente enraizado no regime climático da ONU. As várias ocorrências do princípio incluem a Declaração do Rio, em seu Princípio 7[27], e a UNFCCC, juntamente com seu Protocolo de Quioto. Não só essa diferenciação está prevista, em termos de orientação geral, como determinou, de forma estrutural, todas as soluções adotadas, e continua a ser invocada nas decisões tomadas posteriormente pelas partes.

A UNFCCC traz o princípio do CBDR&RC no parágrafo 6º do Preâmbulo, no artigo 3º, e como critério geral para a definição dos compromissos dos Estados, no artigo 4.º O Protocolo de Quioto, em seu artigo 10, implementou o princípio estabelecendo compromissos de redução de gases de efeito estufa pelo menos 5% abaixo dos níveis de 1990 para as Partes desenvolvidas no Anexo I, enquanto os países em desenvolvimento não tinham tais obrigações ambientais.

O Acordo de Paris contém referências ao princípio CBDR&RC em seu preambulo e nas disposições relativas ao objetivo do acordo, estratégias de desenvolvimento de longo prazo de baixo efeito de estufa (GEE), mas sempre com a qualificação, 'à luz de circunstâncias nacionais diferentes" (Artigos 2, 4.3 e 4.11). A mais significativa dessas refe-

[25] Zelli, Fariborz. "The Fragmentation of the Global Climate Governance Architecture." Wiley Interdisciplinary Reviews: Climate Change, vol. 2, nº 2, 23 Feb. 2011, pp. 255-270, 10.1002/wcc.104. Accessed 30 Jan. 2019.

[26] Tuula Honkonen, The Common But Differentiated Responsibility Principle in Multilateral Environmental Agreements: Regulatory and Policy Aspects (Alphen a an den Rijn: Kluwer Law International, 2009).

[27] Princípio 7: Os Estados deverão cooperar com espírito de solidariedade mundial para conservar, proteger e restabelecer a saúde e a integridade do ecossistema da Terra. Considerando que têm contribuído em diferente medida à degradação do meio ambiente mundial, os Estados têm responsabilidades comuns, mas diferenciadas.

rências aparece no Artigo 2, que define a meta de temperatura de longo prazo do regime e enquadra a implementação de todo o acordo[28]. A particularidade do Acordo de Paris no tema é que este não cria categorias explícitas de partes, como a UFFCCC e o Protocolo de Quioto fazem. Em vez disso, ele adapta a diferenciação às especificidades de cada área problemática que aborda – mitigação, adaptação, finanças, tecnologia, capacitação e transparência.

Dessa forma, o regime das leis sobre mudanças climáticas explorou uma variedade de abordagens para a diferenciação. Assim, o que se percebe é que a natureza e a extensão da diferenciação mudaram gradualmente, mas significativamente – da diferenciação nas obrigações centrais no Protocolo de Quioto para a auto diferenciação limitada e a flexibilidade sob medida no Acordo de Paris[29].

Todavia a interpretação e aplicação do princípio CBDR&RC, para o futuro regime climático vem se tornando um dos desafios centrais para as negociações sobre mudanças climáticas. Conforme aponta Bodasky[30], no que diz respeito à justificativa para a diferenciação, os países em desenvolvimento tendem a se concentrar no termo "responsabilidades", que eles entendem ser uma função de "emissões históricas", enquanto alguns países desenvolvidos têm se concentrado no termo "capacidades". Se as diferentes contribuições históricas dos países para o problema da mudança climática fornecem a base para a diferenciação, como afirmam os países em desenvolvimento, então a diferenciação mudará de forma relativamente lenta. Em contraste, se as capacidades fornecem a base para a diferenciação, então as obrigações de um país podem evoluir mais rapidamente, à medida que se desenvolve e ganha maiores capacidades financeiras, tecnológicas e administrativas.

Ocorre que os países desenvolvidos vêm enfatizando a ideia de que as capacidades e circunstâncias nacionais que deveriam impulsionar as leis sobre mudanças climáticas, levando a uma mudança em direção à ideia de responsabilização de todos para a mitigação. Diante dessa realidade,

[28] Bodansky, D. (1993). The United Nations Framework Convention on Climate Change: A commentary. Yale Journal of International Law, 18, 451-558.

[29] Bodansky, D., & Diringer, E. (2010). The evolution of multilateral regimes: Implications for climate change. Arlington, VA: Pew Center on Global Climate Change.

[30] Idem supra.

vem-se ponderando se países em desenvolvimento apoiariam ou participariam do novo regime climático que não se distanciada justificativa da responsabilidade histórica e do princípio da equidade, tendo em vista que essa nova visão já parece estar aumentando a tensão em alguns países em desenvolvimento[31].

Em resposta a esse dilema, Winklerand Rajamani[32] entendem que formas inovadoras de diferenciação podem promover uma ação satisfatória, de modo que a diferenciação atue a serviço do objetivo ambiental comum. Os autores entendem que CBDR&RC, e diferenciação, devem ser usados como um meio para aumentar a ambição, não como uma desculpa para a inação. Devendo se elevar o nível de ambos os lados da divisão histórica entre o Anexo I e os não-Anexo I. Em suma, os autores entendem que todos os países devem fazer mais, enquanto alguns devem fazer mais do que outros.

2.3. Princípio da Precaução e a proteção ao meio ambiente como direito humano internacional

O Princípio da Precaução foi amplamente incorporado, em várias formas, em acordos e declarações ambientais internacionais. Seu objetivo principal é permitir que os tomadores de decisão adotem medidas de precaução quando as evidências científicas sobre um perigo para o meio ambiente ou para a saúde humana forem incertas e as apostas forem altas[33].

O Princípio da Precaução reconhece que adiar uma ação até que haja evidências convincentes de dano muitas vezes pode causar consequên-

[31] UNFCCC, 'Decision 1/CP.20: Lima call for climate action. Report of the conference of the parties on its twentieth session, held in Lima from 1 to 14 December 2014 (Report Nº FCCC/CP/2014/10/Add.1)' (2014). Retrieved on 3 January 2016 from http://unfccc.int/resource/docs/2014/cop20/eng/10a01.pdf. See also Khor M., 'Understanding the Lima: Climate conference a proxy battle for the 2015 Paris agreement' (2015) Economic & Political Weekly. Retrieved on 4 December 2015 from http://www.lexisnexis.com/hottopics/lnacademic/?verb=sr&csi=365197&sr=HLEAD(Understanding%20the%20Li ma%20Climate%20Conference%20A%20Proxy%20Battle%20for%20the%202015%20Paris%20Agreement)%20an d%20date%20is%202015.

[32] Harald Winkler & Lavanya Rajamani (2014) CBDR&RC in a regime applicable to all, Climate Policy, 14:1, 102-121, DOI: 10.1080/14693062.2013.791184.

[33] Bourguignon, Didier. "The Precautionary Principle: Definitions, Applications and Governance." European Parliamentary Research Service, Dec. 2015, 10.2861/821468.

cias irreversíveis ou extremamente custosas. Em casos envolvendo danos ao meio ambiente, o uso do princípio promove ações para antecipar, evitar e mitigar ameaças ao meio ambiente[34].

É dizer, o princípio da precaução exige que, se houver forte suspeita de que uma determinada atividade pode ter consequências prejudiciais ao meio ambiente, é melhor controlar essa atividade imediatamente do que esperar por evidências científicas incontestáveis.

Conforme os relatórios do Painel Intergovernamental sobre Mudanças Climáticas (IPCC) (2007a, b, c), na ausência de políticas de mitigação, as temperaturas globais médias aumentarão substancialmente no próximo século, com projeções de aumentos de temperatura variando de 2 a 5 graus Celsius caso seja mantido o *"business as usual"*. Criando assim uma forte suspeita de que caso não sejam adotadas ações internacionais para mitigação das mudanças climáticas, as consequências serão catastróficas.

Diante desse cenário, a comunidade internacional passou a aplicar de forma mais clara o princípio da precaução em suas leis de mudanças climáticas. Sendo os principais exemplos:

1. *Declaração do Rio, Princípio 15:* A fim de proteger o meio ambiente, a Abordagem da Precaução deve ser amplamente aplicada pelos Estados de acordo com suas capacidades. Onde houver ameaças de danos graves ou irreversíveis, a falta de certeza científica total não deve ser usada como razão para adiar medidas econômicas para prevenir a degradação ambiental.
2. *Convenção sobre Diversidade Biológica, Preâmbulo*: Onde houver uma ameaça de redução significativa ou perda da diversidade biológica, a falta de certeza científica total não deve ser usada como razão para adiar medidas para evitar ou minimizar tal ameaça.
3. *UNFCCC, Artigo 3.3:* As Partes devem tomar medidas de precaução para antecipar, prevenir ou minimizar as causas das mudanças climáticas e mitigar seus efeitos adversos. Onde houver ameaças de danos graves ou irreversíveis, a falta de certeza científica total não deve ser usada como razão para adiar tais medidas, levando em consideração que as políticas e medidas para lidar com as

[34] Guidelines for applying the precautionary principle to biodiversity conservation and natural resource management as Approved by the 67thMeeting of the IUCN Council, 2007.

> mudanças climáticas devem ser econômicas de modo a garantir benefícios globais com o menor custo possível.

Outrossim, no âmbito do direito internacional, existe a discussão de se o princípio da precaução pode ser considerado um princípio geral de direito[35]. Alguns autores consideram o princípio da precaução uma diretriz política não vinculante e não reconhecida no direito internacional consuetudinário, fundamentando seu raciocínio principalmente na fragilidade jurídica do princípio da precaução na área do comércio internacional, em particular no âmbito da OMC[36]. Outros consideram que o princípio da precaução foi amplamente adotado em nível internacional, principalmente por estarem incluídos em acordos multilaterais passando a ser um princípio geral de direito internacional[37].

A Comissão Europeia, por exemplo, argumenta que este princípio foi progressivamente consolidado no direito ambiental internacional e, desde então, tornou-se um princípio pleno e geral do direito internacional.

Além disso, não existe um consenso internacional acerca da definição do princípio da precaução, sendo a principal variável os diferentes entendimentos sobre o que pode ser considerado um risco efetivo. O pressuposto básico para a aplicação do princípio da precaução é o da criação de um perigo ambiental, e a própria apreciação desse pressuposto é suscetível de grandes divergências. Em segundo lugar, porque um julgamento sobre criação de risco pressupõe um juízo probabilístico quanto à sua verificação, e esse juízo poderá ser mais ou menos exigente[38].

[35] Um princípio geral de direito é uma regra de direito não escrita, reconhecida como superior às regras escritas e aplicada pelos tribunais como fonte de direito.

[36] J.P. van der Sluijs and W. Turkenburg, Climate Change and the Precautionary Principle. In: Elizabeth Fisher, Judith Jones and René von Schomberg, Implementing The Precautionary Principle, Perspectives and Prospects, ELGAR,2006 chapter 12, page 245-269.

[37] N. de Sadeleer. The principles of prevention and precaution in international law: two heads of the same coin?. In M. Fitzmaurice, D. M. Ong e P. Merkuris, eds. Research Handbook on International Environmental Law. Chentelham: Edward Elgar Publishing, 2010, p. 183. ISBN 9781847201249.

[38] Idem *supra*.

Parte da doutrina entende que, diante de concepções diversas, pode-se identificar pelo menos três tipos de versões: proibição, permissão e obrigação[39]. A primeira impede os Estados de invocarem a incerteza como fundamento para a não adoção de atos de proteção ambiental. A segunda, o princípio permite aos Estados agirem com fundamento na incerteza. Já a terceira, o princípio da precaução obrigaria os Estados a proibir ações em que não ficasse demonstrada a ausência de risco, o que traz a inversão do ônus da prova.

Todavia, mesmo ante a inexistência de um consenso a respeito do conteúdo concreto do princípio da precaução, há uma forte tendência para a adoção de uma definição negativa, isto é uma definição do que ele não é. Neste sentido, o princípio da precaução não é baseado no chamado "risco zero", mesmo tendo como base a redução efetiva de risco. É, portanto, um instrumento baseado na racionalidade pois, visa auxiliar a tomada de decisões. Registre-se, contudo, que o estabelecimento da precaução como princípio, não equivale à formulação de uma cláusula geral, aberta e indeterminada[40].

Continuamente, cabe também ressaltar a conexão do princípio da precaução para proteção do meio ambiente com diretrizes de direito humano. Usando as regras de equilíbrio derivadas das garantias dos direitos humanos para a liberdade e pré-condições de liberdade (idoneidade, necessidade, eficiência, princípio do poluidor-pagador e muitos mais), é possível determinar uma obrigação comum de preservação do clima[41].

Nesse sentido, o Especialista Independente das Nações Unidas, sobre as obrigações dos direitos humanos relativas ao gozo de um ambiente seguro, limpo, saudável e sustentável,[42] declarou que "os direitos huma-

[39] J. B. Wiener, cit. nota 149, p. 604; J. B. Wiener, cit. nota 144, p. 175; numa formulação diversa, distinguindo apenas dois conteúdos, um meramente argumentativo e outro prescritivo, cfr. J. Zander. The application of the precautionary principle in practice: comparative dimensions. Cambridge: Cambridge University Press, 2010, p. 26. ISBN 9780511779862.

[40] Disponível em: https://enciclopediajuridica.pucsp.br/verbete/330/edicao-1/os-principios-da-precaucao-e-da-prevencao-no-direito-ambiental

[41] Ekardt, Felix, et al. "Paris Agreement, Precautionary Principle and Human Rights: Zero Emissions in Two Decades?" *Sustainability*, vol. 10, nº 8, 8 Aug. 2018, p. 2812, 10.3390/su10082812.

[42] John H. Knox, December 24, 2012, UN Doc. A/HRC/22/43, para. 10.

nos e a proteção ambiental são inerentemente interdependentes", porque: "Os direitos humanos se baseiam no respeito aos atributos humanos fundamentais, como dignidade, igualdade e liberdade. A realização desses atributos depende de um ambiente que os permita florescer. Ao mesmo tempo, a proteção ambiental eficaz muitas vezes depende do exercício dos direitos humanos que são vitais para a formulação de políticas informadas, transparentes e responsivas".

Em que pese a Convenção Americana sobre Direitos Humanos de 1969 (também conhecida por Pacto de San José da Costa Rica) – assim como a Convenção Europeia de Direitos Humanos de 1950 – não possuir em seu texto qualquer direito explícito de cunho ambiental, o certo é que na prática tanto a Comissão quanto a Corte Interamericana de Direitos Humanos têm demonstrado que no plano do sistema regional interamericano é possível amparar (proteger, garantir etc.) temas ligados ao meio ambiente.

Um exemplo dessa aplicação de argumentos de proteção ao meio ambiente, é o parecer OC-23/17 de 15 de novembro de 2017 da Corte Interamericana de Direitos Humanos. O parecer consultivo foi requerido pela República da Colômbia para interpretação por parte da Corte das obrigações do Estado em relação ao meio ambiente no contexto da proteção e garantia dos direitos à vida e à integridade pessoal[43] (interpretação e alcance dos artigos 4 (1) e 5 (1) da Convenção Americana

[43] A Corte foi solicitada a determinar "como o Pacto de San José deve ser interpretado quando existe o perigo de que a construção e operação de grandes projetos de infraestrutura possam ter graves efeitos sobre o meio ambiente marinho na Região do Caribe Amplo e, consequentemente, sobre o habitat humano essencial para o pleno gozo e exercício dos direitos dos habitantes das costas e / ou ilhas de um Estado Parte do Pacto, à luz das normas ambientais reconhecidas no Direito Internacional Consuetudinário e dos Tratados aplicáveis entre as respectivas Estados. " Além disso, o Estado requerente solicitou ao Tribunal que determine "como deve ser interpretado o Pacto de San José em relação a outros tratados sobre o meio ambiente que buscam proteger áreas específicas, como a Convenção para a Proteção e Desenvolvimento do Meio Marinho em a Região do Caribe Amplo, no contexto da construção de grandes projetos de infraestrutura em Estados signatários de tais tratados, bem como das respectivas obrigações internacionais em matéria de prevenção, precaução, mitigação de danos e cooperação entre os Estados potencialmente afetados ". O texto completo em espanhol pode ser encontrado em: http://www.corteidh.or.cr/solicitudoc/solicitud_14_03_16_esp.pdf.

sobre Direitos Humanos). Dentre os argumentos apresentados, cabe destacar os seguintes:

- 47: Este Tribunal reconheceu a existência de uma relação inegável entre a proteção do meio ambiente e a realização de outros direitos humanos, na medida em que a degradação ambiental e os efeitos adversos das mudanças climáticas afetam o gozo real dos direitos humanos.
- 129: O princípio da prevenção de danos ambientais faz parte do direito consuetudinário internacional[44].
- 134: A redação da obrigação de prevenção estabelecida nas Declarações de Estocolmo e do Rio não descreve o tipo de dano ambiental que deve ser evitado. No entanto, muitos tratados que incluem a obrigação de prevenir danos ambientais condicionam essa obrigação a um certo grau de severidade do dano que poderia ser causado (geralmente dano significativo).
- 145: As medidas específicas que os Estados devem tomar [para cumprir a obrigação de prevenção] incluem as obrigações de: (i) regulamentar; (ii) supervisionar e monitorar; (iii) exigir e aprovar avaliações de impacto ambiental; (iv) estabelecer planos de contingência, e (v) mitigar, quando ocorrer dano ambiental.
- 147: Dada a relação entre a proteção do meio ambiente e do ser humano, todos os Estados devem regulamentar esta matéria e tomar outras medidas semelhantes para prevenir danos significativos ao meio ambiente. Esta obrigação foi expressamente incluída em instrumentos internacionais de proteção ambiental, sem fazer distinção entre os danos causados dentro ou fora do território do Estado de origem [...].
- 180: A obrigação geral de garantir os direitos à vida e a integridade pessoal significa que os Estados devem agir diligentemente para evitar danos a esses direitos. [...]. Portanto, a Corte entende que os Estados devem atuar em consonância com o princípio da precaução, a fim de proteger os direitos à vida e à integridade pessoal nos casos onde houver indicações plausíveis de que uma atividade

[44] International Court of Justice. Cf. ICJ, Legality of the threat or use of nuclear weapons, Advisory opinion, July 8, 1996, para. 29; ICJ, Case concerning the Gabčikovo-Nagymaros Project (Hungary v. Slovakia). Judgment of September 25, 1997, para.

> pode resultar em graves e irreversíveis danos ao meio ambiente, mesmo na ausência de certezas científicas. Consequentemente, os estados devem agir com o devido cuidado para evitar possíveis danos. Assim, no contexto da proteção dos direitos à vida e à integridade pessoal, o Tribunal considera que os Estados devem agir de acordo com o princípio da precaução. Portanto, mesmo na ausência de certeza científica, eles devem tomar medidas "eficazes" para prevenir graves ou irreversíveis danos.

Por fim, cabe ressaltar também a conclusão do parecer:

- Para respeitar e garantir os direitos à vida e à integridade pessoal das pessoas sujeitas à sua jurisdição, os Estados têm a obrigação de prevenir danos ambientais significativos dentro ou fora do seu território e, para tanto, devem regular, supervisionar e fiscalizar as atividades em sua jurisdição que poderia produzir danos ambientais significativos;
- Os Estados devem atuar de acordo com o princípio da precaução para proteger os direitos à vida e à integridade pessoal nos casos em que haja indícios plausíveis de que uma atividade possa resultar em danos ambientais graves ou irreversíveis, mesmo na ausência de certeza científica;
- Para respeitar e garantir os direitos à vida e à integridade das pessoas sujeitas à sua jurisdição, os Estados têm a obrigação de cooperar, de boa-fé, para garantir a proteção contra danos transfronteiriços significativos ao meio ambiente. Para cumprir esta obrigação, os Estados devem notificar outros Estados potencialmente afetados quando souberem que uma atividade planejada sob sua jurisdição pode causar danos transfronteiriços significativos e também em casos de emergências ambientais, e devem consultar e negociar de boa-fé com os Estados potencialmente afetados por dano transfronteiriço significativo,

Outra questão a ser destacada é o uso do princípio da precaução nos novos Deals Verdes os quais enfatizam a orientação da ação do mercado verde como um impulsionador econômico com respeito aos potenciais ecológicos.

Como exemplo, apontamos o New Deal Verde da União Europeia. O Acordo Verde Europeu é a estratégia da UE para transformar a UE em "uma sociedade justa e próspera, com uma economia moderna, eficiente em termos de recursos e competitiva, onde não haverá emissões de gases de efeito estufa em 2050 ("*net zero emissions*") e onde o crescimento econômico é dissociado do uso de recursos naturais"[45].

Em seu preâmbulo o New Deal Verde da UE dispõe que "visa proteger, conservar e valorizar o capital natural da UE e proteger a saúde e o bem-estar dos cidadãos dos riscos e impactos relacionados com o ambiente". Linguagem essa semelhante ao artigo 3.3 da UNFCCC.

Dentre as metas do Novo Green Deal, destaca-se a de transformar a economia da UE para um futuro sustentável, projetando um conjunto de políticas profundamente transformadoras a fim de, entre outras metas, aumentar a ambição climática da UE para 2030 e 2050. Dentro desta ambição, o acordo destaca que as reformas políticas ajudarão a garantir a precificação efetiva do carbono em toda a economia. A nova política visa encorajar mudanças no comportamento do consumidor e das empresas, e facilitar um aumento no investimento público e privado sustentável. Além disso, aponta-se que a necessidade de a Comissão Europeia propor a revisão da Diretiva Tributação da Energia, com enfoque nas questões ambientais, bem como a proposta de elaboração da primeira "*EuropeanClimate Law*", a qual irá transformar em lei as metas estabelecidas no Novo Green Deal.

2.4. Equidade Intergeracional

O princípio da equidade intergeracional afirma que cada geração tem a Terra em comum com os membros da geração presente e com as outras gerações, passadas e futuras. O princípio articula um conceito de justiça entre as gerações no uso e conservação do meio ambiente e seus recursos naturais. O princípio é a base do desenvolvimento sustentável. Também tem sido aplicado a recursos culturais e a problemas econômicos e sociais.

Relacionada com a qualificação do ambiente como um interesse comum da humanidade está a questão da delimitação temporal desses interesses e dessa humanidade. A solidariedade intergeracional tem sido

[45] https://sustainabledevelopment.un.org/post2015/transformingourworld

invocada como outro fundamento para a proteção ambiental que acarretaria um conjunto relevante de efeitos jurídicos, sob a forma da imposição de deveres ao Estado.

3. A ordem constitucional brasileira, a proteção ao meio ambiente e princípios de direito ambiental tributário[46]

A Constituição Federal do Brasil também reconhece a proteção do meio ambiente como um princípio da ordem econômica (art. 170, inciso VI) e um direito de todos a um meio ambiente ecologicamente equilibrado (art. 225), em linha com a consideração pela Corte Interamericana de Direitos Humanos sobre a proteção a vida, saúde e ao meio ambiente (vide seção II.3). E ainda estabelece como dois dentre outros objetivos da República do Brasil garantir o desenvolvimento nacional e erradicar a pobreza (incisos II e III do art. 3). Demonstrando uma ligação possível entre este objetivo de desenvolvimento e o da erradicação da pobreza foi criado de forma provisória no ano 2000 por dez anos, que se tornou permanente a partir de 2010, o Fundo da Pobreza criado por Emenda Constitucional[47] com receita variada inclusive de impostos como um adicional de 5% do IPI incidente sobre produtos supérfluos. Como tal Fundo está sendo insuficiente[48] para cumprir a meta com a qual o Brasil se comprometeu na Agenda 2030 da ONU e do Acordo de Paris, e dada a vinculação entre erradicação da pobreza e desenvolvimento sustentável e tributação do carbono nada mais natural e lógico de alguma formar alocar a sua arrecadação total ou parcial ao respectivo Fundo. Com rela-

[46] Esta seção e a seguinte com alterações refletem em parte o artigo "Mecanismos de Controle da Emissão "de Carbono. Impostos Pegouvianos e seus Efeitos. Políticas de Incentivos e Subsídios ao Mercado de Energia Renovável. A Armadilha Orçamentária e a Promoção de Novos Comportamentos" do presente autor João Dácio Rolim, Gabriela Bitu e Leilah Lucchini, in Caminhos Jurídicos e Regulatórios para a Descarbonização no Brasil, coordenadores Cacia Pimentel e Maria João Carreiro Pereira Rolim, Editora Fórum, 2020.

[47] Brasil, Constituição (1998). Emenda Constitucional número 67, de 22 de dezembro de 2010. Dispõe sobre o Fundo de Combate e Erradicação da Pobreza, instituído pelo art. 79 do Ato das Disposições Transitórias da CF/88, (através da Emenda Constitucional 31/2000). Disponível em http://www.planalto.gov.br/ccivil_03/constituicao/Emendas/Emc/emc67.htm.

[48] Brasil mais Longe de Erradicar a Pobreza até 2030. Disponível em https://virtunews.com.br/brasil-mais-longe-de-erradicar-a-pobreza-ate-2030. Acesso em 1 de fevereiro de 2021.

ção ao mecanismo de *cap-and-trade*, a soma dos tributos incidentes sobre os lucros apurados com as suas operações poderia ser também destinada total ou parcialmente ao Fundo.

Por outro lado, os dois comandos constitucionais citados (art 170, inciso VI, e 225) já seriam mais do que suficientes para obrigar os poderes constituídos a estabelecerem políticas públicas de proteção ao meio ambiente, bem como medidas específicas, indicando o próprio inciso VI do art. 170 uma medida exemplificativa e concreta de tratamento diferencial de produtos e serviços e respectivos processos de elaboração e prestação conforme os seus impactos ambientais. Evidentemente não se tratam de princípios programáticos, mas de concretude e eficácia normativa obrigatória não somente para os poderes Executivo, Legislativo e Judiciário, mas também para os agentes econômicos e a todos cidadãos. Mesmo na ausência de tais dispositivos constitucionais e anteriormente à Emenda Constitucional 42 de 2003, que introduziu o inciso VI ao mencionado art. 170, a discriminação fiscal, por exemplo, entre produtos mais nocivos à saúde pública e ao meio ambiente sempre foi possível como uma legítima justificativa no interesse público. E mais ainda passa a ser uma obrigação do Estado também perante o Direito Internacional Público como um direito humano fundamental previsto em Convenção Internacional de Direitos Humanos da qual o Brasil é parte (Pacto de São José da Costa Rica, como analisado anteriormente).

Os meios de proteção podem ser através de impostos Pigouvianos[49], outros mecanismos regulatórios ou ainda voluntariamente mecanismos de *capand trade*, como visto, para controlar a redução de emissão de carbono nocivo ao meio ambiente. Tais medidas podem ser escolhidas pelo legislador de acordo com outros princípios da ordem econômica e social e direitos fundamentais, tais como o da liberdade de iniciativa, igualdade, capacidade contributiva e conforme o grau de nocividade ao meio ambiente. Quanto maior a nocividade ao meio ambiente mais drásticas deveriam ser as medidas contra os produtos ou serviços nocivos e

[49] Arthur Cecil Pigou, economista britânico do início do século XX, que na sua obra *PIGOU*, Arthur Cecil. *Thé Economics of Welfare* (London, Macmillan, 1920) defendeu e liderou a ideia de usar tributos para mitigar os danos causados por externalidades. Assim, tais tributos foram destinados a combater danos ambientais causados ao ar, terra, ou água, e saúde pública, e quando aplicados a emissão de carbono via consumo de combustíveis fósseis são chamados de tributos sobre o carbono.

respectivos processos de elaboração. Assim medidas regulatórias poderiam ocorrer desde a simples proibição dos produtos e serviços até a sua tributação mais ou menos excessiva, e ainda medidas de compensação pela emissão de carbono em quantidades controláveis, devendo todas elas serem submetidas ao teste de proporcionalidade.

Os legisladores que buscam lidar com as mudanças climáticas podem recorrer a uma ampla variedade de instrumentos de política, desde padrões regulatórios a diferentes tipos de mecanismos de mercado. Embora a combinação de políticas atuais tenha rendido sucessos iniciais em várias regiões e jurisdições, elas também se mostraram cada vez mais sujeitas a conflitos regulatórios, sem durabilidade política e uma tendência geral para a fragmentação. Essas deficiências no cenário atual da política climática podem ser atribuídas a uma estrutura teórica falha, embora perpetuada de forma acrítica, para a escolha do instrumento, destacando as fraquezas conceituais nos critérios subjacentes. Em vez de confiar na promessa de orientação racional e objetiva que tais critérios defendem tacitamente, esta sessão defenderá uma consideração mais forte da lei e dos métodos jurisprudenciais como uma forma de melhorar o desenho final da política, evitando conflitos e tensões, ao mesmo tempo proporcionando aos resultados da política um maior nível de legitimidade.

Conforme Driesen, um processo legal transnacional pode aprimorar a compreensão da escolha de instrumentos legais no direito ambiental internacional. Um mercado de carbono *cap and trade* dependerá de transações de licenças e, "portanto, requer detalhes jurídicos internacionais como regras"[50]. O autor lembra ainda que a promulgação desse tipo de regras requer geralmente unanimidade, tornando a possibilidade de um acordo para um programa de comércio internacional bem projetado difícil. Já que os países podem opor-se ao comércio, entendendo-o como injusto, ou não concordar com os critérios de seu desenho, desencorajando a participação de países em acordos internacionais que visem a criação de um comércio internacional de licenças. Diante desse dilema, o autor entende que focar simplesmente um uma análise jurídica ou econômica para a criação desse mercado pode não ser sufi-

[50] Driesen, David M. 'Choosing Environmental Instruments in a Transnational Context.' 27/1 Ecology Law Quarterly (2000): 1-52.

ciente, diante da complexidade do tema, devendo-se também utilizar-se da ciência política, já que um instrumento global para ser bem-sucedido deve levar em consideração as percepções dos países em consideração. É dizer, é preciso considerar seriamente a equidade comparativa dos instrumentos.

Na opinião do referido autor, a atração de governos nacionais e seus poluidores por um instrumento não é importante para debates sobre instrumentos globais. Todavia, o que deve ser avaliado são as previsões sobre quais instrumentos irão promover uma melhor proteção. Sendo que para isso é necessária a participação inclusiva da análise das políticas envolvidas e do desenho do instrumento.

Do ponto de vista econômico a maioria dos economistas parece preferir a tributação do carbono ao invés do *cap-and-trade*, em função dos critérios de simplicidade/complexidade, certeza/volatilidade do método e neutralidade da receita.[51] Enquanto o *cap-and-trade* pode ser mais complexo que a tributação, com relação à certeza os dois métodos variam dependendo de qual fator é mais sensível, se o nível de dano ambiental ou se o custo de reduzir a poluição ambiental. O tributo ambiental se torna preferível na situação em que os custos de redução da poluição sejam mais preocupantes para a economia sustentável, enquanto que se o nível de poluição é o mais alarmante o sistema de *cap-and-trade* traz mais certeza ao estabelecer um limite de imediato claro (em contraste com o tributo cujo valor é claro e certo por unidade de emissão, mas incerta a quantidade do total de emissões que ocorrerão). Quanto à neutralidade da receita, que ocorre quando o valor arrecadado for destinado a outras reduções tributarias ou incentivos ou créditos fiscais, a parcial ou total destinação ao combate à pobreza no Brasil, estaria cumprindo um duplo papel de tributar o carbono visando a mudança de comportamento para energias limpas e ao mesmo tempo sendo uma forma de contribuir para a erradicação da pobreza como parte essencial do desenvolvimento sustentável. Um balanceamento otimizado entre reduções efetivas de consumo de carbono, incentivos a energia limpa e erradicação da pobreza como prioridade também de transferência de sua receita a países mais necessitados parece ser o ideal.

[51] RABE, Barry G. Can We Price Carbon? The MIT Press, 2018. pp. 6-10, 90-100.

Trataremos a seguir nos próximos itens de alguns princípios de direito ambiental e em seguida como medidas fiscais no Brasil poderiam ser mais eficazes do ponto de vista econômico e jurídico em comparação com o *cap-and-trade*, e se uma combinação de ambos os sistemas poderia ainda ser mais eficaz tendo em consideração todos os interesses e princípios em jogo.

A devida aplicação de tributação ambiental pode ainda contribuir para a redução dos conflitos entre crescimento econômico e proteção do meio ambiente, atuando com o objetivo de prevenir, atacar, eliminar e/ou reduzir comportamentos, bem como desencorajar comportamentos futuros, incentivando iniciativas mais sustentáveis por parte da sociedade. A solidariedade ambiental parece ser o principal fundamento para introduzir tal tipo de tributação em nível internacional.

Alguns princípios legais supranacionais de direito ambiental, que já estão contidos em normas exaradas pelos organismos internacionais, devem ser levados em consideração quando se pensa no arcabouço legal para introduzir uma tributação ambiental.

O primeiro deles éo princípio do poluidor-pagador, como analisado anteriormente. Federica Pitrone[52] afirma que este é considerado como a base da política em questões ambientais, sendo o ponto de convergência entre a proteção ambiental e tributação ambiental (apoiado no princípio de alocação de custos e controle de poluição).

Através da aplicação deste princípio, os poluidores se tornariam mais conscientes na utilização de recursos naturais, o que poderia induzi-los a tomar decisões mais racionais sobre o uso dos recursos quando do desenvolvimento de suas atividades econômicas. Como consequência, o custo dessas medidas seria refletido no aumento do custo dos produtos e serviços que causam poluição durante o processo produtivo e consumo. No Brasil, o princípio do poluidor pagador é mencionado no Plano Nacional de Resíduos Sólidos, promulgado através da Lei 12.305/10.

A lei, ao definir seus princípios e objetivos aponta os termos: poluidor-pagador e protetor-recebedor[53]. O princípio do protetor-recebedor estabelece uma lógica inversa ao princípio do poluidor-pagador. Esse princípio tem como ideia central remunerar todo aquele que, de uma

[52] PITRONE, Federica. Environmental taxation a legal perspective, 2014. pág. 20.

[53] BRASIL. Lei nº 12.305, de 2 de agosto de 2010.

forma ou de outra, deixou de explorar os recursos naturais que eram seus, em benefício do meio ambiente e da coletividade, ou que tenha promovido algo com um propósito socioambiental. Este princípio poderia servir para remunerar aqueles que preservaram voluntariamente uma floresta, ou até mesmo mantiveram intactas suas reservas legais ou áreas de preservação permanente.

Outro princípio importante no âmbito do direito tributário ambiental é o do usuário-pagador, onde o usuário do recurso natural arcaria ao menos em parte com os custos de usar capital natural. Neste sentido, o usuário de um bem público paga pelo bem ou serviço ambiental ou pelos danos que poderia surgir deste uso. Um exemplo da aplicação deste princípio seriam as taxas de entrada cobradas para acesso a parques nacionais visando a sua conservação e proteção.

Tais princípios ambientais não somente são efetivamente compatíveis com os princípios tributários analisados anteriormente, como o da discriminação fiscal em função dos danos ao meio ambiente por produtos e serviços, o da capacidade contributiva e igualdade, mas servem também como em um concerto para torna-los mais harmônicos, efetivos e eficazes. A seguir analisaremos a experiência brasileira com o direito comparado relativamente aos impostos pigouvianos.

4. Tributos pigouvianos. A experiência brasileira. Estudo da Câmara dos Deputados e a Reforma Tributária

O exercício da atividade empresarial, seja no âmbito industrial ou inclusive na prestação de serviços, pode surtir impactos negativos no meio ambiente que podem ser mensurados em custos monetários. Tais custos monetários, derivados do impacto negativo ao meio ambiente decorrentes do exercício da atividade econômica, normalmente não são suportados pelo vendedor e, tampouco, pelo adquirente do bem ou serviço. Tratam-se de custos sociais (públicos). Este é o entendimento dos autores do estudo publicado em 2015 pela Câmara dos Deputados, denominado "Os Desafios da Tributação Ambiental"[54].

[54] Soares, Murilo Rodrigues da Cunha; Juras, Lídia da Ascensão Garrido Martins. Desafios da Tributação Ambiental. p. 245. Disponível em<http://bd.camara.gov.br/bd/bitstream/handle/bdcamara/21119/politicas_setoriais_ganen.pdf?s equence=1>.Acesso em 25 jan. 2020.

O conceito de que os prejuízos ao ambiente deveriam ser mitigados por meio de um custo financeiro equivalente a um tributo ambientalmente relacionado está baseado na teoria econômica introduzida por Pigou.[55] Assim, um tributo pigouviano seria aquele que incidiria sobre o produto ou serviço que obtivesse receita suficiente para fazer frente aos custos sociais decorrentes da sua externalidade negativa[56]. A externalidade negativa, neste caso, pode ser entendida como a poluição ou outras consequências danosas ao meio ambiente, decorrentes da atividade empresarial.

Em linha com os tributos ambientalmente relacionados, os autores do estudo publicado pela Câmara dos Deputados destacam a tese de reciclagem de receitas como uma alternativa para redução dos impactos negativos derivados de distorções econômico-sociais, tais como redução na oferta e nível de empregos haja vista a alta tributação associada à folha de pagamento. Desta forma, os autores sugerem a reciclagem de receitas mediante a troca do objeto da tributação, mediante substituição de receitas tradicionais. Neste sentido, haveria uma mudança no foco das receitas usualmente sujeitas à tributação (imposto sobre a renda, folha de pagamento, etc.), que seriam desoneradas, para que outras situações danosas fossem tributadas, tal como a emissão de carbono.

Essa hipótese poderia se qualificar como um exemplo de duplo-dividendo, que de acordo com o autor Ronnie Schöb[57] seria entendido como o benefício duplo derivado da inserção de tributos verdes no ordenamento jurídico, que colaborariam para uma melhor condição ambiental, mediante desoneração de outras atividades tradicionais, aumentando, por exemplo, o nível de empregos.

Os países europeus, que estão relativamente na vanguarda da tributação ambiental, já possuem cobranças similares. Como exemplo, a Finlândia possui, desde 1990, a cobrança de tributos ambientais que com-

[55] Vide nota 1.

[56] SPECK, Stefan et al. Environmental taxes and ETRs in Europe: the Environmental Tax Reform (ETR): the current situation and a review of the modelling literature. IN EKINS, P. SPECK, S. (org.) Environmental Tax Reform a policy for green growth. New York: Oxford University Press, 2011, p. 99-131.

[57] SCHÖB, Ronnie. The Double Dividend Hypothesis of Environmental taxes: a survey. May 2003. Disponível em: https://www.ifo.de/DocDL/cesifo_wp946.pdf. Acesso em 12 set. 2020.

preendem impostos sobre energia (inclusive emissão de dióxido de carbono), transportes (veículos), impostos sobre emissão (lixo) e recursos (licenças sobre caça e pesca). Segundo estudo publicado em setembro de 2020, dentre a categoria de tributação ambiental, a maioria dos impostos pagos em 2018 na Finlândia (no total de EUR 6.8 bilhões) foi derivado de impostos sobre energia (EUR 4.5 bilhões)[58].

Adicionalmente, a Organização para a Cooperação e Desenvolvimento Econômico (OCDE) elabora e divulga estatísticas sobre a arrecadação obtida com tais tributos, em geral cobrados sobre veículos automotores, combustíveis, consumo de energia e outros bens e serviços cuja produção e consumo degradam o meio ambiente. Todos os países membros da OCDE aplicam tributos ambientalmente relacionados, havendo cerca de 375 deles, além de cerca de 250 taxas e cobranças ambientalmente relacionadas.[59]

O relatório de 2019 publicado pela OCDE, *Taxing Energy*[60], analisou a tributação sobre energia e carbono de 44 países (OCDE e G20). Esses países compreendem 80%do uso global de energia. O relatório demonstra o panorama da tributação de carbono e energia (alíquotas, cobertura, tipo de energia, tipo de tributação). Apesar dos compromissos firmados na Conferência das Partes (COP 21) em Paris (2015) relacionados à descarbonização, observou-se um aumento do consumo global de energia em 2019, e consequentemente aumento das emissões de CO2 em 1,7%.

A conclusão do relatório é que os governos não estão implementando de maneira eficaz a tributação sobre energia e carbono, sendo que a tributação sobre combustíveis poluentes permanece muito baixa para reduzir os riscos e impactos de mudanças climáticas, e poluição do

[58] STATISTICS FINLAND. Environmental taxes in 2018, by industry. Official Statistics of Finland. Disponível em: http://www.stat.fi/til/yev/2018/01/yev_2018_01_2020-09-10_tie_001_en.html. Publicado em setembro 2020. Acesso em 12 setembro 2020.

[59] OECD. Environmental Fiscal Reform Conference, 2002, Berlin, Germany. Implementing environmental fiscal reform: income distribution and sectoral competitiveness issues, proceedings. Paris: OCDE, 2003. Disponível em: http://www.oecd.org/env/tools-evaluation/conferenceonenvironmentalfiscalreform27june2002.htm. Acesso em 25 janeiro. 2021.

[60] OECD. Taxing Energy Use 2019: Using Taxes for Climate Action. 2019. Disponível em http://www.oecd.org/tax/taxing-energy-use-efde7a25-en.htm. Acesso em 1 de fevereiro 2021.

ar. Estima-se que 70% das emissões de CO2 relacionadas a energia não sejam tributadas.

Apenas quatro países (Dinamarca, Holanda, Noruega e Suíça) tributam emissões não terrestres em níveis acima dos EUR 30 por tonelada de CO2. Nos países que tributam combustíveis em alíquotas maiores, o uso de energia tende a ser menos dependente do carbono.

No Brasil, a utilização de instrumentos tributários para a gestão ambiental é bastante tímida. No estudo publicado pela Câmara dos Deputados já citado, os autores criticam alguns tributos que usualmente são percebidos como tendo caráter ambiental[61], tais como o Imposto sobre a Propriedade Territorial Rural ("ITR"), CIDE, IPI e ICMS. A conclusão dos autores do estudo é a de que no Congresso Nacional, as iniciativas para implementar uma tributação ambiental fracassaram já que o Poder Executivo estaria mais preocupado com o crescimento econômico e o nível de empregos, sem considerar os custos ambientais.

Em 2018, o Deputado Arnaldo Jardim submeteu um Projeto de Lei Complementar (PLP 559/2018[62]), que propõe uma Reformulação Tributária Ecológica, a fim de regulamentar o artigo 146-A, da Constituição Federal, instituir os princípios da essencialidade e do diferencial tributário pela sustentabilidade ambiental e oneração das emissões de gases de efeito estufa, e criar a taxação sobre o carbono (*carbontax*), na forma de Contribuição de Intervenção no Domínio Econômico, para a sustentabilidade ambiental e a mitigação do aquecimento global. O PLP 559/2018 foi apensado ao Projeto de Lei Complementar 73/2007, de autoria do Deputado Antonio Carlos Mendes Thame. Atualmente, o Projeto aguarda Parecer do Relator na Comissão de Finanças e Tributação. Se for considerado o período compreendido entre a apresentação do Projeto original e a data atual, nota-se que já decorreram mais de 13 anos.

Adicionalmente, há discussões atuais envolvendo a reforma tributária que consideram a possibilidade da criação de um imposto verde no

[61] Soares, Murilo Rodrigues da Cunha; Juras, Lídia da Ascensão Garrido Martins. Op. Cit., p. 255.

[62] O PLP 559/2018 está sujeito à apreciação do Plenário. Disponível em https://www.camara.leg.br/proposicoesWeb/fichadetramitacao?idProposicao=2190047; Acesso em 1 de fevereiro de 2021.

Brasil, que incidiria sobre a emissão de carbono, no âmbito do imposto seletivo[63].

Quanto à Reforma Tributária há o projeto de criação do IBS (Imposto sobre Bens e Serviços) e dois Projetos de Emenda Constitucional (PEC 45 e PEC 110), sendo que há previsão de uma alíquota uniforme não havendo diferenciação quanto à geração de energias renováveis. Entretanto, a Emenda nº 29 da PEC 110 foi acatada parcialmente para permitir benefícios fiscais para biocombustíveis, tendo rejeitado a abrangência da emenda para energia proveniente de fonte solar e eólica. E por outro lado, a Emenda nº 111 da PEC 45 propõe alterar o texto para conceder isenção fiscal sobre bens e serviços relativos à geração de energia eólica, solar e de biomassa pelo prazo de dez anos. E quanto à criação do Imposto Seletivo, a Emenda 28 da PEC 110 foi parcialmente acolhida para excluir a energia proveniente de fonte solar, eólica ou biomassa da incidência do Imposto Seletivo. Mais do que previsão de incentivos fiscais para apenas alguns setores, seria mais eficiente e justo do ponto de proteção ao meio ambiente que todas as fontes renováveis tivessem um tratamento semelhante, sem engessar tratamentos específicos restritos via Emenda Constitucional.

Uma colaboração importante para a reforma tributária verde foi a realizada pelo grupo de trabalho formado por um grupo de doze organizações e redes da sociedade civil[64] irradiando princípios de natureza socioambiental na reforma constitucional e que apresentou nove propostas específicas listadas a seguir.

1. instituição de princípios tributários ambientais gerais;
2. criação de um Fundo de Desenvolvimento Regional Sustentável;
3. vedação de incentivos contrários à política de clima;

[63] Reforma tributária: governo estuda criação de 'imposto verde'. Disponível em: https://g1.globo.com/economia/noticia/2020/08/15/reforma-tributaria-governo-estuda-criacao-de-imposto-verde.ghtml.

[64] Rede Advocacy Colaborativo (RAC) e Instituto Democracia e Sustentabilidade (IDS) na coordenação do GT, além do Instituto Ethos, WWF Brasil, Instituto Clima e Sociedade (iCS), CDP, Instituto Escolhas, Rede de Ação Política pela Sustentabilidade (RAPS), Avina (pela RAC), Observatório do Clima (OC), Centro Brasil no Clima (CBC) e Instituto Akatu. Reforma tributária aposta em sanções para avanço na agenda ambiental (gife.org.br).

4. devolução parcial do IBS conforme redução da emissão dos gases de efeito estufa;
5. criação do IBS Ecológico;
6. municipalização do ITR e CIDE-Uso do Solo;
7. Especificação das externalidades ambientais para cobrança do Imposto Seletivo;
8. transformação da CIDE-Combustíveis em CIDE-Carbono ou CIDE-Ambiental; e
9. Diferenciação da eliminação gradual de subsídios.[65]

Tais propostas bem elaboradas podem ser incorporadas na sua totalidade ao projeto atual da Reforma Tributária, ainda que algumas delas poderiam ser consideradas como decorrência do que já dispõe a CF nos seus artigos 170, inciso VI, e 225, mas quanto mais clara melhor a devida proteção ao meio ambiente e sua interação com a tributação como um dos meios mais eficazes para a sua proteção do ponto de vista econômico como demonstra a experiência internacional. Com relação à criação de mais um Fundo de Desenvolvimento espera-se que não tenha a mesma timidez na prática do Fundo da Pobreza, esperando-se que ambos possam interagir e otimizar a eficácia dos objetivos de ambos.

Conclusão

Embora do ponto de vista econômico a maioria dos economistas parece preferir a tributação do carbono ao invés do *cap-and-trade*, em função dos critérios de simplicidade/complexidade, certeza/volatilidade do método e neutralidade da receita, nada impede que dependendo do nível de desenvolvimento de cada país, os dois mecanismos possam conviver. Enquanto o *cap-and-trade* pode ser mais complexo que a tributação, com relação à certeza os dois métodos variam dependendo de qual fator é mais sensível, se o nível de dano ambiental ou se o custo de reduzir a poluição ambiental. O tributo ambiental se torna preferível na situação

[65] Ver relatório com a íntegra das propostas e suas justificativas entregue em 08/07/2020 para a Frente Parlamentar Mista Ambientalista (gravação da reunião no portal da Câmara dos Deputados em: https://bit.ly/2PzHwXy),"9 Propostas para uma Reforma Tributária Sustentável – Clima, Meio Ambiente e Sustentabilidade" (http://estafaltandoverde.org.br/wp-content/uploads/2020/09/9Propostas-ReformaTributariaSustentavel_ebook.pdf).

em que os custos de redução da poluição sejam mais preocupantes para a economia sustentável, enquanto que se o nível de poluição é o mais alarmante o sistema de *cap-and-trade* traz mais certeza ao estabelecer um limite de imediato claro (em contraste com o tributo cujo valor é claro e certo por unidade de emissão, mas incerta a quantidade do total de emissões que ocorrerão).

Tendo em vista a proteção ao meio ambiente como um direito expresso na CF/88 e um direito humano previsto em tratado internacional do qual o Brasil é parte (Convenção Interamericana de Direitos Humanos), e a tributação ser, senão o meio mais eficaz por si só, ao menos em conjunto com outros mecanismos interessantes voluntários e regulatórios de a atingir, podemos concluir que se trata de uma obrigação internacional da República Federativa do Brasil e constitucional da União, dos Estados e dos Municípios no âmbito de suas respectivas competências tributárias instituir discriminação tributária entre produtos, serviços e atividades econômicas mais poluentes e menos poluentes. O imposto seletivo que tem sido pouco utilizado não tem e não é por si só suficiente para cumprimento do desiderato constitucional e de acordo com standards internacionais, um *carbontax* (que poderia ser através de uma denominada CIDE do carbono ou ambiental), em função da premência e urgência da proteção ao meio ambiente em busca de um desenvolvimento sustentável.

Referências

Assembleia Geral da ONU. Resolução 70/01. AG Index A/RES/70/1, 25 de Setembro de 2015. Transforming our world: the 2030 Agenda for Sustainable Development. Disponívelem un.org/en..

Biermann, F., '"Common Concerns of Humankind" and National Sovereignty,' in Globalism: People, Profits and Progress: Proceedings of the Thirtieth Annual Conference of the Canadian Council on International Law (Canadian Council on International Law, 2002) 158.

Bodansky, Daniel 'A Tale of Two Architectures: The Once and Future U.N. Climate Change Regime', Arizona State Law Journal, 43/6 (2011): 697.

Bodansky, D. (1993). The United Nations Framework Convention on Climate Change: A commentary. Yale Journal of International Law, 18, 451-558.

Bodansky, D., & Diringer, E. (2010). The evolution of multilateral regimes: Implications for climate change. Arlington, VA: Pew Center on Global Climate Change.

Bourguignon, Didier. "The Precautionary Principle: Definitions, Applications and Governance." European Parliamentary Research Service, Dec. 2015, 10.2861/821468

Bowling, Chelsea, et al. The Common Concern of Humankind: A Potential Framework for a New International Legally Binding Instrument on the Conservation and Sustainable Use of Marine Biological Diversity in the High Seas. 2014

Brasil mais Longe de Erradicar a Pobreza até 2030. Disponível em https://virtunews.com.br/brasil-mais-longe-de-erradicar-a-pobreza-ate-2030.

Bruce, Neil e Ellis, Gregory M. Policy Research Department. The World Bank. September 1993. Environmental taxes and policies for developing countries. Disponível em: http://documents1.worldbank.org/curated/en/747791468765923374/pdf/multi-page.pdf.

Brunnee, Jutta The Global Climate Regime: Wither Common Concern?, Holger P. Hestermeyer et.al (eds.) in: Coexistence, Cooperation and Solidarity, Liber Amicorum for Rüdiger Wolfrum, Volume I, MartinusNijhoff, 2012

Cottier, Thomas, et al. "The Principle of Common Concern and Climate Change." *Archiv Des Völkerrechts*, vol. 52, nº 3, 2014, pp. 293-324.

Driesen, David M. 'Choosing Environmental Instruments in a Transnational Context.' 27/1 Ecology Law Quarterly (2000): 1-52

Ekardt, Felix, et al. "Paris Agreement, Precautionary Principle and Human Rights: Zero Emissions in Two Decades?" *Sustainability*, vol. 10, nº 8, 8 Aug. 2018, p. 2812, 10.3390/su10082812

Fabra, Adriana; MacKenzie, Ruth; Peel, Jacqueline; Sands, Philippe. Principles of International Environmental Law. 3. ed. New York: Cambridge University Press, 2012, p. 207.

French, D., Developing states and international environmental law: the importance of differentiated responsibilities, ICLQ 49/1, 2000, pp. 35-60.

Gomes, Carla Amado, and Heloísa Oliveira. Tratado de Direito do Ambiente. ed., vol. Volume I, CIDP/ICJP, 2021.

Honkonen, Tuula, The Common But Differentiated Responsibility Principle in Multilateral Environmental Agreements: Regulatory and Policy Aspects (Alphen aan den Rijn: Kluwer Law International, 2009).

International Monetary Fund. IMF Policy Paper. Fiscal policies for Paris climate strategies – from principle to practice. 2019. Disponível em https://www.imf.org/en/Publications/Policy-Papers/Issues/2019/05/01/Fiscal-Policies-for-Paris-Climate-Strategies-from-Principle-to-Practice-46826.

Mehling, Michael A. et al., Linking Climate Policies to Advance Global Mitigation, 359 SCI. 997, 998 (2018); see also Daniel M. Bodansky et al., Facilitating Linkage of Climate Policies Through the Paris Outcome, 16 Climate Pol'y 956, 960 (2016).

OECD, *Recommendation of the Council on Guiding Principles concerning International Economic Aspects of Environmental Policies*, C (72)128, 26 May 1972. Disponível em https://legalinstruments.oecd.org/en/instruments/OECD-LEGAL-0102.

OECD. Taxing Energy Use 2019: Using Taxes for ClimateAction. 2019. Disponível em http://www.oecd.org/tax/taxing-energy-use-efde7a25-en.htm.

PIGOU, Arthur Cecil. The Economics of Welfare. London, Macmillan, 1920.

PITRONE, Federica. Environmental taxation a legal perspective, 2014.

RABE, Barry G. The Durability of Carbon Cap and Trade Policy, p. 7 Disponível em https://onlinelibrary.wiley.com/doi/10.1111/gove.12151.

RABE, Barry G. Can We Price Carbon? The MIT Press, 2018.

REDE de Advocacy Colaborativo (RAC) e Instituto Democracia e Sustentabilidade (IDS), Instituto Ethos, WWF Brasil, Instituto Clima e Sociedade (iCS), CDP, Instituto Escolhas, Rede de Ação Política pela Sustentabilidade (RAPS), Avina (pela RAC), Observatório do Clima (OC), Centro Brasil no Clima (CBC) e Instituto Akatu, 9 Propostas para uma Reforma Tributária Sustentável – Clima, Meio Ambiente e Sustentabilidade(http://estafaltandoverde.org.br/wp-content/uploads/2020/09/9Propostas-ReformaTributariaSustentavel_ebook.pdf).

ROHT-Arriaza, N.Book Review of Harold Hohmann, supra note 43, 21 Colum. J. Envtl. L. 183, 1996

SADLEER, N. de. The principles of prevention and precaution in international law: two heads of the same coin?. In M. Fitzmaurice, D. M. Ong e P. Merkuris, eds. Research Handbook on International Environmental Law. Chentelham: Edward Elgar Publishing,

SARAWESI, A. The Paris Agreement: a new beginning? Journal of Energy & Natural Resources Law, 34(1), 2016.

SHELTON, Dinah,Common Concern of Humanity, Environmental Law and Policy 39/2 (2009), 83.

SITUMA, F. D. P., The Efficacy of International Environmental Law: A Personal Reflection, 2 ILSA J. Int'l & Comp. L., 1995.

SLUIJSJ. P. van der, and W. Turkenburg, Climate Change and the Precautionary Principle. In: Elizabeth Fisher, Judith Jones and René von Schomberg, Implementing The Precautionary Principle, Perspectives and Prospects, ELGAR,2006 chapter 12, page 245-269.

SCHÖB, Ronnie. The Double Dividend Hypothesis of Environmental taxes: a survey. May 2003. Disponível em: https://www.ifo.de/DocDL/cesifo_wp946.pdf.

SOARES, Murilo Rodrigues da Cunha; JURAS, Lídia da Ascensão Garrido Martins. Desafios da Tributação Ambiental. p. 245. Disponível em <http://bd.camara.gov.br/bd/bitstream/handle/bdcamara/21119/politicas_setoriais_ganen.pdf?sequence=1>.

SPECK, Stefan et al. Environmental taxes and ETRs in Europe: the Environmental Tax Reform (ETR): the current situation and a review of the modelling literature. IN EKINS, P. SPECK, S. (org.) Environmental Tax Reform a policy for green growth. New York: Oxford University Press, 2011.

STAVINS, Robert. International Cooperation: Agreements and Instruments, Chapter 13, p. 11. In: Intergovernmental Panel on Climate Change: Mitigation of climate change. 2014.

Reforma tributária: governo estuda criação de 'imposto verde'. Disponível em: https://g1.globo.com/economia/noticia/2020/08/15/reforma-tributaria-governo-estuda-criacao-de-imposto-verde.ghtml.

VELLIGA, P. Climate change. In P. Pattberg& F. Zelli (Eds.), Encyclopedia of global environmental governance and politics (pp. 347-355). Cheltenham, U.K.: Edward ElgarPublishing, 2015.

WINKLER, Harald & Lavanya Rajamani (2014) CBDR&RC in a regime applicable to all, Climate Policy, 14: 1, 102-121, DOI: 10.1080/14693062.2013.791184.

ZELLI, Fariborz. "The Fragmentation of the Global Climate Governance Architecture." Wiley Interdisciplinary Reviews: Climate Change, vol. 2, nº 2, 23 Feb. 2011, pp. 255-270, 10.1002/wcc.104. Accessed 30 Jan. 2019.

11.

REVISIÓN CRÍTICA DE LA FISCALIDAD COMO INSTRUMENTO DE PROTECCIÓN DEL MEDIO AMBIENTE: IDONEIDAD Y RIESGO DE DESNATURALIZACIÓN DE LA INSTITUCIÓN DEL TRIBUTO

José Antonio Chamorro y Zarza

Introducción

La sociedad actual admite de manera generalizada que la protección del medio natural es una exigencia para la propia supervivencia del ser humano. No es ajena a esta percepción un deterioro evidente de la naturaleza y los llamamientos de buena parte de la comunidad científica sobre este problema alentando a la adopción de medidas dirigidas a disminuir el daño ambiental.

Esta preocupación por la defensa del entorno natural forma parte igualmente de los objetivos de los poderes públicos, habiéndose reflejado en los ordenamientos jurídicos nacionales. Prueba de ello es la elevación a rango constitucional del disfrute de un ambiente natural sano como un derecho de los ciudadanos tal como ocurre, en Europa, con las Constituciones de España (art. 45), Finlandia (art. 20), Países Bajos (art. 21), Portugal (art. 66), Grecia (art. 24), Serbia (art. 74), Rusia (art. 42) o, en América, Argentina (art. 41), Brasil (art. 225), Colombia (art. 79), Chile (art. 19), Perú (art. 2) y Venezuela (art. 127).

Esto no es exclusivo, sin embargo, de los sistemas jurídicos nacionales, pues también está presente en las organizaciones supranacionales, tanto de ámbito universal[1] como regional. Por lo que se refiere a estas últimas, y circunscribiéndolo a Europa, el art. 3.3 del Tratado de la

[1] Vid. Convención Marco de las Naciones Unidas sobre el Cambio Climático (Nueva York 1992), Conferencia de las Naciones Unidas sobre el Medio Ambiente y el Desarrollo (Río

Unión Europea (TUE) señala, entre otras cosas, que la Unión trabajará a favor **de un nivel elevado de protección y mejora de la calidad del medio ambiente**[2]. A este respecto, es importante tener en cuenta que las competencias sobre la materia de "medio ambiente" son compartidas por la Unión Europea y los Estados miembros[3], lo que se muestra en el Título XX del TUE que regula la política de esta entidad supranacional en la materia y señala como uno de sus objetivos **"la conservación, la protección y la mejora de la calidad del medio ambiente» junto a la «protección de la salud de las personas"** (art. 191.1)[4].

Aceptada, en consecuencia, la exigencia de proteger el medio ambiente, la consecución de este objetivo se podrá efectuar mediante el empleo, entre otros, de los instrumentos jurídicos concedidos a los poderes públicos a quienes corresponde esta preservación. Precisamente, y de manera progresiva, la fiscalidad ha ido asumiendo un papel destacado como una herramienta con esta finalidad, hasta el punto de que ha pasado a ser protagonista en las discusiones de ciertas políticas de protección del medio natural.

Pese a todo, la utilización del Derecho tributario, o de la fiscalidad, con el laudable objetivo de proteger el medio ambiente, ha de ser delimitada en sus justos términos y, aunque asumida de forma común, no debe sustraerse a un análisis crítico, aunque sea en sus aspectos más generales. Para ello se tomará como base la situación en España y, aun

de Janeiro 1992), la Declaración de Johannesburgo sobre el Desarrollo Sostenible (2002) o la Agenda 2030 para el Desarrollo Sostenible (2015).

[2] En concreto el contenido del precepto es el siguiente:

Art. 3: "3. La Unión establecerá un mercado interior. Obrará en pro del desarrollo sostenible de Europa basado en un crecimiento económico equilibrado y en la estabilidad de los precios, en una economía social de mercado altamente competitiva, tendente al pleno empleo y al progreso social, y en un nivel elevado de protección y mejora de la calidad del medio ambiente. Asimismo, promoverá el progreso científico y técnico."

[3] Así lo establece el apartado e) del art. 4.2 del Tratado de Funcionamiento de la Unión Europea:

Art. 4: "2. *Las competencias compartidas entre la Unión y los Estados miembros se aplicarán a los siguientes ámbitos principales: (...) e. el medio ambiente; (...).*"

[4] Vid. también el art. 37 de la **Carta de los Derechos Fundamentales de la Unión Europea**, cuyo tenor es el siguiente: **"En las políticas de la Unión se integrarán y garantizarán, conforme al principio de desarrollo sostenible, un nivel elevado de protección del medio ambiente y la mejora de su calidad."**

siendo un caso particular, esta circunstancia no impide extraer conclusiones que pueden tener una validez general.

1. La protección del medio natural en la Constitución española de 1978

Como se ha indicado antes, son varias las Constituciones, tanto en Europa como en América, que se refieren al medio ambiente y su correspondiente protección. Tomando como ejemplo la Constitución española, su art. 45.1 reconoce **el derecho a disfrutar de un medio ambiente adecuado para el desarrollo de la persona**, y establece el **deber de conservarlo**. Esta proclamación se completa con un mandato dirigido a los poderes públicos, que deberán **"velar por la utilización racional de todos los recursos naturales, con el fin de proteger y mejorar la calidad de la vida y defender y restaurar el medio ambiente, apoyándose en la indispensable solidaridad colectiva"** (apartado 2), previendo asimismo la imposición de sanciones y la obligación de reparar el daño causado para quienes violen lo dispuesto en el apartado anterior, unas sanciones que podrán ser de orden penal y siempre de acuerdo a lo que prescriba una ley (apartado 3).

Por consiguiente, que la Constitución ordene a los **poderes públicos**, sin distinción, **el deber de custodia y defensa del medio natural**, otorga una especial relevancia a la distribución de las competencias en esta materia entre los distintos niveles de gobierno y que efectúa la propia Constitución. En lo atinente al reparto competencial entre los gobiernos central (Estado) y subcentrales (Comunidades Autónomas) son los artículos 149.1.23ª y 148.1.9ª los que determinan, respectivamente, las facultades que corresponderán al Estado y a las Comunidades Autónomas con relación al medio ambiente. El Estado tiene la competencia exclusiva para dictar **"la legislación básica sobre protección del medio ambiente, sin perjuicio de las facultades de las Comunidades Autónomas de establecer normas adicionales de protección"** (art. 149.1.23ª), en tanto que las Comunidades Autónomas podrán asumir la competencia de **"gestión en materia de protección del medio ambiente"** (art. 148.1.9ª) y, como se acaba de señalar, **aprobar normas adicionales de protección del medio ambiente**.

Si bien las competencias indicadas son las específicas en medio ambiente, hay otras materias que tienen incidencia sobre el medio ambiente. Tal es el caso de las competencias del Estado para fijar las **"bases y la coordinación de la planificación general de la actividad económica"** (art. 149.1.13ª CE) y las **"bases del régimen minero y energético"** (art. 149.1.25ª CE)o las competencias de las Comunidades Autónomas sobre **"ordenación del territorio, urbanismo y vivienda"** (art. 148.1. 3.ª)[5].

Estas reglas constitucionales de distribución competencial se proyectan de igual forma en los Estatutos de Autonomía de las Comunidades Autónomas, normas institucionales básicas de este nivel subcentral de Gobierno. Estas entidades territoriales asumen expresamente en sus respectivos Estatutos de Autonomía la competencia de **protección del medio ambiente**[6] y, en estrecha conexión con ésta, la competencia de **ordenación del territorio**, que en el Estatuto de Autonomía de Andalucía se relaciona con la protección ambiental[7].

El último nivel de poder territorial que integra la referencia genérica a los **poderes públicos** del art. 45.1 de la Constitución es la Administración local, y de manera especial, el municipio. Las competencias de esta

[5] El Tribunal Constitucional reconoce la incidencia de estas materias en el campo del medio ambiente; así lo hace, por ejemplo, en las sentencias 306/2000,136/2009, 33/2014,15/2018 o 65/2018.

[6] Vid. art. 57.3 del Estatuto de Autonomía de Andalucía; art. 75.3ª del Estatuto de Autonomía de Aragón; art. 31.46 del Estatuto de Autonomía de las Islas Baleares; arts. 70.1.35º y 71.1.7º del Estatuto de Autonomía de Castilla y León; art. 144 del Estatuto de Autonomía de Cataluña; art. 9.1.33 del Estatuto de Autonomía de Extremadura; art. 50.6 del Estatuto de Autonomía de la Comunidad Valenciana o el art. 153.2 del Estatuto de Autonomía de Canarias.

Además de las aludidas, hay otro grupo de Comunidades Autónomas que no han reformado sus Estatutos y, por tanto, se limitan a asumir la competencia de protección del medio natural en los términos del art. 149.1.23ª de la Constitución. Así pueden citarse, por ejemplo, el art. 25.7 del Estatuto de Autonomía de Cantabria; el art. 27.30 del Estatuto de Autonomía de Galicia; el art. 11.5 del Estatuto de Autonomía del Principado de Asturias; el art. 11.1 a) del Estatuto de Autonomía del País Vasco o el art. 11.3 del Estatuto de Autonomía de la Región de Murcia.

[7] Así lo establece el artículo 56 en su apartado 5:

"5. Corresponde a la Comunidad Autónoma la competencia exclusiva en materia de ordenación del territorio, que incluye en todo caso el establecimiento y regulación de las directrices y figuras de planeamiento territorial, las previsiones sobre emplazamientos de infraestructuras y equipamientos, la promoción del equilibrio territorial y **la adecuada protección ambiental**."

Administración son fijadas en una ley del Estado, la Ley 7/1985, de 2 de abril, Reguladora de las Bases del Régimen Local, norma en la que se reconoce la intervención de los municipios en la protección del medio ambiente en los siguientes términos:

> Artículo 25: 2. El Municipio ejercerá en todo caso como competencias propias, en los términos de la legislación del Estado y de las Comunidades Autónomas, en las siguientes materias:
>
> b) Medio ambiente urbano: en particular, parques y jardines públicos, gestión de los residuos sólidos urbanos y protección contra la contaminación acústica, lumínica y atmosférica en las zonas urbanas."

Junto a este precepto, la Ley 7/1985 también prevé en el apartado 3 de su art. 27 la posibilidad de que el Estado y las Comunidades Autónomas deleguen en los municipios la competencia de protección del medio natural como una fórmula de racionalización administrativa[8].

Por consiguiente, y a la vista de lo expresado, en España la distribución constitucional de las competencias sobre la materia de **protección del medio ambiente**, va a implicar a todos los niveles de gobierno en esta tarea. Pero para lograr este objetivo, el ordenamiento jurídico ha de dotarlos de herramientas efectivas. Es aquí donde cabe examinar el papel que puede desempeñar la fiscalidad y, más concretamente, el tributo, como instrumento de protección medioambiental, los términos en los que puede ser entendida la fiscalidad ambiental y, en fin, evaluar de manera crítica la utilización de los tributos con esta finalidad particular.

2. El tributo como instrumento de protección del medio ambiente

Es indiscutible que los poderes públicos disponen en España de facultades para acordar todas aquellas medidas que estimen oportunas para la protección del medio natural, lógicamente respetando sus respectivos ámbitos competenciales. Pueden, así, utilizar los instrumentos que

[8] Art. 27: "3. Con el objeto de evitar duplicidades administrativas, mejorar la transparencia de los servicios públicos y el servicio a la ciudadanía y, en general, contribuir a los procesos de racionalización administrativa, generando un ahorro neto de recursos, la Administración del Estado y las de las Comunidades Autónomas podrán delegar, siguiendo criterios homogéneos, entre otras, las siguientes competencias:
b) Protección del medio natural."

consideren más convenientes y efectivos para el logro de esa finalidad, y, entre éstos, han alcanzado una relevancia evidente los tributos.

Ahora bien, es necesario plantearse si la fiscalidad y, más específicamente, los tributos, son medios aptos para tal tarea.

Como punto de partida, es sabido que la función tradicional o el fin esencial de los tributos es obtener recursos económicos para hacer frente a los gastos públicos. Ahora bien, ha de admitirse que los tributos también son empleados desde hace décadas para la consecución de finalidades distintas a las estrictamente recaudatorias[9], es decir, para otros fines no fiscales o, si se quiere, **fines extrafiscales**.

¿Cuenta el tributo con fundamento legal para esta finalidad extrafiscal? Lo cierto es que en el ordenamiento jurídico español la respuesta ha de ser positiva y, además, cabe decir que goza de una tradición asentada.

La utilización de los tributos para fines extrafiscales ya estaba prevista hace más de medio siglo en el ordenamiento tributario español[10] y, en la actualidad, se mantiene en la vigente Ley 58/2003, de 17 de diciembre, General Tributaria, en concreto en el párrafo segundo de su art. 2.1: "los tributos, además de ser medios para obtener los recursos necesarios para el sostenimiento de los gastos públicos, podrán servir como instrumentos de la política económica general y atender a la realización de los principios y fines contenidos en la Constitución."[11]

Aunque la Constitución no contiene ninguna previsión expresa acerca de la utilización de los tributos con una finalidad extrafiscal, esta posibilidad ha sido admitida tempranamente por el Tribunal Constitucional al señalar lo siguiente:

[9] Vid. por todos TIPKE, Klaus quien afirma que "el moderno Derecho Tributario está concebido con una doble finalidad, ya que no sirve exclusivamente a la obtención de recursos, sino que, al mismo tiempo, persigue dirigir la economía y la redistribución de las rentas y de los patrimonios." ("La Ordenanza Tributaria alemana de 1.977", *Revista Española de Derecho Financiero* nº 14/1977, p. 360).

[10] La Ley General Tributaria de 1963 ya recogía esta posibilidad en los siguientes términos: Art. 4º: Los tributos, además de ser medios para recaudar ingresos públicos, han de servir como instrumentos de la política económica general, atender a las exigencias de estabilidad y progreso sociales y procurar una mejor distribución de la renta nacional.

[11] Nótese el paralelismo del vigente art. 2.1 de la Ley General Tributaria de 2003 con el texto del art. 4º de la Ley General Tributaria de 1963 reproducido en la Nota anterior.

> "la función extrafiscal del sistema tributario estatal no aparece explícitamente reconocida en la Constitución, pero dicha función puede derivarse directamente de aquellos preceptos constitucionales en los que se establecen principios rectores de política social y económica (señaladamente, arts. 40.1 y 130.1), dado que tanto el sistema tributario en su conjunto como cada figura tributaria concreta forman parte de los instrumentos de que dispone el Estado para la consecución de los fines económicos y sociales constitucionalmente ordenados."[12]

Es más, esta idea se ve reforzada al sostener que **"el tributo (...) puede responder a políticas sectoriales distintas de la puramente recaudatoria (fin extrafiscal), de modo tal que el legislador puede configurar el presupuesto de hecho del tributo teniendo en cuenta consideraciones básicamente extrafiscales (...)."**[13]

La existencia de tributos extrafiscales específicos no impide que la finalidad extrafiscal se halle de igual forma en tributos puramente fiscales. Es más, atendiendo a la propia naturaleza del tributo extrafiscal, es difícil que éste lo sea con un carácter exclusivo ya que, tal como admite el Tribunal Constitucional,

> "de la misma manera que los tributos propiamente recaudatorios, pueden perseguir y de hecho persiguen en la práctica otras finalidades extrafiscales [...], difícilmente habrá impuestos extrafiscales químicamente puros, pues en todo caso la propia noción de tributo implica que no se pueda desconocer o contradecir el principio de capacidad económica"[14].

El reconocimiento de la fiscalidad como instrumento al servicio de la protección ambiental se subrayó también en la **Estrategia Española de Cambio Climático y Energía Limpia 2007-2012-2020**, un documento en el que se reconoce que "la política impositiva es un instrumento fundamental para lograr los objetivos fijados en el Protocolo de Kioto. La reforma de la política fiscal con criterios ecológicos puede

[12] STC 37/1987. En el mismo sentido se ha manifestado en otras sentencias como las SSTC 197/1992, 186/1993, 194/2000, 179/2006, 122/2012 o 96/2013, por ejemplo.

[13] Sentencias del Tribunal Constitucional 37/1987, 197/1992, 194/2000, 276/2000, 179/2006, 19/2012, 122/2012, 196/2012, 26/2015 o 43/2019.

[14] STC 53/2014. De igual modo en las sentencias 74/2016, 120/2018, 4/2019 o 43/2019.

jugar un papel esencial como instrumento para reducir las emisiones de gases de efecto invernadero, por lo que debería proyectarse como complemento de otros instrumentos y contribuir, entre otros aspectos, a la mejora de los precios relativos en favor de opciones que no producen, o apenas producen, emisiones de gases de efecto invernadero, y a la inversa, el reflejo en el precio de aquellas opciones más intensivas en carbono."[15]

Por otro lado, España forma parte de la Unión Europea, una entidad supranacional en la que también está presente la idea del empleo de la fiscalidad con un objetivo de protección medioambiental. En este sentido, **la conservación, la protección y la mejora de la calidad del medio ambiente** es uno de los objetivos de la política de la Unión Europea recogido en el Tratado de Funcionamiento de la Unión Europea (TFUE)[16], y precisamente para el logro de ese objetivo el art. 192.2 a) del TFUE prevé la adopción de **disposiciones esencialmente de carácter fiscal**.

En consecuencia, la aceptación del tributo como un instrumento de protección del medio natural es incuestionable pues, al margen de su fundamentación jurídica, ha sido profusamente utilizado, como se puede constatar a continuación.

3. El contenido de la fiscalidad ambiental: el caso español

Antes de ejemplificar la extensa utilización del tributo, siquiera sea numérica, con fines de protección del medio ambiente, conviene preci-

[15] **Estrategia española de cambio climático y energía limpia. Horizonte 2007-2012-2020,** aprobada en Consejo de Ministros de 2 de noviembre de 2007, p. 40. Este documento fue aprobado a propuesta del Consejo Nacional del Clima que lo adoptó el 25 de octubre de 2007.

[16] Es el art. 191.1, que establece lo siguiente:

"La política de la Unión en el ámbito del medio ambiente contribuirá a alcanzar los siguientes objetivos:

– la conservación, la protección y la mejora de la calidad del medio ambiente,

– la protección de la salud de las personas,

– la utilización prudente y racional de los recursos naturales,

– el fomento de medidas a escala internacional destinadas a hacer frente a los problemas regionales o mundiales del medio ambiente. y en particular a luchar contra el cambio climático."

sar el sentido de la expresión "fiscalidad ambiental", empleada con frecuencia.

Pese a su utilización habitual, la expresión **"fiscalidad ambiental"** no tiene un significado unívoco[17], sin embargo, a efectos de un uso sencillo de la locución, puede ser entendida como las **disposiciones de naturaleza tributaria adoptadas con la finalidad de proteger el medio natural**.

El carácter amplio de esta idea permite integrar en su esfera no sólo a los **tributos medioambientales** (**extrafiscales**) sino también a otros tributos que, sin tener ese objeto específico, prevén medidas con este fin, tal como ocurre con la utilización de deducciones, bonificaciones o exenciones en **tributos** (en su mayor parte impuestos) **fiscales** o **recaudatorios**[18].

Reconociendo, pues, la aptitud del tributo, y en concreto del impuesto, como instrumento destinado a obtener objetivos extrafiscales, para lo que interesa aquí, la protección del medio natural, es ineludible plantearse, al margen de la pura legitimación jurídica, cómo se pretende materializar ese fin.

La aprobación de medidas fiscales tiende a la consecución de la protección medioambiental induciendo un cambio en las conductas de consumo de ciertos bienes o de la realización de determinadas actividades que se consideran nocivas para el medio natural[19]. Se arbitran así

[17] Cfr. HERRERA MOLINA, Pedro Manuel quien reconoce el carácter ambiguo del **adjetivo "ambiental" aplicado a los tributos**. (*Derecho Tributario ambiental (La introducción del interés ambiental en el ordenamiento tributario).*Madrid: Marcial Pons, 2000, p. 58). Sobre la dificultad de definir la categoría de *tributo medioambiental* vid. CARBAJO VASCO, Domingo. "La economía del cambio climático y la fiscalidad". *Crónica Tributaria* nº 142/2012, p. 25.

[18] En el mismo sentido, ORÓN MORATAL, Germán. "Fiscalidad ambiental: La ecotasa", *V Conferencias sobre Medio Ambiente. Medio Ambiente y Empresa.*Valencia: Comité Econòmic i Social de la Comunitat Valenciana, 2002, p. 9 o JOFRA SORA, Marta y PUIG VENTOSA, Ignasi. *Fiscalidad ambiental e instrumentos de financiación de la economía verde.* Fundación Fòrum ambiental, 2014, p. 4. Desde otra perspectiva, PATÓN GARCÍA, Gemma. "Los tributos autonómicos como mecanismo de protección ambiental". *Tributos propios de las Comunidades Autónomas.* Valencia: Tirant Lo Blanch, 2017, p. 120.

[19] CHAMORRO Y ZARZA, José Antonio."Reflexión crítica sobre la fiscalidad ambiental como instrumento de protección del medio natural" en ARMIENTA HERNÁNDEZ, Gonzalo e IGLESIAS BÁREZ, Mercedes (Dirs.). *Balance y perspectivas del Estado Social y Democrático de Derecho en el constitucionalismo contemporáneo.* Salamanca: Ediciones Universidad de

dos tipos de instrumentos fiscales: por un lado, se establecen en distintos impuestos bonificaciones, deducciones o exenciones destinadas a fomentar comportamientos de consumo positivos para el medio natural; por otro lado, se aprueban medidas fiscales desincentivadoras de conductas o de actividades perjudiciales a través de la creación de impuestos específicos que gravan actividades contaminantes o bien internalizan las externalidades que provocan ciertas actividades y que son asumidas por la sociedad. En este último caso estamos ante la aplicación estricta del principio "quien contamina, paga", un principio económico y, por tanto, ajeno al ámbito jurídico, que ha sido aceptado de manera generalizada[20].A ello debe añadirse que, en los impuestos medioambientales, suele afectarse el producto de su recaudación a la reparación de los daños ambientales[21]. Estas herramientas son, por consiguiente, las que constituyen la fiscalidad ambiental.

Salamanca, 2019, p. 52. Esta intención de inducir al cambio de comportamientos con el objetivo de proteger el medio ambiente es connatural a muchos impuestos ambientales tal como constatan, entre otros, BILBAO ESTRADA, Iñaki ("El sistema tributario como complemento de los instrumentos económicos previstos en el Protocolo de Kioto. Impuestos con finalidad verde", *Seguridad y medio ambiente* nº 113/2009, pp. 53 a 55), CARBAJO VASCO, Domingo ("La economía del cambio climático...", op. cit., p. 23), PATÓN GARCÍA, Gemma ("El efecto uniformador de la globalización en las líneas impositivas medio ambientales". *Fiscalidad Medioambiental: iniciativas y orientaciones actuales*, Documentos del IEF nº 4/2012, p. 8) o JOFRA SORA, Marta y PUIG VENTOSA, Ignasi (Fiscalidad ambiental e instrumentos de financiación..., op. cit., p. 4).
De igual modo, es un objetivo que admite el Tribunal Constitucional en su jurisprudencia como lo prueban, por ejemplo, las sentencias 196/2012, 60/2013, 53/2014, 74/2016 o 94/2017.

[20] El principio "quien contamina paga" ya fue enunciado en la Declaración adoptada por los gobiernos participantes en la Cumbre de las Naciones Unidas para el Medio Ambiente y el Desarrollo, celebrada en la ciudad de Río de Janeiro en junio de 1992. Asimismo, ha sido reiterado en diferentes niveles normativos como, por ejemplo, el art. 191.2 del Tratado de Funcionamiento de la Unión Europea o en España, el art. 1 de la Ley 26/2007, de 23 de octubre, de Responsabilidad Medioambiental o el art. 4.1 de la Ley 34/2007, de 15 de noviembre, de calidad del aire y protección de la atmósfera, en los que su adopción es explícita.
También lo admite sin ambages el Tribunal Constitucional español en distintas sentencias como, por ejemplo, 289/2000, 179/2006, 85/2013, 22/2015, 53/2017, 98/2018, 22/2019 y 87/2019, entre otras.

[21] No obstante, el Tribunal Constitucional ha advertido certeramente que la afectación del producto de la recaudación de un impuesto medioambiental a una acción protectora no

En España, tanto el Estado como las Comunidades Autónomas han establecido impuestos específicos con una finalidad de protección ambiental, aunque son las Comunidades Autónomas las que han creado la mayor parte de esta clase de tributos. Por lo que se refiere al Estado, son cinco los impuestos aprobados con este fin específico[22]: el **Impuesto sobre el Valor de la Producción de la Energía Eléctrica**, el **Impuesto sobre la Producción de Combustible Nuclear Gastado y Residuos Radiactivos Resultantes de la Generación de Energía Nucleoeléctrica** y el **Impuesto sobre el Almacenamiento de Combustible Nuclear Gastado y Residuos Radiactivos en Instalaciones Centralizadas**, establecidos por la Ley 15/2012, de 27 de diciembre; el **Impuesto sobre los Gases Fluorados de Efecto Invernadero**, creado por virtud de la Ley 16/2013, de 29 de octubre; y el **Impuesto sobre el Valor de la Extracción de Gas, Petróleo y Condensados**, creado en la Ley 8/2015, de 21 de mayo.

Las Comunidades Autónomas, como se ha destacado, han sido especialmente prolíficas en el establecimiento de esta clase de tributos[23] hasta el punto de que, en la actualidad, superan entre todas la cifra de cincuenta impuestos. Se pueden mencionar algunos de ellos a título de ejemplo: el **Impuesto sobre Emisión de Gases a la Atmósfera**, el **Impuesto sobre Depósito de Residuos Peligrosos**, el **Impuesto sobre Vertidos a las Aguas Litorales** y el **Impuesto sobre Bolsas de Plástico de un Solo Uso** de Andalucía; el **Impuesto sobre las Instalaciones de Transporte de energía de Alta Tensión**, el **Impuesto sobre el Daño Medioambiental Causado por la Emisión de Gases Contaminantes**

supone por sí sólo que éste responda verdaderamente a esa naturaleza (por ejemplo, SSTC 179/2006, 60/2013, 53/2014, 74/2016 y 22/2019).

[22] Dejamos al margen otros impuestos indirectos que gozan de tradición y en cuya ley de creación se menciona su finalidad extrafiscal, como en el caso de los impuestos especiales que gravan la fabricación de determinados productos (Impuesto sobre la Cerveza; Impuesto sobre el Vino y Bebidas Fermentadas; Impuesto sobre Productos Intermedios; Impuesto sobre el Alcohol y Bebidas Derivadas; Impuesto sobre Hidrocarburos o Impuesto sobre las Labores del Tabaco). Tal reconocimiento se recoge en la Exposición de Motivos de la Ley 38/1992, de 28 de diciembre, de Impuestos Especiales.

[23] Las limitaciones para establecer un campo de imposición propio de las Comunidades Autónomas favorecieron la aprobación de impuestos medioambientales por estas entidades. Vid. CHAMORRO y ZARZA, José Antonio: *La gestión integrada del sistema tributario en el Estado descentralizado español*. Cizur Menor: Thomson-Aranzadi, 2003, p. 111.

a la Atmósfera y el **Impuesto sobre el Daño Medioambiental Causado por las Grandes Áreas de Venta** de Aragón; el **Impuesto sobre el Depósito de Residuos en Vertedero** de Cantabria; el **Impuesto sobre la Emisión de Óxidos de Nitrógeno a la Atmósfera producida por la Aviación Comercial** y el **Impuesto sobre Instalaciones que Inciden en el Medio Ambiente** de Cataluña; el **Impuesto sobre la Contaminación Atmosférica** de Galicia; el **Impuesto sobre la Eliminación de Residuos en Vertederos**, de Extremadura; o, en fin, el **Impuesto sobre las Afecciones Ambientales del Uso del Agua**, del Principado de Asturias, entre otros muchos.

Pero también los impuestos fiscales contienen disposiciones que, directa o indirectamente, se dirigen a la protección del medio ambiente. Así ocurre con el Impuesto sobre Sociedades[24] o el Impuesto sobre la Renta de las Personas Físicas[25].

Finalmente, en el ámbito local, pueden citarse el Impuesto sobre Bienes Inmuebles (art. 74.5), el Impuesto sobre Actividades Económicas (art. 88.2 c)) o el Impuesto sobre Vehículos de Tracción Mecánica (art. 95.6 a) y b)), tributos regulados en el Real Decreto Legislativo 2/2004, de 5 de marzo, y cuyas normas citadas disponen deducciones o bonificaciones de índole medioambiental.

4. Reflexión crítica en torno a la fiscalidad como instrumento de protección medioambiental: de medio idóneo al riesgo de desnaturalización de la institución jurídica del tributo

La indiscutible utilización de la fiscalidad como una de las herramientas a disposición de los poderes públicos para la protección del medio natural no debe implicar una aceptación acrítica de este instrumento.

[24] Artículo 14.4 (admite la deducción por provisiones para gastos medioambientales) y Disposición Adicional 16ª (se prevé la libertad de amortización en inversiones realizadas en la cadena de valor de movilidad eléctrica, sostenible o conectada) de la Ley 27/2014.

[25] En este caso es un impuesto estatal cedido parcialmente a las Comunidades Autónomas, las cuales pueden crear deducciones propias. Las limitaciones lógicas del trabajo impiden hacer una relación exhaustiva; baste indicar que, de un total de diecisiete Comunidades Autónomas, ocho de ellas establecen deducciones con una finalidad medioambiental. Son las Comunidades Autónomas de las Islas Baleares, Canarias, Cantabria, Castilla y León, Galicia, Región de Murcia, La Rioja y la Comunidad Valenciana.

Determinados instrumentos fiscales como las bonificaciones o deducciones, previstos en impuestos con el fin de fomentar conductas más favorables a la protección del entorno natural, pueden valorarse de manera positiva siempre que se configuren adecuadamente. Ahora bien, la creación de impuestos con la finalidad específica de proteger el medio ambiente ha de ser objeto de una valoración algo más reflexiva.

En primer término, es importante poner de manifiesto una posible paradoja que afecta a esta clase de impuestos: los impuestos medioambientales pretenden, en la mayoría de las ocasiones, lograr sus objetivos protectores a través de la modificación de los comportamientos de los ciudadanos o de quienes actúan en el circuito económico. Es más, también es habitual que el producto de la recaudación se afecte a la reparación del daño causado. Ahora bien, si el impuesto logra esa modificación de las conductas, en buena lógica se reducirá la recaudación y, en los casos en los que esté previsto, también los recursos afectados a la conservación o restauración del medio ambiente. Luego, en una situación ideal, el impuesto acabaría desapareciendo al lograr su objetivo, con la consecuente reducción de recursos económicos, es decir, perdería su razón de ser una vez logrado el objetivo protector.

Otra de las reflexiones que suscitan los impuestos medioambientales es la que se refiere a la admisión en su seno del principio económico "quien contamina, paga". Este principio pretende que quienes realizan actividades contaminantes o lesivas del medio natural asuman los costes indirectos que provocan y que, normalmente, son soportados por el conjunto de la sociedad. Expresado de otro modo, a través de estos impuestos se pretenden internalizar las externalidades negativas producidas por las actividades contaminantes o dañosas, debiendo hacer frente a sus costes quienes las desarrollan. Aun aceptando esta proposición, no debe ocultarse la dificultad para evitar el traslado a los ciudadanos de los costes derivados de la fiscalidad medioambiental. Y es que, aunque el legislador prohíba en la normativa del impuesto su repercusión técnica, no podrá impedir sin embargo que el impuesto sea integrado como un coste más de producción en el precio final del producto, por lo que este principio no deja de ser un *desiderátum*.

También debe tenerse presente otro efecto derivado de la implantación de los impuestos medioambientales como es el incremento de la presión fiscal. Para soslayar este efecto, se ha recomendado llevar a cabo una importante reducción de las cotizaciones sociales y de los impuestos que gravan las rentas, siendo sustituidos por impuestos medioambientales[26], inspirando los postulados de la conocida como **reforma fiscal verde**. Este modelo no está exento de riesgos: uno de ellos es la incertidumbre recaudatoria que puede producir esta clase de impuestos, con potenciales efectos negativos para el mantenimiento de los gastos sociales; otro, no menos importante, el posible perjuicio a las personas más desfavorecidas, que soportarían de una u otra forma estos impuestos, viéndose lesionados los principios de igualdad tributaria y de capacidad contributiva.

Por último, pero no menos importante, es el aspecto relativo a la naturaleza claramente tributaria de estos impuestos. Esta afirmación puede parecer obvia, pero ratificar su naturaleza tributaria tiene consecuencias significativas: la principal, que la función primaria de los tributos es obtener recursos económicos para hacer frente a los gastos públicos. Ésta no es sólo su función tradicional e histórica, sino que también se establece implícitamente en la Constitución española y explícitamente en la Ley General Tributaria[27], con su confirmación en la jurisprudencia del Tribunal Constitucional[28]. Y esta naturaleza no desaparece en los impuestos medioambientales, aunque se admita que el fin recaudatorio no es el principal pues, al menos, deberá estar presente en la configuración de estos impuestos una manifestación de capacidad económica, aun potencial[29], con el fin de salvaguardar un principio

[26] En el campo económico es conocido como teoría del "doble dividendo".

[27] No puede extraerse una conclusión distinta del tenor del artículo 31.1 de la Constitución española:

"**Todos contribuirán al sostenimiento de los gastos públicos** de acuerdo con su capacidad económica **mediante un sistema tributario justo** inspirado en los principios de igualdad y progresividad que, en ningún caso, tendrá alcance confiscatorio."

O de la redacción del segundo párrafo del art. 2.1 de la LGT:

"**Los tributos, además de ser medios para obtener los recursos necesarios para el sostenimiento de los gastos públicos**, podrán servir como instrumentos de la política económica general y atender a la realización de los principios y fines contenidos en la Constitución."

[28] Vid. al respecto, entre otras, las sentencias 37/1987, 221/1992, 193/2004, 60/2013, 53/2014, 74/2016 y 43/2019.

[29] Esta exigencia no carece de importancia si se mantiene que los impuestos medioambientales son verdaderos tributos. El Tribunal Constitucional se refiere a este requisito

esencial sin el que los tributos podrían convertirse en un arma de confiscación. En definitiva, este requisito inexcusable junto a otros principios tributarios también exigibles no deja de remitir a su naturaleza principal. Por ello, cabe cuestionarse la posible desnaturalización de la figura del tributo a través de su uso para alcanzar objetivos que no son los esenciales de esta figura. A este respecto, es preciso tener en cuenta que el tributo puede tener finalidades distintas a la recaudatoria, pero esto no debe conducir a convertirlo en un instrumento cuyo objetivo exclusivo sea radicalmente distinto a aquel para el cual se concibió y que determina todo su régimen jurídico. Si los poderes públicos estiman que una actividad causa daños graves al medio ambiente, disponen de otros mecanismos más apropiados para su protección como puede ser el ejercicio de las potestades de policía administrativa prohibiendo la actividad, o imponiendo sanciones a las actividades nocivas y obligando a la reparación de los daños causados.

Como reflexión final es posible admitir el papel importante de la fiscalidad como una herramienta más que coadyuve a la protección del medio ambiente. Ahora bien, la utilización de los tributos y, en especial, de los impuestos, deberá realizarse con sumo cuidado teniendo presente, entre otras condiciones, su verdadera naturaleza para no emplearlos de forma absolutamente impropia (por ejemplo, con propósito sancionador) así como no ignorar los principios tributarios con el fin de evitar la vulneración de los derechos de los ciudadanos.

en distintas sentencias relativas a impuestos con finalidades extrafiscales y, particularmente, medioambientales; por ejemplo, en las SSTC 37/1987, 221/1992, 194/2000, 53/2014, 120/2018 y 43/2019.

12.
FEDERAÇÃO EM RISCO: O TRIBUTO PLURIFEDERATIVO COMO SOLUÇÃO À GUERRA FISCAL?

José Guilherme Fontes de Azevedo Costa
Rodrigo Tomiello da Silva

Introdução

O Brasil adotou a Federação como forma de Estado e o fez em definitivo: o art. 60, §4º, I, da Constituição é uma cláusula pétrea. Com Augusto Zimmermann concordamos ao apontar a Federação como forma mais complexa de organização do Estado[1]ao organizar entes autônomos sob regras uniformes para conferir autonomia necessária e merecer a designação de Estado Federal.

Em que pese a Federação ser a forma de Estado escolhida desde a Constituição da República de 1891 os movimentos de concessão de autonomia às províncias iniciaram muito antes, ainda no Império:

> O projeto de reforma constitucional aprovado na Câmara dos Deputados em 1832, que daria origem ao Ato Adicional, no seu artigo primeiro declarava ser o Brasil uma monarquia federativa. A crença de que a unidade de todas as terras americanas de colonização portuguesa seria possível, desde que garantida a autonomia para que as elites de cada parte do imenso território pudessem levar a cabo os cuidados com seus negócios e interesses

[1] Zimmermann, Augusto. Teoria Geral do Federalismo Democrático. 2. ed. Rio de Janeiro: Editora Lumen Juris, 2005, p. 37.

sem uma excessiva intervenção do governo central, aglutinava monarquia e federação.[2]

Conhecendo a história percebe-se que a Federação brasileira foi gerada por processo de divisão do Poder outrora existente quando da sucessão do Império pela República. Ela se edifica sobre a união indissolúvel da União, estados, DF e municípios, todos entes abstratamente autônomos.

A crise federativa, portanto, pode ser definida no Brasil como a própria motivação para a divisão. Em outras palavras foi da própria necessidade de prestigiar as oligarquias regionais que surgiu o ideal federalista brasileiro.

Esse balanço de poder apresenta seus maiores movimentos no exercício da tributação, uma vez que sem autonomia orçamentária falece qualquer tentativa de auto governo.[3] O desenvolvimento regional (pressuposto do desenvolvimento nacional) contrapõe os interesses locais e centrais quando o ideal é a cooperação entre os entes.

Nesse conflito entre os entes para financiamento do Estado e atração de investimentos, surgem políticas tributárias em flagrante desrespeito ao texto constitucional com a concessão unilateral de incentivos fiscais sem estudos prévios de impactos orçamentários.

Diante desse contexto tentar-se-á demonstrar que a reforma tributária, instituindo um tributo pluri federativo, reúne potencial para ser um instrumento de equilíbrio.

[2] DOLHNIKOFF, Miriam. O Pacto Imperial origens do federalismo no Brasil. São Paulo: Globo, 2005, p. 55.

[3] A crise federativa aparece já nos anais da Câmara de Deputados de número 1, datado de 1891 discurso de autoria de um político gaúcho, Júlio de Castilhos que, antevendo as deformidades da "federação", preconizou: *por circunstâncias peculiares, que não se dão na América do Norte o movimento partiu dos Estados para o Centro. Eram os Estados que tinham demasiada força e, portanto, tornava-se necessário proteger a União. Mas aqui se dá o contrário; aqui é preciso proteger os Estados contra a absorção central. Esta diferença é capital e, ao meu ver, tem sido, por assim dizer, a causa pela qual se hão equivocado alguns dos nossos mais distintos colegas, que querem identificar a situação do Brasil com a dos Estados Unidos da América do Norte, quando as condições são inteiramente diversas.* ZIMMERMANN, Augusto. Teoria Geral do Federalismo Democrático, 2. ed., Editora Lumen Juris, Rio de Janeiro, 2005, p. 298.

1. No Estado não existe poder, só função!

Como introito: o Estado Democrático de Direito (ao contrário do modelo Absolutista) não tem Poder. Quaisquer ações suas buscam fundamento de validade, em última instância, na Constituição, esta vista como um instrumento derivado do singular poder real em um Estado Democrático de Direito.

O único titular de Poder, em um ambiente neste modelo, deve ser o povo. Suas opções e valores devem ser ratificados em procedimento altamente dialético, do qual se origine a Norma Fundamental[4]. O Estado, portanto, e em todos os seus momentos, agentes e centros, possui apenas trabalhos; funções a desempenhar. E essas tarefas são designadas na Constituição pela sociedade que edificou o Estado[5].

Essa visão concreta de Estado, não por acaso, se assemelha àquela descrita por Dworkin como integridade política; a comunidade personificada, institucionalizada em torno de princípios que, nas palavras de Alonso Freire[6]:

> Com efeito, uma comunidade política que aceita a integridade política transforme-se em uma forma especial de comunidade, uma comunidade de princípios, uma vez que a obrigação política deixa de ser apenas uma questão de obediência a toda é qualquer decisão política tomada pela comunidade, mas uma noção de fidelidade a um sistema de princípios que todo é qualquer cidadão tem a responsabilidade de identificar como o sistema de direitos da comunidade à qual pertence que como qualquer comunidade exige o cumprimento de obrigações associativas.

Adotando-se a premissa de que o Estado Brasileiro nasceu, tal como forjado pela Constituição de 1988, apenas e tão somente para servir ao seu povo (art. 1º, parágrafo único, da CRFB/88)[7], o que o legitima não é

[4] SILVA, José Afonso da. Curso de Direito Constitucional Positivo, 15ª edição revista. Malheiros Editores, São Paulo, 1998, pp. 39-40.

[5] CLÈVE, Clèmerson Merlin. Atividade Legislativa do Poder Executivo, 2ª edição. Editora Revista dos Tribunais, São Paulo, 2000, p. 30.

[6] FREIRE, Alonso. *Ronald Dworkin e a Integridade Cosmopolita do Direito.* In: ABBOUD, Georges; ALMEIDA, Agassiz Filho; LEITE, George Salomão. (orgs.). *Ronald Dworkin: Direito Política e Pessoa Humana.* Tirantlo Blanc, 2018, p. 110.

[7] BONAVIDES, Paulo. Curso de Direito Constitucional, 17ª edição. Malheiros Editores, São Paulo, 2003, p. 90.

seu próprio "poder", mas o poder de quem o gerou. Logo, o Estado Brasileiro é mero cumpridor de funções que lhe são designadas pelo povo, ainda que indiretamente, quando da elaboração da Carta Magna[8].

Adotar essa ideia é de total relevância não apenas acadêmica, mas prática[9]. Uma correta distribuição de funções, aliada a mecanismos de cobrança do seu regular exercício, é fundamental à ideia de que o único poder existente de fato é aquele que deu origem material à Constituição da República.

É a partir do momento que dissertamos acerca de formas de Estado tendentes a promover a distribuição de funções e multiplicação de centros de "Poder", enfim, que passamos a tratar do tema que ora nos é caro: a Federação Brasileira e suas – imensas – oportunidades de melhoria, eminentemente com a iminente Reforma Tributária, que prevê a implementação de novas normas e mecanismos.

2. Não caiu do céu, foi uma escolha! A Constituição de 1988 elegeu a Federação como forma de Estado

A forma federativa de Estado foi uma escolha constitucional. Não existe nenhuma obrigação abstrata, mesmo em um país de dimensões continentais, que exigisse tal escolha[10].

O conceito de autonomia aqui é empregado para delinear a autodeterminação, observados os limites previstos pela Constituição. Essa ideia, para fins acadêmicos, pode ser dividida em autoadministração, autogoverno e auto-organização.[11]

[8] Slaibi Filho, Nagib. Direito Constitucional. Editora Forense, Rio de Janeiro, 2004, p. 622.

[9] Dalari, Dalmo de Abreu. Elementos de Teoria Geral do Estado, 19ª edição. Editora Saraiva, São Paulo, 1995, pp. 181 e 182.

[10] Douglas, William; Motta Filho, Sylvio Clemente da. Direito Constitucional, 12ª edição. Editora Impetus. Niterói, 2003, p. 203.

[11] Nas palavras de Augusto Zimmermann: Outrossim, o fundamento da autonomia dos entes federados repousa sobre a regra objetiva da Constituição Federal, para que, em toda a sua rigidez, resulte-se a sobrevivência da pluralidade federativa, a garantia da liberdade das partes e da atividade própria da União, conquanto seja ela a agente política dos interesses mais genéricos e abstratos. Por isso, o princípio da autonomia confunde-se, a saber, com a própria idéia de Federação, dela sendo elemento indisponível e distinguidor do Estado federal das demais formas de Estado composto ou unitário. Zimmermann, Augusto. Teoria Geral do Federalismo Democrático, 2. ed. Editora Lumen Juris, Rio de Janeiro, 2005, p. 81.

Inegável que o texto original da Constituição sofreu diversas reformas que alteraram, especialmente, as fontes de financiamento dos entes federados. A profundidade dessas reformas levou a doutrina a afirmar:

> Em verdade, parece-nos que não temos um Estado federal, em sua essência, pois este se constituiria no exercício de poderes intangíveis. Temos um Estado unitário descentralizado. O pacto que se instaura com o advento na nova Constituição já sofreu tantas e inúmeras alterações que os Estados membros, aos poucos, vão perdendo autonomia. Esta decorre, inequivocadamente, da preservação de suas atribuições e manutenção dos recursos que lhe são destinados para que cumpra suas finalidades e atinja os objetivos que lhe foram traçados. Ora, a todo instante o Estado federal mutila os Estados-membros.[12]

Agregar harmonia na prática, respeitando limites de competência e consoante princípios constitucionais, a uma autonomia sustentável constitui o núcleo de qualquer Federação que se pretenda dizer sadia. A conexão dos entes federativos deve ser similar àquela dos chamados "Três Poderes", perseguindo de modo incessante, mesmo na eventual sinergia tensa entre as unidades federativas, um "Ótimo de Pareto"[13].

A consagração do ideal constitucional depende de sincronia adequada entre os chamados Poderes Estatais, com os chamados sistemas de freios e contrapesos, "*evitando que uma só pessoa, ou um único órgão, viesse a concentrar em suas mãos todo o Poder do Estado*"[14].Os entes federativos (União, DF, estados e municípios) devem exercer de modo sistêmico e responsável suas tarefas precípuas. De modo autônomo, mas não arbitrário.

É possível alterar o atual modelo brasileiro mantendo-se a forma Federativa do Estado, escapando-se assim de um conceito açodado que esbarraria nos limites materiais ao poder constituinte derivado (cláusulas pétreas).

[12] Oliveira, Régis Fernandes. Curso de Direito Financeiro. Editora Revista dos Tribunais, São Paulo, 2006, p. 31.

[13] Diversos. O Livro da Economia. Editora Globo, São Paulo, 2013, pp. 130-131.

[14] Araújo, Luis Alberto David; Nunes Júnior, Vidal Serrano. Curso de Direito Constitucional. Editora Saraiva, São Paulo, 1998, pp. 210 e 211.

De modo a proteger a Federação, o constituinte originário previu diversos mecanismos para manutenção do equilíbrio federativo. O primeiro deles é o estabelecimento da própria Federação como cláusula pétrea, isto é, limite material ao poder de reforma da Constituição[15]. Outro instrumento é a possibilidade de controle de constitucionalidade de atos normativos que atentem contra a Carta.

Assim como a repartição de competências normativas, de funções administrativas e de receitas tributárias. Destaquemos dois relevantes instrumentos: a repartição (i) de competências normativas e (ii) de receitas tributárias, ambos relacionados à autonomia financeira.

Assim como não há sentido em se falar de cidadania para a pessoa que passa fome, é impossível a manutenção de um pacto federativo entre entes sem lhes viabilizar recursos financeiros para tanto.

2.1. Autonomia financeira dos entes federativos e competências normativas

Seja para proteção aos direitos de primeira, segunda ou mesmo de dimensões além (fincadas na democracia fraternal e na sustentabilidade), nota-se que prestações estatais positivas são necessárias, e há natural geração de despesas para o Estado. A consagração de todo e qualquer direito é um ato oneroso para o Estado. Logo, para atender esses direitos, o Estado inexoravelmente precisará gerar receita suficiente, visando assim ao devido e sustentável cumprimento de sua missão constitucional.

A Constituição da República, ao repartir as funções dos entes Federativos, deve por óbvio conceder-lhes meios para alcance desse desiderato, com equidade, como meio de legitimação perene e democrática do Estado, e impor-lhes obrigações para adequada gestão desses recursos[16].

Para garantir a autonomia desses entes, é preciso que haja mecanismos capazes de assegurar o autossustento da máquina pública pois, segundo Hugo de Brito Machado Segundo: *"...a autonomia dos governos periféricos é intrínseca e essencial a qualquer forma federativa de Estado*[17]*"*.

15 Bulus, Uadi Lammêgo. Curso de Direito Constitucional, 9ª edição, Editora Saraiva, São Paulo, 2015, p. 417.

16 Mukai, Toshio. O Direito Administrativo e os Regimes Jurídicos das Empresas Estatais, 2ª edição. Editora Fórum, Belo Horizonte, 2004, p. 77.

17 Machado Segundo, Hugo de Brito. Contribuições e Federalismo. Dialética, São Paulo, 2005, p. 9.

Autônomo, por excelência, é aquele que atua integrado e não sozinho, mas cuja existência e viabilidade não devem depender senão de si mesmo.

Trata-se, pois, de regime de receitas e despesas públicas. A principal receita pública hoje é a receita derivada relativa à tributação[18]. No entanto, nada impõe que a arrecadação das receitas derivadas se dê através do ente que irá ser titular do recurso. A autodeterminação financeira pode ser alcançada com mecanismos diversos de garantia de suprimento financeiro dos entes sem que esteja vinculada a competência de instituição e cobrança dos tributos geradores da receita.

2.2. Divisão de competências legislativas x compartilhamento de receitas

2.2.1. Competência normativa tributária

O desenho institucional da Federação Brasileira estabelece as competências normativas tributárias de maneira a prover a autonomia financeira mencionada acima.

A discussão acerca da dispensabilidade de instituição do tributo pelo ente que recebeu da Constituição a competência parece não mais se justificar. Afinal, a notória crise fiscal retratada no crescente endividamento dos Estados e Municípios revela o comprometimento da autonomia mesmo com exercício pleno das competências para instituição de tributos.

Os programas de reestruturação da dívida dos Estados (Lei Complementar 156/2016 e Lei Complementar 159/2017 – Regime de Recuperação Fiscal) são normas editadas por uma razão – e essa razão não é o poderio financeiro das Unidades Federativas (UFs).

Uma vez assentado que os entes devem instituir os tributos para os quais têm competência (por uma questão de coerência com o quadro normativo apontado acima), o cenário Federativo atual aponta a possibilidade de 27UFs (estados e DF) instituírem e cobrarem o ICMS, imposto previsto no art. 155, II, da Constituição, e ainda a viabilidade de mais de 5.000 (cinco mil) municípios cobrarem ISSQN, imposto previsto no art. 156, III, da Constituição.

[18] Harada, Kiyoshi. Direito Financeiro e Tributário, 20ª edição revista e ampliada. Editora Atlas. São Paulo, 2011, p. 46-47.

Ocorre que a instabilidade fiscal nacional motiva diversas alterações do texto constitucional no sentido de concentrar arrecadação no ente central como há tempo aponta a doutrina mais atenta[19], em prejuízo dos entes periféricos que dependem cada vez mais de transferências voluntárias para realizar em seus projetos autonomamente.

Então tem-se um movimento de centralização dos recursos com a expansão contínua das "contribuições" na fatia impositiva nacional e a resposta à perda de arrecadação e consequente autonomia com as consequências que serão tratadas adiante.

Sem muita ginástica cerebral fica claro o embate entre entes idealmente colaborativos em prejuízo da segurança jurídica. Aqui poder-se-ia dizer: *em prejuízo do contribuinte,* contudo, todo conflito gera benefícios nem sempre moralmente defensáveis a quem aproveita as fragilidades gestadas na animosidade entre as partes.

2.2.2. Repartição de receitas tributárias

Percebe-se de antemão que o federalismo fiscal está em crise. As consequências da lei Kandir, a ampliação das contribuições e os incentivos fiscais unilaterais, são sintomas desse estado crítico que possui seu epicentro no modelo de repartição de receitas tributárias adotado.

O art. 6º, p. ún. do CTN e o capítulo constitucional da repartição das receitas tributárias (arts. 157 a 161 da CRFB/88) tratam do assunto, e deles se extrai que não há influência obrigatória entre os institutos da competência tributária (normativa), da capacidade tributária ativa

[19] Hugo de Brito Machado Segundo é bastante enfático: *No caso, os fatos já atribuídos pela Constituição a Estados e Municípios são signo presuntivos de capacidade contributiva. Essa capacidade é onerada pelos impostos respectivos. Acrescentar-lhes o gravame de uma contribuição implicaria, necessariamente, um dos seguintes resultados:*
a) Estados e Municípios não poderiam extrair dos fatos tributáveis toda a arrecadação que a capacidade contributiva neles relevada seria capaz de gerar; ou
b) a exigência da CIDE ocorreria de modo a ultrapassar as capacidades dos contribuintes respectivos, já onerados à exaustão pelos impostos Estaduais e Municipais.
Levando qualquer das conclusões a Cide é inconstitucional. Se conduz à primeira tende a abolir a Federação: através de contribuições, a União suprimiria, gradativamente, a autonomia de que dispõem os Estados e Municípios brasileiros. SEGUNDO, Hugo de Brito Machado. *Contribuições e Federalismo.* Dialética, São Paulo, 2005, p. 175.

(administração e cobrança) e da repartição de receitas fiscais (orçamentária); essas ideias e conceitos operam em planos portanto diversos.

No modelo brasileiro, a repartição se dá para alguns impostos e contribuições, sendo certo que há participação dos entes "menores" nos valores arrecadados pelos entes "maiores" (participação dos municípios no ICMS arrecadado pelos estados, por exemplo), e também entre entes de mesma estatura (divisão de receitas de ICMS em operações interestaduais com determinados produtos).

É possível repartição direta – aquela em que o ente federativo a que se destinam as receitas recebe seu montante sem participação de intermediário – e indireta, isto é, aquela tem como intermediário um fundo de participação ou fundo compensatório, por meio dos quais se perfaz a divisão do produto da arrecadação, segundo os critérios normativos a que aludem o art. 153, §5º, e os arts. 157 a 159 da CRFB.

São ainda previstas – e aqui mora o risco de se adotar a repartição de receitas como solução fiscal para a Federação em detrimento da repartição de competências – as hipóteses de suspensão dos repasses de receitas tributárias.

A Carta, em seu art. 160, p.ún., disciplina que a União e os estados podem condicionar a entrega de recursos a (i) pagamento de créditos seus e de suas autarquias, (ii) cumprimento dos percentuais mínimos de aplicação de recursos em ações e serviços aludidos no art. 198, §2º, II e III, da CRFB.

Fica clara a relevância da repartição de receitas tributárias como auxiliar no alcance da autonomia financeira mister à sustentabilidade federativa de estados e municípios.

2.3. Os abusos no exercício da competência normativa

A concessão de competência normativa tributária a cada ente foi pensada originalmente para permitir que cada um pudesse autonomamente elaborar suas normas e, assim, criarem-se elementos em coordenação que pudessem fortalecer a Federação como um todo. Não é isso, porém, que hoje se observa.

No atual cenário, nota-se por parte de diversos entes a concessão indiscriminada e inconstitucional de diversos benefícios fiscais fundamentados em política irresponsável, efêmera e hedonista.

Municípios concedem incentivos de ISS sem qualquer estudo de impacto orçamentário e fixam suas competências sem observarem os preceitos da Lei Complementar nº 116/03, invadindo áreas de competência de municípios vizinhos.

Estados, de modo similar, concedem benefícios fiscais de ICMS sem observarem a necessidade de prévio Convênio CONFAZ, em flagrante desrespeito aos preceitos da Lei Complementar nº 24/75 e sem qualquer estudo de viabilidade econômica, sustentabilidade ou impacto orçamentário. A esse tipo de atuação por parte de entes federados dá-se o nome de Guerra Fiscal, que ocorre especialmente na concessão de benefícios fiscais de ICMS.

2.3.1. Requisitos constitucionais e legais para concessão de benefícios fiscais de ICMS

O art. 150, §6º da CRFB/88 estipulou que qualquer subsídio, isenção, benefício ou incentivo fiscal, deve ser concedido por intermédio de lei específica do ente político competente. Trata-se de mera expressão do princípio da Legalidade, extraído do art. 150, I da CRFB e do art. 97 do CTN.

Como se trata – a concessão de benefícios fiscais – de renúncia de receitas públicas, a LC nº 101/2000 – "Lei de Responsabilidade Fiscal" (LRF) prevê ainda, em seu artigo 14, os requisitos de gestão que devem anteceder e justificar referida benesse do Estado. Sobre referida cláusula de responsabilidade fiscal, cita-se a lição de José Eduardo Soares de Melo[20]:

> Todavia, como benefícios fiscais implicam natural e automática renúncia de receita, doravante os agentes públicos passam a ficar sujeitos a determinadas limitações, e condições, para que tais benefícios não acarretem imputação de responsabilidade.
>
> Face este novo estatuto jurídico, os agentes não mais se encontram totalmente tranquilos para conceder benefícios fiscais, não só pelo risco de eventual providência por parte do Estado (e Distrito Federal) que se sinta prejudicado, mas também pela circunstância de que o desatendimento às condições da LC nº 101 pode redundar na aludida responsabilidade. De

[20] Melo, José Eduardo Soares de. Curso de Direito Tributário, 6ª edição revista e atualizada. Dialética, São Paulo, 2005, p. 347.

nada adiantará conceder incentivos, se, por outro lado, ficam compelidos a aumentar a receita com a imposição de novos ônus tributários.

Além desses requisitos gerais, há o caso do ICMS, circunstância em que a forma de concessão dessa benesse deverá, previamente, estar veiculada em Lei Complementar, a teor do art. 155, §2º, XII, g da CRFB/88 e, posteriormente autorizada por Convênio CONFAZ.

Coube à Lei Complementar nº 24/75 o papel de regulamentar a forma de concessão do benefício, consoante imposição constitucional. O Convênio CONFAZ é espécie normativa tratada no art. 2º da referida Lei Complementar[21].

2.3.2. O que são benefícios fiscais de ICMS?

Como "benefício fiscal", entende-se qualquer redução ou eliminação, direta ou indireta, do respectivo ônus tributário, seja por meio de redução do valor cobrado ou concessão de créditos ou incentivos fiscais; não se confundem com benefícios apenas financeiros, que têm tratamento diverso.

Não é, porém, qualquer redução fiscal que exige a celebração prévia de convênio. Um estado pode, unilateralmente, reduzir sua alíquota de ICMS até o limite da alíquota interestadual, por exemplo. Assim disciplina o art. 155, §2º, VI, da CRFB.

As alíquotas interestaduais de ICMS são as definidas na Resolução do Senado Federal nº 22/89, e são de 7% e 12%, a depender dos estados de origem e/ou destino.

Mas os benefícios podem se caracterizar de outras formas menos evidentes. O rol previsto no art. 1º, p. ún., da Lei Complementar nº 24/75 auxilia no caminho para se tentar definir o que seriam benefícios fiscais, mas o Supremo Tribunal Federal – STF – possui jurisprudência bastante ampla quando busca definir benefícios fiscais (v.g., ADI 4.635/SP).

Não raro, uma UF busca conceder unilateralmente benefícios fiscais menos óbvios, concedendo por exemplo uma redução de base de cálculo, em vez de uma isenção ou redução de alíquota. Na compreensão

[21] MELO, José Eduardo Soares de. ICMS – Teoria e Prática, 8ª edição. Dialética, São Paulo, 2005, p. 286.

do STF, contudo, a redução da base de cálculo equivale a uma isenção parcial (v.g., RE 174.478/SP).

Vale dizer, em linha coerente com o acima mencionado: o STF compreende que a redução da base de cálculo na aquisição de mercadoria tributada pelo ICMS reflete na necessidade de anulação igualmente proporcional dos créditos pela entrada da mercadoria (v.g. RE-RG 635.688, tese 299 de RG).

2.3.3. "Guerra fiscal" e o tratamento do STF ao tema

A "guerra fiscal" que tem por objeto o ICMS se caracteriza pela concessão unilateral (sem devido convênio CONFAZ prévio, portanto), de benefícios fiscais. É o desrespeito ao art. 155, §2º, XII, g c/c art. 2º, §2º, LC nº 24/75. Sobre o tema, jurisprudência do STF é firme no sentido de declarar a violação à Carta (v.g. ADIs 2.377/MG, 3.389/RJ, 3.673/RJ, 3.674/RN e 2.811/RS).

O STF compreendia, até 2014, que a inconstitucionalidade na instituição unilateral de benefícios fiscais de ICMS é tão flagrante que, em regra, não autorizaria a modulação temporal de seus efeitos (v.g, ADI 3.794/PR).

A partir de 2014, porém, o STF declarou que em alguns casos, para preservação da ordem jurídica, é possível a modulação de efeitos temporais da declaração de inconstitucionalidade de benefício fiscal concedido sem convênio prévio (v.g., ADIs 4.481/PR e 2.663/RS). Aparentemente, a Corte estaria redesenhando sua compreensão sobre o tema, mas voltou a haver maioria para declaração *ex-tunc* em casos afins a partir de 2019 (v.g., EDs na ADI 3.674/RN e ADIs 3.936/PR e 2.811/RS).

Entendíamos como razoável a posição do STF em modular os efeitos da declaração de inconstitucionalidade de concessão de benefícios de ICMS sem convênio prévio (medida de guerra fiscal), mas mesmo essa posição, agora aparentemente superada, seria mero paliativo diante da crise institucional gerada pelos estados que atuam nessa linha de flagrante inconstitucionalidade.

A guerra fiscal é uma realidade nacional que deteriora o Pacto Federativo; a crise fiscal e econômica tem gerado incremento desmedido da atuação das UFs em descompasso. Os contribuintes ficam entre a presunção de constitucionalidade das normas, sobre a qual se edifica o Estado Democrático de Direito, e a flagrante inconstitucionalidade de benefícios sem convênios prévios, que podem vir a ser declarados ilegítimos com efeitos retroativos, situação que pode autorizar cobrança da diferença entre a carga tributária original e a carga beneficiada junto aos contribuintes que confiaram nos estados e aderiram aos benefícios instituídos.

Não aderir a dado benefício fiscal, mesmo que flagrantemente inconstitucional, pode alijar um contribuinte de dado mercado, haja vista a competição feroz em alguns segmentos e a alta carga fiscal do ICMS.

Recentemente, também, o STF alterou sua jurisprudência histórica, que dava aos estados lesados o direito de apenas contestar benefício fiscal indevidamente concedido por outra UF por meio de controle de constitucionalidade (*"O propósito de retaliar preceito de outro Estado, inquinado da mesma balda, não valida a retaliação: inconstitucionalidades não se compensam"* - MC na ADI 2.377/MG).

O STF definiu em 2020, na ADI e no RE-RG 628.075/RS (aqui, fixando a tese de repercussão geral nº 490), que é possível a estados de destino atuar, tanto administrativamente quanto normativamente, para vedar efeitos de benefícios fiscais concedidos pelo estado de origem sem autorização prévia do CONFAZ.

Essa nova compreensão permite ataques e contra-ataques entre as UFs ainda mais diretos, sem sequer intermediação judicial, gerando um clima de faroeste e uma insegurança jurídica imensa aos contribuintes.

2.3.4. Varrendo a sujeira para baixo do tapete: A Lei Complementar nº 160/2017 e o Convênio CONFAZ nº 190/2017

Em 07/08/2017 foi promulgada e publicada a Lei Complementar nº 160, trazendo aos Estados federados brasileiros a possibilidade de superar o problema da guerra fiscal do ICMS.Referida LC trouxe a viabilidade de reinstituição, por Convênios com quórum reduzido, de benefícios inicialmente inconstitucionais, para que fossem assim "revalidados".

Em paralelo, foi ainda veiculada a possibilidade de serem remitidos os créditos oriundos da declaração de inconstitucionalidade dos benefícios que não obedeciam aos ditames originais – veiculados por Convênio prévio aprovado por unanimidade.

A Lei Complementar, então, trouxe a exclusão da necessidade de unanimidade para aprovação de Convênios CONFAZ, com a fixação de requisitos mínimos para a estabilização de situações passadas e futuras e com a previsão de prazos de até 15 anos para que os Estados concedentes de benefícios irregulares superassem as irregularidades originais na concessão unilateral de benefícios.

Já em 15/12/2017, após deliberação não unânime das UFs, mas observado adequadamente um *quórum* convergente com a LC nº 160/17, foi aprovado o Convênio CONFAZ nº 190/17, pormenorizando diversos dos requisitos e comandos contidos na Lei Complementar[22].

Este parecia um caminho interessante para construção de um novo momento do pacto federativo nacional, com a preservação dos contribuintes contra as mazelas deles decorrentes, mas trouxe uma nova dimensão à discussão da guerra fiscal, como bem apresenta Eduardo Soares de Melo[23].

Ocorre que, em desafio ao referido bloco normativo, o Estado do Amazonas, um dos entes federativos não originalmente signatários do Convênio CONFAZ nº 190/2017, promoveu ajuizamento da ADI nº 5.902[24], em que foi pedida a inconstitucionalidade de diversos pontos da LC nº 160/17 e do Convênio CONFAZ nº 190/17[25].

É bem verdade que, em paralelo, diversas outras UFs passaram a trabalhar para consolidação dos preceitos trazidos pela LC nº 160 e pelo Convênio CONFAZ nº 190/2017, editando suas normas em busca de revalidar diversos benefícios, e mesmo caminhar no sentido de remitir débitos de contribuintes oriundos de guerra fiscal. Essa atuação é fundamental à concretização dos preceitos normativos[26].

Porém, ao mesmo tempo em que alguns tribunais administrativos locais contestam essa realidade[27], enquanto não se der um julga-

[22] https://www.conjur.com.br/2018-jan-22/fernanda-kotzias-confaz-define-regras-convalidacao-beneficios

[23] https://www.conjur.com.br/2019-set-09/opiniao-novas-dimensoes-guerra-fiscal-incertezas-juridicas

[24] https://portal.stf.jus.br/processos/detalhe.asp?incidente=5360093

[25] https://www.jota.info/paywall?redirect_to=//www.jota.info/tributos-e-empresas/tributario/amazonas-pede-inconstitucionalidade-da-lc-160-e-convenio-do-icms-23032018

[26] https://www.conjur.com.br/2018-mar-17/alline-couto-acordo-paz-guerra-fiscal-depende-estados

[27] https://www.jota.info/paywall?redirect_to=//www.jota.info/opiniao-e-analise/artigos/observatorio-tit-lei-complementar-07022019

mento definitivo pelo STF, silente desde fevereiro de 2018 a despeito de empregado o chamado "rito abreviado" a que alude o art. 12 da Lei nº 9.868/99[28], seguirá havendo incertezas para os contribuintes e para os próprios gestores públicos.

3. Crise da Federação Brasileira: qual seria a causa?

A guerra fiscal é, por certo ângulo, também uma consequência; um dos múltiplos sintomas da doença que prejudica esta República tupiniquim. Pensar nas verdadeiras causas desse fenômeno, ainda que brevemente, ajuda a afastar a ideia acadêmica de que podemos solucionar a guerra fiscal apenas instituindo remissão ou validação, ou apenas trocando a autonomia dos estados – expressa neste caso pela competência tributária – pelo mero repasse (divisão/repartição de receitas).

Então por que os entes brigam entre si pelos impostos ou para atrair investimentos ou qualquer razão que seja? Por que a cegueira quanto ao prejuízo em médio e longo prazo? O diagnóstico é elementar à edificação da cura.

Por que, ao se conceder autonomia aos estados, eles escolhem abusar dessa autonomia e empreendem sistematicamente ações que geram perdas aos demais e, em longo prazo, a eles mesmos? Será que um caminho em busca da solução é restringir essa autonomia, em nome da coexistência harmônica?

Será que esse comportamento das unidades Federadas é algo isolado? Seria um problema apenas político circunstancial ou algo humano, de raízes mais profundas e complexas, a demandar profundo estudo filosófico e psicológico?

Com esse questionamento rememoramos um dos teóricos fundadores do modelo na sua origem, Alexander Hamilton:

> É comum ressaltar que parece ter sido reservado ao povo deste país, por sua atuação e exemplo, decidir a importante questão: se as sociedades humanas são realmente capazes de criar um bom governo utilizando a ponderação e o voto, ou se elas estão para sempre condenadas a depender, para suas constituições políticas, do acidente e da força. Se houver alguma verdade nessa observação, a crise a que chegamos pode, com propriedade, ser

[28] https://www.conjur.com.br/2018-abr-13/amazonas-questiona-convalidacao-beneficios-guerra-fiscal

encarada como o momento em que a decisão deve ser tomada; e uma escolha errada de nossa parte poderá, no caso, ser considerada como uma desdita para a humanidade.[29]

3.1. Desafio filosófico: crise de vinculação

Começa-se pensando no conceito: união + entes autônomos.

Unir-se significa criar vínculos; abdicar da individualidade extrema e substituí-la pelo convívio equilibrado de soma de esforços por interesses comuns.

Por que entes autônomos decidem, em dado momento, se unir? Pelo mesmo motivo que pessoas se casam, sócios se unem e se formam sindicatos e entidades de representação.

Vínculo é união com o outro, é abdicação de excessos ou manias próprias. Para vincular-se, é preciso preparo. Sobre o tema, John Locke (em seu "Ensaio acerca do conhecimento humano, Livro IV, capítulo XVI, seção 4), citado na obra de Bertrand Russell[30], que merece destaque: "*Há razões para acharmos que, se os homens possuíssem mais elevada instrução, tentariam se impor menos uns sobre os outros*".

O que se quer mostrar, ao fim e ao cabo, é que a falência da Federação Brasileira nada mais é do que um reflexo da falência do exercício do brasileiro em formar e manter vínculos, e respeitar e cultivar suas próprias instituições. Cidadão – sociedade – Estado. No Brasil, estamos todos falhando. Estamos todos em crise.

Esta crise é de (falta de) cidadania; ela vive da retroalimentação sociedade-Estado, que deveria ser o elemento de legitimação do próprio Estado Democrático de Direito[31].

3.2. Crise humana = crise institucional?

Consoante antecipado, temos que o estudo apontando que a crise institucional pela qual passa a Federação brasileira tem origem similar à crise de relações humanas.

[29] HAMILTON, Alexander; JAY, John; MADISON, James. O federalista. Traduzido por Ricardo Rodrigues Gama. Russel, Campinas, 2003, p. 17.

[30] RUSSELL, Bertrand. História da Filosofia Ocidental. Livro III – A Filosofia Moderna. Nova Fronteira, Rio de Janeiro, 2015, p. 152.

[31] CÂMARA, Alexandre Freitas. Lições de Direito Processual Civil, Vol. 1, 16ª edição, Editora Lumen Iuris, Rio de Janeiro, 2007, pp. 55-56.

Ocorre que, embora a deterioração dos vínculos humanos possa ser percebida como decorrência da globalização, do consumismo e dos avanços tecnológicos em todo o globo, não é em todos os casos que se percebem os reflexos desse comportamento humano nas relações institucionais.

Acredita-se que a razão disso está no grau de maturidade da sociedade e do Estado enquanto agentes e destinatários do Direito, bem como na consolidação do próprio Direito como ciência de revelação e controle das relações. A relação entre conhecimento e obediência ao direito é bem tratada por Cesare Beccaria[32]:

> O conhecimento facilita a comparação entre objetos, a partir de diferentes pontos de vista. Quando as nuvens da ignorância são dissipadas pelo brilho do conhecimento, a autoridade pode tremer, mas as leis permanecem imóveis, pois não há homem de grande conhecimento que não ame os públicos, claros e úteis pactos de segurança, comparando o pouco de inútil liberdade sacrificada por ele, com a soma de todas as liberdades sacrificadas por outros homens que, sem essas leis, poderiam conspirar contra ele.

Uma sociedade madura compreende não apenas seus direitos, mas os deveres que integram o arcabouço da cidadania, e promovem a luta por essa conscientização[33].Quando se fala em crise institucional, em linha simples afirma-se que há situações reiteradas nas quais o direito não socorre um valor constitucional – seja por inexistência, seja por não aplicação dos comandos normativos existentes.

A crise institucional, pois, é a crise da não aplicação do Direito – reflete a incapacidade de vinculação de Estado e da sociedade aos valores constitucionais positivados; ela ocorre quando a Constituição de Loewenstein deixa de ser normativa e caminha para tornar-se meramente semântica; ocorre quando a Constituição de Schmitt deixa de ser a fonte do poder político, ou quando a Carta de Kelsen deixa de refletir a norma jurídica superior, ou ainda quando a Carta de Lassale torna-se

[32] BECCARIA, Cesare. Dos delitos e das penas. Hunter Books, São Paulo, 2012, pp. 117-118.

[33] JHERING, Rudolph Von. A Luta pelo Direito. Hunter Books, São Paulo, 2012, pp. 129-130.

um mero pedaço de papel diante das reais forças de poder no ambiente social em que se encontra[34].

3.3. A Maturidade institucional como fundamento de uma solução duradoura

Quando se fala em Estado de Direito, fala-se no Estado das leis, não das meras vontades de momento – consoante o ensaio de Ulisses e as sereias (Homero – Odisseia, Livro XII).

Esse exercício pode mostrar-se mais trabalhoso do que o impulso de construir uma solução pontual para dado caso, mas essa é a única metodologia que atende ao anseio de segurança jurídica proporcionado pelo Estado de Direito, equilibrando justiça e segurança[35].

Não se está aqui a defender, em absoluto, a imutabilidade do direito ou o governo dos mortos sobre os vivos, isto é, que a atual geração não poderia atualizar o direito construído pelas gerações passadas[36].

É elementar o entendimento de que os direitos têm origem, e quanto maiores a profundidade filosófica e o componente histórico de sua construção, maior será sua estabilidade. A maior densidade do Estado de Direito, portanto, é o ponto de partida para se criarem barreiras institucionais aos efeitos da moralidade líquida.

Essa premissa deve ser edificada sobre a soma de alguns fatores, entre os quais ganham destaque (i) a simplificação normativa, (ii) a qualificação da capacidade de compreensão da sociedade, (iii) o engajamento dos destinatários diretos e indiretos das normas e (iv) a responsabilização pessoal e eficaz dos descumpridores da norma.

4. Reforma tributária como meio de proteção da federação

Embora entendamos que essa crise merece uma solução de desenvolvimento humano, parece-nos possível conjeturar avanços normativos que podem contribuir com o fim da guerra fiscal, especialmente no bojo da pretendida reforma tributária, consoante a seguir ofertamos.

[34] Silva Neto, Manoel Jorge e. Curso de Direito Constitucional, 6ª edição. Lumen Juris, Rio de Janeiro, 2010, pp. 30-32.

[35] Silva, Almiro do Couto. Conceitos Fundamentais do Direito no Estado Constitucional. Malheiros Editores, São Paulo, 2015, p. 20.

[36] Barroso, Luis Roberto. Curso de Direito Constitucional Contemporâneo. Saraiva, São Paulo, 2009, p. 219.

4.1. Centralização da competência – Troca pela repartição de receitas

A partir da premissa de que a responsabilidade pela guerra fiscal é abusivo exercício de competência tributária normativa por estados e municípios, soa tentador afirmar que a solução seria centralização do poder normativo em uma única fonte e a instituição de novos mecanismos para repartição de receita.

A ideia de repartição de receitas (concentradas) poderia ser um meio de viabilizar um fortalecimento mais linear dos entes federativos, tendo no centro normativo a origem de todas as disciplinas fiscais para os entes periféricos e não haveria espaço para ataques e contra-ataques de estados e municípios uns contra os outros.

O foco, aqui, estaria na construção de novos instrumentos para validação da política de um ente por outros entes federativos, reduzindo-se as competências normativas tributárias desses entes, viabilizando sua autonomia financeira por outro meio, a repartição de receitas tributárias[37].

Seria, em tese, constitucionalmente possível reduzir a autonomia normativa tributária dos entes Federativos menores, substituindo-a pelo mero repasse de recursos financeiros que são o cerne da autonomia governamental.

Imagine-se que o ICMS e o ISS passassem a ser federais, com a eliminação de diversos atos normativos, e que passasse a haver apenas um mecanismo eficaz de repasse/divisão de receitas da União aos estados (e DF) e municípios. Em abstrato, os problemas atinentes à complexidade das normas, às diferenças de critérios e regimes de fiscalização de cada estado e a própria guerra fiscal estariam resolvidos.

Este seria um caminho mais simples e direto para tentar-se resolver as mazelas das guerras fiscais. Porém, em nosso ver, seria um excessivo corte na autonomia dos entes que poderia conduzir à própria descaracterização da federação.

4.2. Tributos Multifederativos

No atual modelo constitucional, a titularidade da competência tributária é dividida entre os entes, mas nada na Constituição obsta, desde que

[37] ALEXANDRINO, Marcelo. PAULO, Vicente. Manual de Direito Tributário, 5ª edição revista e atualizada. Impetus, Niterói, 2007, p. 161.

respeitados os núcleos do princípio da Federação, que se criem tributos multi/pluri/interfederativos.

Um tributo plurifederativo é uma realidade inédita no Brasil e representaria uma importante evolução ao micromodelo hoje existente para o ICMS, que tem diversas normas criadas pelos estados em reuniões das quais surgem, entre outros, Convênios no Conselho Nacional de Política Fazendária (CONFAZ).

4.2.1. A tentativa da PEC 293-A

Eis, como exemplo, a forma como uma tentativa é tratada na Proposta de Emenda Constitucional nº 293-A.

Propõe-se a criação do imposto sobre bens e serviços pelo art. 152-A e extinção do IPI (art. 153, IV), ICMS (art. 155, II), ISS (art. 156, III), PIS/COFINS (art. 195, I, b) e PIS/COFINS importação (art. 195, IV). 3 impostos e 4 contribuições sendo eliminadas para criação de um único "imposto".

Esse imposto sobre bens e serviços seria de competência normativa primária nacional (mais do que apenas federal), temos aqui a tentativa de se criar um tributo novo e com características muito singulares. Um imposto regulamentado nacionalmente, mas com fixação de grandezas e com receitas para União, estados, DF e municípios. Isso geraria como consequência imediata uma imensa simplificação para os contribuintes e redundaria na redução dos custos estruturais para tributação e retração da guerra fiscal.

Uma medida tão inovadora poderia em tese esbarrar em excesso de restrição aos entes de menor porte (estado/DF e municípios) e redundar em violação ao pacto federativo, caso os mecanismos de divisão (e não exatamente repasse, já que não há a titularidade de competência para um ente apenas) de receitas não estejam muito bem delineados.

Aspecto interessante a destacar é que é dada liberdade aos entes Federativos apenas para fixação de alíquotas – que se aplicarão somadas quando dos fatos geradores. Outro tema importante é a regência uniforme desse novo tributo inclusive para prever um processo administrativo uniforme na República.

Os parágrafos 6º e 7º do art. 152-A reforçam a natureza singular do tributo como nacional, ao preverem a criação de um comitê gestor plurifederativo com poderes amplos.

Esse pretendido IBS seria ainda não cumulativo (crédito financeiro ou não cumulatividade plena) e a proposta contempla a devolução imediata (proposta traz sessenta dias como prazo) dos créditos originados em exportações e processos de investimento.

Os débitos e créditos dar-se-ão por estabelecimento, mas a apuração será feita de modo centralizado (aqui a mão de obra para os contribuintes tende a aumentar por um lado, já que os "fechamentos" precisarão passar a considerar todas as operações dos estabelecimentos em todo o território nacional).

É ainda de se ressaltar a expressa inviabilidade constitucionalmente prevista para concessão de benefícios fiscais (exceção no §9º), um golpe duro no oportunismo causador da guerra fiscal.

Segue, mesmo neste cenário, a histórica prevalência do consumo sobre a produção: nas operações intermunicipais/interestaduais, a tributação será realizada consoante alíquota do destino e o tributo será devido aos entes de destino.

A lógica acima pode ser um problema caso não haja as devidas medidas compensatórias e equilíbrio fiscal mediante distribuição de royalties, mas a solução como um todo, trazida na PEC 293-A, apresenta uma ideia juridicamente vanguardista para o problema em estudo – o que não impede críticas e movimentos contrários, mesmo por parte dos estados.

4.2.2. PECs 45/2019 e 110/2019

As PECs 45/2019 na Câmara e 110/2019 no Senado Federal são as duas principais propostas de reforma tributária em âmbito constitucional em curso, e ambas buscam tornar mais palatável e compreensível a tributação, especialmente aquela sobre a produção e a comercialização de bens e a prestação de serviços.

Não há previsão real de redução de carga fiscal propriamente dita, mas considerando os gastos médios dos contribuintes para cumprimento de obrigações tributárias instrumentais, a mera simplificação do sistema tende a uma redução intensa dos gastos com estrutura para rotinas fiscais.

As PECs projetam a consolidação de uma série de tributos, contemplando um imposto específico sobre alguns bens e serviços (Imposto Seletivo) e outro, sobre bens e serviços (IBS), que de certo modo se assemelha a impostos sobre valor agregado cobrados nos EUA e Europa.

As diferenças significativas entre as PECs giram em torno da competência para instituição do IBS e do número de tributos reduzidos: Na PEC 110 (Senado)ocorre a consolidação de nove tributos (IPI, IOF, PIS, Pasep, Cofins, Cide-Combustíveis, Salário-Educação, ICMS, ISS) e o IBS se apresenta como um tributo estadual, enquanto na seara da PEC 45 (Câmara), cinco tributos são extintos (IPI, PIS, Cofins, ICMS, ISS) e o IBS resultante tratar-se-ia de um tributo federal[38].

No que diz com concessão de benefícios fiscais, enquanto a PEC 45 não os prevê, a PEC 110 autoriza-os, desde que observada lei complementar, nas operações com alimentos, medicamentos, transporte público coletivo de passageiros urbano etc.

Como se nota, pois, ambos os planos preveem a criação de tributo plurifederativo. Por muitos[39], essa figura é vista como uma violação ao pacto federativo, já que de certo modo restringiria a autonomia financeira de entes federativos. O Professor Hamilton Dias de Souza[40] é um nome importante que se alia aos críticos[41] alertando, especialmente, para o rompimento com requisitos mínimos do federalismo.

[38] https://www.conjur.com.br/dl/pecs-reforma-tributaria-podem.pdf

[39] https://www.valor.com.br/legislacao/fio-da-meada/6199943/proposta-de-reforma-tributaria-ofende-pacto-federativo

[40] https://www.jota.info/opiniao-e-analise/artigos/reforma-tributaria-a-pec-45-19-afronta-o-pacto-federativo-03072019

[41] Enfim, é a competência tributária privativa que permite a cada ente instituir tributos, graduar suas alíquotas em razão da política fiscal desejada e autogerir-se independentemente da vontade e interferência dos demais.

No quadro acima, a inconstitucionalidade da PEC n. 45/2019 deriva de violação concreta ao Pacto Federativo. Afinal, retira-se dos Estados e Municípios competência para tributar como melhor lhes pareça o consumo, para transferi-la à União. Ora, num modelo em que 43% da arrecadação dos Municípios e 88% da arrecadação dos Estados fica nas mãos da União, como se pode sustentar não ter havido enfraquecimento de suas autonomias?

(...)

Em suma, seja por seus efeitos deletérios à autonomia dos Estados e Municípios, seja por tratar-se de tributo material e formalmente pertencente à União, a PEC n. 45/2019 é inconstitucional, pois as alterações nela propostas "reduzem substancialmente a autonomia dos entes federados e implicam amesquinhamento da federação".

Para outros[42], entre eles o deputado Bernard Appy[43], é a forma de se alterar um modelo federativo ineficiente e canibal por um otimizado e cooperativo[44].

Das críticas e elogios, percebe-se que o tributo plurifederativo é novo, polêmico, extremamente complexo em sua gestação e que sua eficácia dependeria inexoravelmente de esforços conjuntos de todos os entes Federativos, sob pena de não alcançar seus objetivos primários.

Mas ele possui um mérito que pode ser a chave para toda a evolução necessária: a simplificação. Simples é aquilo que pode ser compreendido, replicado, vivido diariamente com segurança e previsibilidade. Normas simples, por excelência, aderem mais ao conhecimento de todos e tendem a ser aplicadas com maior destreza.

É verdade que o IBS depende de muita maturidade dos entes para sua instituição e cobrança[45], mas no cotejo com o atual cenário, trata-se de medida importante. Sozinha, não irá solucionar as mazelas federativas, por óbvio.

É mister, em conjunto, buscar no ordenamento já existente mecanismos acessórios de proteção contra o possível efeito colateral de um tributo plurifederativo prejudicar ainda mais a Federação.

5. Contexto normativo existente deve ser aplicado em apoio ao tributo plurifederativo

Pela sua complexidade, este não nos parece ser um problema que se resolve de modo eficaz apenas por meio da instituição de um tributo plurifederativo, tolhendo parte da autonomia das UFs – embora tal pro-

[42] https://www.jota.info/opiniao-e-analise/artigos/pec-45-ibs-mitos-pacto-federativo-20052019

[43] https://economia.estadao.com.br/noticias/geral,a-pec-45-e-a-federacao,70002845911

[44] Por fim, uma característica da PEC 45 que reforça o federalismo é a gestão compartilhada do IBS. Pela proposta, a cobrança, regulamentação e fiscalização do novo imposto será de responsabilidade de um Comitê Gestor – gerido conjuntamente pela União, pelos Estados e pelos municípios.

No agregado, o objetivo da PEC 45 é substituir um modelo federativo ineficiente e fratricida por um sistema eficiente e cooperativo. Com a mudança, os Estados e municípios serão beneficiados pelo maior crescimento, sem perder a autonomia na gestão de suas finanças e de uma política de desenvolvimento mais efetiva que a atual.

[45] https://www.jota.info/opiniao-e-analise/artigos/debito-e-credito-no-ibs-10102019

vidência possa trazer grandes melhorias, forçando os mais de 5 mil entes da nossa Federação trabalharem de modo enfim coordenado.

Em suporte a essa alteração via reforma tributária, é preciso assumir uma postura intransigente de defesa da Constituição.

Tem-se, pois, que aliada aos avanços da reforma tributária, é preciso recorrer a algo terrivelmente simples e complexo: a aplicação ortodoxa do direito. A Federação pode ser curada, mas o remédio para tanto não é apenas a inovação normativa, a simplificação fiscal e a criação de uma mecânica que tributação que fomente o progresso, mas o compromisso com a efetividade da Constituição.

Conclusões

Acredita-se que sustentabilidade de um modelo de Estado depende inexoravelmente do comprometimento e esclarecimento dos membros de uma sociedade, e essa é a pedra de toque para a eficácia do Direito, desde que ele seja tecnicamente concebido como hábil a satisfazer minimamente as pretensões mais rasas da condição humana – e a Constituição de 1988 assim é.

Três nos parecem ser as causas possíveis para a deterioração da Federação Brasileira: ou a Federação é constitucionalmente adequada a uma realidade possível e (i) não há no ordenamento normas suficientes para salvaguarda da Federação, (ii) ou as normas disponíveis não são aplicadas – e o problema então estaria ligado à efetividade não do direito objetivo, mas de sua aplicação, <u>e/</u>ou (iii) a Federação, em seu atual modelo, precisa de revisão para adaptar-se a uma realidade já inescapável.

Entendemos que o <u>elementar</u> problema se afigura na opção (ii) acima, e que a solução mais adequada e menos radical é o esgotamento efetivo e eficaz das normas hoje existentes, aliados à responsabilização civil, penal, administrativa e política dos gestores públicos, bem como o devido aprimoramento da cidadania na sociedade, com vistas a assim se criar um círculo virtuoso, que poderá ser extremamente otimizado com a aprovação da reforma tributária e a criação de um tributo plurifederativo.

Mesmo essa evolução tributária, contudo, só se mostrará eficiente, adequada e sustentável quando, no exercício da cidadania ativa e positiva, a sociedade se reconciliar consigo mesma, por meio da educação profunda, e com o Estado. Só assim será alcançado um gradiente de democracia que viabilize igualmente o equilíbrio entre os entes de modo que se reconstrua a cidadania, a sociedade civil e, ao fim, a Federação.

Portanto, desde que aliada à geração e cultivo de um ambiente institucional de respeito às normas existentes, especialmente as de governança pública, certamente a instituição de um tributo plurifederativo abarcando o que hoje são tributos federais, estaduais/distritais e municipais poderia contribuir imensamente para o melhor conhecimento do direito por todos e, assim, a simplificação do sistema tributário e a superação da guerra fiscal, que hoje impede a recomposição da Federação brasileira.

13.
A NÃO INCIDÊNCIA DO ICMS NA EXPORTAÇÃO FICTA

Luciano Gomes Filippo
Rafael Alves dos Santos

1. Escopo do artigo

Sabe-se que um dos grandes desafios para a reforma tributária é mitigar, em diversos aspectos, os conflitos federativos. Nesse contexto, o presente artigo tem por escopo analisar a legalidade/constitucionalidade do art. 6º da Lei Federal nº 9.826/1999, que assim prevê:

> "Art. 6º – A exportação de produtos nacionais *sem que tenha ocorrido sua saída do território brasileiro* somente será admitida, *produzindo todos os efeitos fiscais* e cambiais, quando o pagamento for efetivado em moeda nacional ou estrangeira de livre conversibilidade e a venda for realizada para:
>
> I – empresa sediada no exterior, para ser utilizada exclusivamente nas atividades de pesquisa ou lavra de jazidas de petróleo e de gás natural, conforme definidas na Lei nº 9.478, de 6 de agosto de 1997, ainda que a utilização se faça por terceiro sediado no País;
>
> II – empresa sediada no exterior, para ser totalmente incorporado a produto final exportado para o Brasil;
>
> III – órgão ou entidade de governo estrangeiro ou organismo internacional de que o Brasil seja membro, para ser entregue, no País, à ordem do comprador." (grifou-se)

Embora a não incidência do ICMS seja um dos principais efeitos fiscais da exportação, tal como prevê o art. 155, X, "a", da Constituição da

República, alguns estados vêm lavrando autos de infração contra os contribuintes que fizeram exportações fictas amparado naquele dispositivo geral[1], escorando-se, para tanto, na justificativa de que ele teria estabelecido uma isenção heterônoma, vedada pelo art. 155, III, da Constituição[2].

Passemos, então, abordar os motivos pelos quais essas atuações fiscais são improcedentes e como elas prejudicam o ambiente econômico nacional.

2. Na operação de exportação o relevante é a localização do destinatário jurídico da mercadoria: não incidência constitucional do ICMS

O primeiro ponto a invalidar juridicamente esse tipo de autuação decorre da equivocada premissa adotada pelas Secretarias de Fazenda, segundo a qual, para que a exportação seja abarcada pela não incidência de ICMS, a mercadoria deve ser remetida *fisicamente* ao exterior.

Tanto a doutrina quanto a jurisprudência são unanimes em afirmar que a "circulação" descrita na hipótese de incidência do ICMS deve ser entendida *juridicamente*, existindo sempre que haja mudança de propriedade do bem.

Tal como alerta Souto Maior Borges[3], "não há identidade entre circulação física ou econômica (inapreensível juridicamente) e circulação jurídica. Tanto é assim que, juridicamente, os imóveis circulam e, no entanto, fisicamente não podem fazê-lo". E por isso esclarece: "*Uma coisa é a operação de que resulta a circulação de mercadoria. Outra bem diferente é a circulação dela resultante*".

No mesmo sentido é a lição de Geraldo Ataliba e Cleber Giardino[4]:

[1] Antes de o estado internalizar o Convênio ICMS nº 130/2007.

[2] "Art. 151. É vedado à União:
III – instituir isenções de tributos da competência dos Estados, do Distrito Federal ou dos Municípios".

[3] *in* "Revista de Direito Administrativo", vol. 103, p. 36.

[4] *in* "Núcleo da Definição Constitucional do ICM" – Revista de Direito Tributário, vol. 25/26, p. 112.

> "*Circular* significa, para o Direito, *mudar de titular*. Se um bem ou uma mercadoria mudam de titular, *circula* para efeitos jurídicos. Convenciona-se designar por *titularidade de uma mercadoria* à circunstância de alguém deter poderes jurídicos de disposição sobre a mesma, *sendo ou não seu proprietário* (disponibilidade econômica)." (grifou-se)

Outro não é o posicionamento do Superior Tribunal de Justiça (STJ), conforme se infere do seguinte julgado, cujo acórdão foi submetido à *sistemática dos recursos repetitivos*:

> "(...)
>
> 3. A regra-matriz do ICMS sobre as operações mercantis encontra-se insculpida na Constituição Federal de 1988, in verbis: "Art. 155. Compete aos Estados e ao Distrito Federal instituir impostos sobre: (...) II – operações relativas à circulação de mercadorias e sobre prestações de serviços de transporte interestadual e intermunicipal e de comunicação, ainda que as operações e as prestações se iniciem no exterior;"
>
> 4. *A circulação de mercadorias versada no dispositivo constitucional refere-se à circulação jurídica, que pressupõe efetivo ato de mercancia, para o qual concorrem a finalidade de obtenção de lucro e a transferência de titularidade.*
>
> 5. "Este tributo, como vemos, incide sobre a realização de operações relativas à circulação de mercadorias. A lei que veicular sua hipótese de incidência só será válida se descrever uma operação relativa à circulação de mercadorias.
>
> *É bom esclarecermos, desde logo, que tal circulação só pode ser jurídica* (e não meramente física). A circulação jurídica pressupõe a transferência (de uma pessoa para outra) da posse ou da propriedade da mercadoria. Sem mudança de titularidade da mercadoria, não há falar em tributação por meio de ICMS.
>
> (...)
>
> 8. Recurso especial provido. Acórdão submetido ao regime do art. 543-C do CPC e da Resolução STJ 08/2008."
>
> (REsp 1125133/SP, Rel. Ministro LUIZ FUX, PRIMEIRA SEÇÃO, julgado em 25/08/2010, DJe 10/09/2010)

O Supremo Tribunal Federal (STF), por sua vez, adotando o mesmo racional, possui entendimento no sentido de que na operação de importação o sujeito passivo do ICMS é o estado onde estiver situado o domicílio ou estabelecimento do *destinatário jurídico da mercadoria*, pouco importando se o desembaraço aduaneiro ocorreu por meio de ente federativo diverso. Veja-se:

> "EMENTA: AGRAVO REGIMENTAL EM RECURSO EXTRAORDINÁRIO. TRIBUTÁRIO. ICMS. IMPORTAÇÃO. SUJEITO ATIVO. ESTABELECIMENTO JURÍDICO DO IMPORTADOR. PRECEDENTES. 'IMPORTAÇÃO INDIRETA'. SÚMULA 279/ /STF.
>
> 1. A jurisprudência do Supremo Tribunal Federal é firme no sentido de que o sujeito ativo da relação jurídico-tributária do ICMS é o estado onde estiver situado o domicílio ou o estabelecimento do *destinatário jurídico da mercadoria* (alínea "a" do inciso IX do § 2º do art. 155 da Magna Carta de 1988), pouco importando se o desembaraço aduaneiro ocorreu por meio de ente federativo diverso.
>
> 2. Incidência da Súmula 279/STF. 3. Agravo regimental desprovido."
>
> (STF; RE 555654 AgR, Relator(a): Min. Ayres Britto, Segunda Turma, julgado em 08/11/2011, ACÓRDÃO ELETRÔNICO DJe-238 DIVULG 15-12-2011 PUBLIC 16-12-2011)

* * * *

> "Agravo regimental no recurso extraordinário com agravo.
>
> 2. Tributário. ICMS. Importação.
>
> 3. Sujeito ativo. estado-membro em que localizado o domicílio ou o estabelecimento do *destinatário jurídico* da mercadoria importada, independentemente de onde ocorra o desembaraço aduaneiro.
>
> 4. Incidência da Súmula 279.
>
> 5. Agravo regimental a que se nega provimento."
>
> (STF; ARE 642416 AgR, Relator(a): Min. Gilmar Mendes, Segunda Turma, julgado em 28/06/2011, DJe-157 DIVULG 16-08-2011 PUBLIC 17-08-2011 EMENT VOL-02567-03 PP-00413)

Trazendo a questão para o caso objeto do presente estudo, não há dúvida de que as exportações estão configuradas quando a *propriedade* das mercadorias é transferida para sociedades sediadas no exterior, sendo absolutamente irrelevante o fato de tais produtos não terem sido remetidos *fisicamente* para território estrangeiro.

Tratando justamente desse tema, sempre precisos são aos ensinamentos dos Professores Sacha Calmon Navarro Coelho e Misabel Abreu Machado Derzi[5]:

> "(...) a hipótese de incidência do ICMS, tributo de competência dos Estados, pressupõe sempre transferência da titularidade da mercadoria, invariavelmente ato mercantil específico, que seja apto a mudar o domínio desde o produtor ao consumidor (*sendo sempre considerada a saída jurídica, jamais aquela meramente física*). Foi, por isso, no passado, necessária a intervenção do Supremo Tribunal para estender a todos os casos de exportação a incidência do antigo ICM. Para isso, a Corte Suprema norteou-se sempre no conceito de exportação, delimitado expressamente pela lei ordinária federal (...).
>
> Prevaleceu, entre nós, a tese juridicamente mais adequada, que entende não haver circulação sem transferência de propriedade das mercadorias. (...) *juridicamente, pois, a mercadoria objeto da operação abrigada no repetro saiu do país, tendo sido transmitida a sua propriedade a empresa sediada no exterior* (ela apenas não entrou fisicamente no estabelecimento do adquirente). A saída física da mercadoria do território nacional não é requisito da hipótese de incidência do ICMS na exportação. Aqui, igualmente, reentra a figura da saída física ficta, meramente documental.
>
> (...)
>
> Ora, no ICMS dá-se que essencial é a operação de circulação de mercadorias, como transferência da titularidade da propriedade. *A saída física é mero indício ou presunção daquela transferência*. Naqueles casos em que inexistir a transferência da titularidade, inocorrerá o fato jurídico de incidência do ICMS, ainda que tenha havido saída física (como no comodato, na locação, no arrendamento mercantil, nas posses temporárias de demonstrações, etc.). Muitos outros casos haverá circulação de mercadorias, embora inexista a saída. Milhares de vezes, todo o momento e em todo país, contribuintes compradores (comerciantes no mercado interno ou importadores) determinam que mercadorias sejam entregues diretamente a terceiros (do porto p. ex.), a quem foram revendidas."

[5] "A Imunidade de ICMS à Luz do Regime Aduaneiro Especial para a Indústria do Petróleo – Repetro", Revista Dialética de Direito Tributário nº 80, p. 131/132.

Aliás, há de se considerar que existe situação bastante análoga que perdura desde 1967, tendo sido, inclusive, chancelada pelo STF.

Trata-se do art. 4º do Decreto-Lei nº 288/1967, o qual dispõe que "a exportação de mercadorias de origem nacional para consumo ou industrialização na Zona Franca de Manaus, ou reexportação para o estrangeiro, será para todos os efeitos fiscais, constantes da legislação em vigor, *equivalente a uma exportação brasileira para o estrangeiro*".

Assim como ocorre na situação abordada neste artigo, o dispositivo acima transcrito, vigente desde 1967, trouxe também uma hipótese de exportação em que a mercadoria não é *fisicamente* remetida ao exterior, qual seja, a remessa de mercadorias para a Zona Franca de Manaus para fins de consumo ou industrialização. Note-se, por oportuno, que se trata de legislação federal/nacional regulando matéria de comércio exterior, a qual, indiretamente, impacta na arrecadação do ICMS.

Esse dispositivo, ainda em vigor, convive há 50 anos no ordenamento jurídico brasileiro, tendo passado pela Constituição de 1967 e pela Emenda Constitucional nº 1/1969, com redação bastante análoga ao texto constitucional vigente. Confira-se:

Constituição de 1967

"Art. 24 – Compete aos Estados e ao Distrito Federal decretar impostos sobre:

(...)

II – operações relativas à circulação de mercadorias, realizadas por produtores, industriais e comerciantes.

(...)

5º – O imposto sobre circulação de mercadorias é não-cumulativo, abatendo-se, em cada operação, nos termos do disposto em lei, o montante cobrado nas anteriores, pelo mesmo ou outro Estado, e não incidirá sobre produtos industrializados e outros que a lei determinar, *destinados ao exterior.*"

http://www.planalto.gov.br/ccivil_03/Constituicao/Constituicao67EMC69.htm

Constituição de 1967 – Emenda Constitucional nº 1/1969

"Art. 23. Compete aos Estados e ao Distrito Federal instituir impostos sôbre:

(...)

> II – operações relativas à circulação de mercadorias realizadas por produtores, industriais e comerciantes, imposto que não será cumulativo e do qual se abaterá, nos termos do disposto em lei complementar, o montante cobrado nas anteriores pelo mesmo ou por outro Estado. A isenção ou não-incidência, salvo determinação em contrário da legislação, não implicará crédito de imposto para abatimento daquele incidente nas operações seguintes.
>
> (...)
>
> § 7º O impôsto de que trata o item II não incidirá sôbre as operações que ***destinem ao exterior*** produtos industrializados e outros que a lei indicar."
>
> **Constituição de 1988**
>
> "Art. 155. Compete aos Estados e ao Distrito Federal instituir impostos sobre:
>
> X – não incidirá:
>
> a) sobre operações que *destinem mercadorias para o exterior*, nem sobre serviços prestados a destinatários no exterior, assegurada a manutenção e o aproveitamento do montante do imposto cobrado nas operações e prestações anteriores;"

Da mesma forma, o art. 4º do Decreto-Lei nº 2.472/1988, editado sob a égide da Constituição anterior, também já previa hipótese de exportação ficta. A propósito, confira-se o teor do dispositivo:

> "Art. 6º Considerar-se-á exportada para o exterior, para todos os efeitos fiscais creditícios e cambiais, a mercadoria em regime de depósitos alfandegado certificado, como previsto em regulamento."

Vê-se, portanto, que embora as Constituições anteriores também dispusessem de redação contendo o termo "destinadas ao exterior", há muito já existe a figura da exportação ficta, que sempre foi aceita e considerada imune à incidência do ICMS, tendo sido, portanto, recepcionada pela atual Constituição.

Diante da narrativa acima, cremos que, independentemente do art. 6º da Lei Federal nº 9.826/1999, haverá legítima exportação sempre que a propriedade da mercadoria for transferida a empresa sediada no exterior, ainda que fisicamente permaneça no Brasil, o que atrai a regra imunizante de que trata o art. 155, X, "a", da Constituição da República.

3. A competência da União Federal para legislar sobre comércio exterior: o conceito de exportação e o princípio da isonomia

Por outro lado, além da previsão contida no art. 155, X, "a", do texto constitucional, há de se ter em mente que existe norma expressa que garante a possibilidade de exportação ficta com a manutenção de todos os efeitos fiscais vinculados ao instituto, dentre eles a imunidade do ICMS.

A Constituição da República, em seu art. 22, VIII[6], atribuiu à União a competência privativa para legislar sobre comércio exterior. Inseridas no campo de abrangência do comércio exterior, por óbvio, estão as operações de exportação, relevantíssimas, inclusive, para assegurar a soberania nacional e os objetivos fundamentais da República, insertos no art. 3º, II, com do Diploma Fundamental[7].

Com amparo nesse dever constitucional, a União dispôs de diversas normas para tratar de questões fiscais estratégicas atinentes ao comércio exterior, dentre elas a Lei nº 9.826/1999, que em seu art. 6º previu o instituto da exportação *sem a necessidade de saída física ao exterior (exportação ficta)*, assegurando-lhe a repercussão de todos os efeitos fiscais e cambiais.

É despiciendo tecer comentários acerca da relevância que o setor de petróleo e gás tem para o Estado Brasileiro (em nível nacional), sendo exatamente por esse motivo que a Constituição da República o regula em diversos artigos[8], inclusive no tocante ao ICMS, prevendo, ainda,

[6] "Art. 22. Compete privativamente à União legislar sobre:

(...)

VIII – comércio exterior e interestadual;"

[7] "Art. 3º Constituem objetivos fundamentais da República Federativa do Brasil:

(...)

II – garantir o desenvolvimento nacional;"

[8] "Art. 20. **São bens da União**:

(...)

V – os recursos naturais da plataforma continental e da zona econômica exclusiva;

(...)

IX – **os recursos minerais, inclusive os do subsolo**;

(...)

§ 1º É assegurada, nos termos da lei, aos Estados, ao Distrito Federal e aos Municípios, bem como a órgãos da administração direta da União, participação no resultado da exploração de **petróleo ou gás natural**, de recursos hídricos para fins de geração de energia elétrica e

que constitui monopólio da União a sua exploração. A propósito da competência privativa da União para legislar sobre matéria de interesse nacional, oportunas são as palavras do Professor Ives Gandra da Silva Martins[9]:

> "A legislação nacional pode ser veiculada pelo instrumento maior da lei complementar ou por lei ordinária. Sempre que a competência privativa da

de outros recursos minerais no respectivo território, plataforma continental, mar territorial ou zona econômica exclusiva, ou compensação financeira por essa exploração."
"Art. 155. Compete aos Estados e ao Distrito Federal instituir impostos sobre:
(...)
II – operações relativas à circulação de mercadorias e sobre prestações de serviços de transporte interestadual e intermunicipal e de comunicação, ainda que as operações e as prestações se iniciem no exterior;
(...)
§ 2º O imposto previsto no inciso II atenderá ao seguinte:
X – **não incidirá**:
(...)
b) sobre operações que destinem a outros Estados **petróleo**, inclusive lubrificantes, combustíveis líquidos e gasosos dele derivados, e energia elétrica;
(...)
§ 3º À exceção dos impostos de que tratam o inciso II do *caput* deste artigo e o art. 153, I e II, **nenhum outro imposto poderá incidir sobre operações relativas a** energia elétrica, serviços de telecomunicações, **derivados de petróleo, combustíveis e minerais do País**."
"Art. 177. **Constituem monopólio da União:**
I – **a pesquisa e a lavra das jazidas de petróleo e gás natural** e outros hidrocarbonetos fluidos;
II – **a refinação do petróleo** nacional ou estrangeiro;
III – **a importação e exportação dos produtos e derivados básicos resultantes das atividades previstas nos incisos anteriores;**
IV – o transporte marítimo do petróleo bruto de origem nacional ou de derivados básicos de petróleo produzidos no País, bem assim o transporte, por meio de conduto, de **petróleo** bruto, seus derivados e gás natural de qualquer origem;
V – a pesquisa, a lavra, o enriquecimento, o reprocessamento, a industrialização e o comércio de minérios e minerais nucleares e seus derivados, com exceção dos radioisótopos cuja produção, comercialização e utilização poderão ser autorizadas sob regime de permissão, conforme as alíneas b e c do inciso XXIII do caput do art. 21 desta Constituição Federal.
§ 1º A União poderá contratar com empresas estatais ou privadas a realização das atividades previstas nos incisos I a IV deste artigo observadas as condições estabelecidas em lei." (grifou-se)

9 *in* "Comentários à Constituição de 1988", Saraiva, São Paulo, p. 275-276.

> União incidir sobre matéria em que o peculiar *interesse soja nacional* e não regional ou local, isto é, em que as autonomias regionais e locais não são afetadas, *o constituinte optou por legislação privativa ordinária*, que, todavia, se não produzida, poderá ser suprida por legislação regional, provisoriamente, nos termos do art. 21, § 3º."

Logo, tendo o Governo Federal optado por instituir a exportação ficta, não podem os estados e o Distrito Federal deixar de observá-la como hipótese autêntica de exportação, sob pena de *usurpação da competência constitucional atribuída à União.*

Sob a ótica do REPETRO, o intuito do Governo Federal foi simplificar e estimular o procedimento de exportação relativo às operações que devotam política de estímulo e atração de investimentos, tal como acontece com as atividades de pesquisa e lavra de petróleo e gás natural, dispensando a remessa física dos bens ao exterior.

Com efeito, considerando que as empresas destinatárias, sediadas no exterior, necessitam das mercadorias para utilização no Brasil, seria absolutamente contraproducente exigir que tais bens fossem remetidos fisicamente ao exterior para, posteriormente, serem novamente trazidos ao Brasil ao abrigo do REPETRO, cujo regime suspende o pagamento de todos os tributos incidentes, a teor do disposto no art. 458, III, do Decreto nº 6.759/2009 (Regulamento Aduaneiro).

No citado exemplo, se as mercadorias tivessem sido remetidas ao exterior e, imediatamente, novamente trazidas ao território nacional, nenhum tributo seria devido ao Estado. Nesse cenário, somente seriam majorados os custos com transporte, logística, despachantes aduaneiros etc..

Esse aumento do custo operacional, decorrente do "vai e volta" de mercadorias, resultaria no prejuízo das empresas que as utilizam em território brasileiro, pois seria mais barato adquirir os bens diretamente do exterior (já que os tributos ficam suspensos em razão do REPETRO) do que adquiri-los no mercado interno.

A respeito do *efeito isonômico*que a exportação ficta via assegurar, oportunos são os ensinamentos de André Parmo Folloni[10]:

[10] *in* "O Repetro e os Limites Jurídicos à sua Aplicação", Revista Dialética de Direito Tributário, p. 23.

> "Dessa forma, ofertar aos produtos nacionais que permanecem no Brasil o mesmo tratamento tributário dos produtos exportados é medida destinada a equalizar a carga tributária entre os produtos nacionais e os estrangeiros. Na lição de Paulo Cesar Alves Rocha, '***a exportação sem saída do território nacional aparece exatamente para dar isonomia***, ao considerar exportada para todos os fins de direito, a mercadoria que for vendida a uma empresa estrangeira e em moeda conversível, mesmo que fique no Brasil em um regime suspensivo de impostos'."

É incabível a alegação de que o art. 6º da Lei nº 9.826/1999 teria criado uma isenção heterônoma, pois aquilo que os estados chamam de norma de isenção proveniente da União é, em verdade, apenas o exercício de sua competência privativa para legislar sobre comércio exterior.

Ao instituir regras de comércio exterior em relação a bens destinados às atividades de pesquisa ou lavra de jazidas de petróleo e gás natural, o Presidente da República, ao editar a Medida Provisória nº 1.916/1999, convertida na Lei nº 9.826/1999, estava exercendo seu papel de chefe do Estado Brasileiro, não se aplicando, portanto, a vedação imposta pelo art. 151, III, da Constituição Federal, tal como alertou o Ministro Celso De Mello:

> "O estatuto constitucional, em que reside a matriz do pacto federal, estabelece, entre a União e as pessoas políticas locais, uma delicada relação de equilíbrio, consolidada num sistema de discriminação de competências estatais, de que resultam – considerada a complexidade estrutural do modelo federativo – ordens jurídicas parciais e coordenadas entre si, subordinadas à comunidade total, o que é o próprio Estado Federal.
>
> Na realidade, *há uma relação de coalescência, na Federação, entre uma ordem jurídica total (que emana do próprio Estado Federal, enquanto comunidade jurídica total, e que se expressa, formalmente, nas leis nacionais) e uma pluralidade de ordens jurídicas parciais, que resultam na União Federal, dos Estados-membros, do Distrito Federal e do Municípios.*
>
> (...)
>
> Cabe advertir, portanto, que *o Estado Federal brasileiro* – expressão institucional da comunidade jurídica total, que detém '*o monopólio da personalidade internacional*' (PAULO, BONAVIDES, 'Ciência Política', p. 197, item n. 3.1, 14ª ed., 2007, Malheiros) – *não se confunde com a União, pessoa jurídica de direito*

público interno, que se qualifica, nesse condição, como simples ordem ou comunidade meramente central, tal como assinala (...).

Estabelecidas tais premissas, torna-se possível constatar que a vedação constitucional em causa, fundada no art. 151, III, da Constituição, incide, unicamente, sobre a União Federal, enquanto pessoa jurídica de direito privado interno, responsável, nessa específica condição, pela instauração e uma ordem normativa autônoma meramente parcial, *inconfundível com a posição de soberania do Estado Federal brasileiro*, que ostenta, este sim, a qualidade de sujeito internacional público e que constitui, no plano dessa organização política, a expressão mesma de uma comunidade jurídica global, investida do poder de gerar uma ordem normativa de dimensão nacional e total, essencialmente diversa, em autoridade, eficácia e aplicabilidade, daquela que se consubstancia nas leis e atos de caráter simplesmente federal.

Sob tal perspectiva, *nada impede que o Estado Federal brasileiro* celebre tratados internacionais que *veiculem cláusulas de exoneração tributária em matéria de tributos locais* (como os ISS, p. ex), pois a *República Federativa do Brasil*, ao exercer o seu *treaty-making power*, estará praticando ato legítimo que se inclui na esfera de suas prerrogativas como pessoa jurídica de direito internacional público, que detém – em face das unidades meramente federadas – *o monopólio da soberania e da personalidade internacional*."

(RE 543943 AgR, Relator(a): Min. CELSO DE MELLO, Segunda Turma, julgado em 30/11/2010, DJe-030 DIVULG 14-02-2011 PUBLIC 15-02-2011 EMENT VOL-02464-02 PP-00469 RT v. 100, n. 908, 2011, p. 470-479)

Como bem observa Sacha Calmon Navarro Coelho[11], "o federalismo brasileiro é tal que centraliza a condução das políticas mais importantes, mormente no plano externo. *Quem tem os fins deve ter os meios*". Como corolário, se *compete à União legislar sobre comércio exterior, a ela cabe definir as hipóteses de exportação aceitáveis*, inclusive no tocante aos seus aspectos fiscais.

A respeito da competência da União para estabelecer as modalidades de exportação, veja o seguinte julgado da Suprema Corte, aplicável *mutatis mutandis* ao tema ora debatido:

"CONSTITUCIONAL. TRIBUTÁRIO. IMPOSTO SOBRE SERVIÇOS. ISS. ENTIDADES AUTORIZADAS A FUNCIONAR PELO BANCO CENTRAL DO BRASIL. LEI COM-

[11] *in* "Curso de Direito Tributário Brasileiro", 6ª ed. Forense, 2001, p. 550/551.

PLEMENTAR DE NORMAS GERAIS QUE AFASTA A TRIBUTAÇÃO. DESCARACTERIZAÇÃO DE ISENÇÃO HETERÔNOMA. CORRETO PAPEL DAS NORMAS GERAIS EM MATÉRIA TRIBUTÁRIA.

1. A Segunda Turma desta Corte firmou precedentes no sentido da não incidência do ISS sobre as atividades desempenhadas por instituições autorizadas a funcionar pelo Banco Central do Brasil – BACEN.

2. *A observância de normas gerais em matéria tributária é imperativo de segurança jurídica, na medida em que é necessário assegurar tratamento centralizado a alguns temas para que seja possível estabilizar legitimamente expectativas. Neste contexto, 'gerais' não significa 'genéricas', mas sim 'aptas a vincular todos os entes federados e os administrados'.*

3. Diferença entre isenção heterônoma, vedada pela constituição, e normas gerais em matéria tributária. Estabelecer a diferenciação entre serviços financeiros e demais tipos de serviço faz parte do *papel da união como representante da nação.* Ademais, os entes federados e a população municipal participam da vida política da federação, representados pelo Senado e pela Câmara dos Deputados, de modo a descaracterizar quebra de autonomia ou falta de mandato de representação.

Agravo regimental ao qual se nega provimento."

(RE 433352 AgR, Relator(a): Min. JOAQUIM BARBOSA, Segunda Turma, julgado em 20/04/2010, DJe-096 DIVULG 27-05-2010 PUBLIC 28-05-2010 EMENT VOL-02403-05 PP-01353 RDDT n. 179, 2010, p. 188-191)

Tratando justamente da matéria objeto deste estudo, o Tribunal de Justiça de Minas Gerais se manifestou favoravelmente aos contribuintes, nos seguintes termos:

"APELAÇÃO CÍVEL. EMBARGOS À EXECUÇÃO. ICMS. REGIME ADUANEIRO ESPECIAL. DESNECESSIDADE DE CONVÊNIO ESTADUAL PREVENDO ISENÇÃO PARA EXPORTAÇÃO FICTA. COMPETÊNCIA DA UNIÃO PARA LEGISLAR EM COMÉRCIO EXTERIOR. IMUNIDADE CONSTITUCIONAL. NÃO INCIDÊNCIA DO TRIBUTO. IMUNIDADE CONSTITUCIONAL. RECURSO NÃO PROVIDO. SENTENÇA MANTIDA EM REEXAME NECESSÁRIO.

I – Compete à União legislar sobre comércio exterior e, portanto, definir o que considera exportação. O legislador federal, dentro de sua esfera de atribuições conferidas pela Carta Magna, pode ampliar conceitos, que irão repercutir em outras aéreas, desde que não ultrapassem os limites constitucionais.

II – A União, *para corrigir a distorção existente entre a isenção tributária de produtos fabricados pelo alienígena e importados*, favorecendo-o sobremaneira em detrimento do nacional para setor monopolístico da atividade econômica, passou a considerar exportação a operação de remessa ficta de mercadorias ao exterior, restabelecendo a igualdade.

III – A imunidade tributária prevista no art. 155, inciso X, “”a””, da Constituição da República alcança as operações de exportação, como ocorre no caso em tela em que a tradição se deu entre a empresa nacional e a de outro país, *não cabendo ao ente federado estadual restringir a não incidência do tributo para as exportações que contemplem tão somente a saída física da mercadoria do território nacional, visto que não é dado aos estados legislar sobre comércio exterior.*

VI – Devem ser mantidos os honorários advocatícios fixados pelo magistrado singular quando se apresentam razoáveis.”

(TJMG – Apelação Cível 1.0313.09.292580-6/001, Relator(a): Des. (a) Bitencourt Marcondes, 8ª Câmara Cível, julgamento em 12/01/2012, publicação da súmula em 31/01/2012)

Até onde se sabe, o Tribunal de Justiça do Rio Grande do Sul analisou a questão em duas oportunidades, sendo uma em favor contribuinte (Apelação nº 0000429-59.2020.8.21.7000) e outra em favor do Estado (Apelação nº 0390724-40.2018.8.21.7000).

Conclusões

Esse é apenas um exemplo da esquizofrenia que acomete a legislação tributária brasileira e da falta de entrosamento dos entes federados, sendo esse um tema que deverá ser tratado com muito cuidado no âmbito de uma reforma tributária, pois somente assim conseguiremos nos livrar, nas palavras de Augusto Becker, do famoso “manicômio jurídico tributário”.

14.
MONOFASIA (DE VERDADE) PARA TRIBUTAÇÃO DE COMBUSTÍVEIS

Luiz Gustavo A. S. Bichara
Giuseppe Pecorari Melotti
Bruna Athayde

1. Comentários preliminares

Em "Vida para Consumo", Bauman mostra como o desenvolvimento industrial potencializou a disponibilização de bens que desencadearam esse consumo conspícuo. Nesse sentido, a própria forma de tributação na sociedade moderna deve considerar esta realidade. Como, então, deve incidir o tributo na modernidade, de modo a abranger da melhor forma possível a extensa cadeia de produção e consumo?

A tributação do consumo teve de ser pensada de maneira mais sofisticada – sobretudo no Brasil, onde o peso da carga tributária é elevado. Isso porque a incidência do tributo, quando se pensa nas diversas formas de consumo, precisa ser aderente à esse signo presuntivo de riqueza, sob pena de afastamento da manifestação efetiva da capacidade contributiva.

Portanto, a escolha por uma incidência monofásica, isto é, em um só ponto da produção e distribuição, ou plurifásica, em vários momentos da cadeira produtiva e distributiva, deve ponderar, de um lado, a capacidade contributiva e, de outro, o interesse de fiscalização[1].

[1] Schoueri, Luís Eduardo. Princípios específicos em matéria tributária. In: Schoueri, Luís Eduardo. Direito Tributário. 9. ed. São Paulo: Saraiva, 2019, p. 416.

No caso da circulação de combustíveis o tema é ainda mais delicado, inclusive porque o Brasil é extremamente dependente do transporte rodoviário.

Sob a atual estrutura, em linhas gerais, na circulação interna, são quatro os tributos incidentes sobre combustíveis: i) CIDE combustíveis; ii) PIS; iii) COFINS e; iv) ICMS. Os três primeiros são de competência federal e cobrados sobre a renda/receita; já o ICMS, é de competência estadual, incidente sobre o consumo do produto.

Dentro da lógica do (sub)sistema tributário brasileiro, os combustíveis estão submetidos aos mais diversos regimes de tributação: alguns se sujeitam à monofasia, outros à plurifasia, alguns à substituição tributária pra frente, outros para trás, entre outras. Enfim, Alfredo Augusto Becker deve ter se inspirado na tributação dos combustíveis para cunhar a – já surrada – expressão "manicômio tributário".

No caso do ICMS e do PIS/COFINS, que importam ao presente artigo, eles trazem suas peculiaridades.

Para o ICMS, o art. 155, § 2º, XII, alínea h, da Constituição Federal, traz a hipótese em que permite à lei complementar definir combustíveis e lubrificantes sobre os quais o ICMS incidirá uma única vez, "qualquer que seja sua finalidade" – lei essa que nunca foi editada!

No caso das contribuições do PIS e da COFINS, o legislador optou – por leis ordinárias – pela tributação em apenas uma fase da cadeia produtiva, a exemplo da cadeia de combustíveis derivados do petróleo. O intuito é de facilitar sua apuração e fiscalização, a como na indústria farmacêutica, de cosméticos e máquinas.

Para fins do presente artigo, focaremos na monofasia do PIS/COFINS, demonstrando sua importância como instrumento de combate à sonegação e a evasão fiscal. Por fim, traremos a possibilidade de aplicação de um sistema monofásico também para o ICMS e quaisquer outros tributos de semelhante perfil que venham a ser instituídos no futuro, diante da aparente superveniência da tão esperada reforma tributária.

2. A monofasia, a plurifasia, e seus possíveis impactos

A escolha do regime por parte do legislador deve considerar as dificuldades de fiscalização. Para Schoueri, a tributação monofásica depende de excelentes meios de controle, pois atualmente *"multiplicam-se os atos de consumo individualizados, dependendo de cada qual o sucesso da arrecadação"*[2].

No entanto, a dificuldade da fiscalização está atrelada ao momento da tributação. Os estados dos EUA, por exemplo, relativamente aos *sales tax*, optaram por tributar unicamente o momento da compra[3]. No caso dos combustíveis, a escolha por uma tributação monofásica é ainda mais lógica, diante da necessidade de simplificar a cadeia tributária setorial.

A elevadíssima carga tributária incidente sobre o setor e a complexidade do sistema tributário na cadeia econômica de combustíveis são um convite à sonegação, evasão fiscal e contrabando de mercadorias. Para a gasolina, por exemplo, os tributos incidentes correspondem a aproximadamente 42% do valor final repassado ao consumidor[4].

Por essa razão, tem-se defendido, nas principais propostas de reforma tributária hoje em discussão (PEC 110/29, PEC 45/19 e PL nº 3.887)[5], uma incidência monofásica em relação aos combustíveis em geral.

Diante do fato de existirem mais de 40 mil postos de combustíveis no Brasil, a adoção do regime plurifásico tornaria ainda mais comum a prática de sonegação no setor[6]. A partir disso, defende-se um modelo monofásico na tributação de combustíveis como um todo, independente da sua fonte de geração (derivado ou não do petróleo).

Com efeito, considerando o panorama da tributação dos combustíveis existente hoje, tal proposta facilitaria a fiscalização e reduziria sobremaneira a possibilidade de fraudes relacionadas à sua comercialização, sob os mais diversos modelos, tais como o destaque do ICMS-ST por Distribuidoras de fachada na venda do álcool.

[2] *Ibidem.*

[3] Dexheimer, Vanessa Grazziotin. Dedução do crédito financeiro no ICMS: não cumulatividade e coerência legislativa. Revista Direito Tributário Atual, n. 38, p. 217.

[4] Gasolina | Petrobras.

[5] Oyama, Érico. Distribuidoras de combustível defendem tributação monofásica para coibir fraudes. Jota, São Paulo, 31 de out. 2019. Disponível em: <https://www.jota.info/coberturas-especiais/combustivel-legal/distribuidoras-de-combustivel-defendem-tributacao-monofasica-para-coibir-fraudes-31102019>. Acesso em:

[6] https://sindcomb.org.br/2019/11/01/distribuidoras-de-combustivel-defendem-tributacao-monofasica-para-coibir-fraudes/

Em relação ao PIS/COFINS, o legislador já optou por concentrar a tributação por meio de uma sistemática de apuração monofásica, incidente exclusivamente por meio de alíquota majorada sobre o importador/produtor do combustível. Nada obstante, ainda na forma da tributação monofásica é facultado ao contribuinte optar por um regime especial que permite a tributação por unidade de medida e com alíquota específica.

Sendo assim, na cadeia econômica dos combustíveis, estão sujeitas ao regime de alíquotas diferenciadas, as refinarias de petróleo e os demais produtores e importadores dos seguintes produtos derivados de petróleo[7]:

a) gasolinas e suas correntes, exceto gasolina de aviação[8];
b) óleo diesel e suas correntes[9];
c) gás liquefeito de petróleo (GLP) derivado de petróleo e de gás natural[10]; e
d) querosene de aviação[11].

Além disso, caso o contribuinte faça a opção ao Regime Especial de Apuração e Pagamento das Contribuições Incidentes sobre a Receita dos Produtores e Importadores de Derivados de Petróleo (Recob) poderá realizar o recolhimento por meio de unidade de medida do produto.

Na importação de gasolina, exceto gasolina de aviação, independentemente de o importador haver optado pelo regime especial de apuração, a incidência da tributação será com base na unidade de volume do produto[12].

A receita bruta decorrente da venda de gasolinas e suas correntes, exceto gasolina de aviação caberá a aplicação da alíquota de 5,08% para PIS e 23,44% para Cofins[13].

[7] Lei nº 9.718/98, artigo 4º.
[8] Lei nº 9.718/98, artigo 4º, inciso I.
[9] Lei nº 9.718/98, artigo 4º, inciso II.
[10] Lei nº 9.718/98, artigo 4º, inciso III.
[11] Lei nº 10.560/2002, artigo 2º.
[12] Lei nº 10.865/2004, artigos 8º, § 8º e 23.
[13] Lei nº 9.718/98, artigo 4º, inciso I.

Sobre a receita bruta decorrente da venda de óleo diesel e suas correntes, aplicará a alíquota de 4,21% para PIS e 19,42% para COFINS[14].

Já as contribuições incidentes sobre a receita bruta decorrente da venda de gás liquefeito de petróleo (GLP) derivado de petróleo e de gás natural pelo fabricante ou importador caberá a aplicação da alíquota de 10,21% para PIS e 47,4% para Cofins[15].

Para o atacadista e varejista de gasolinas e suas correntes, exceto gasolina de aviação, óleo diesel e suas correntes, gás liquefeito de petróleo (GLP) derivado de petróleo e de gás natural, caberá alíquota zero de PIS/Cofins, independente do regime tributário adotado pela empresa, visto já haver sido tributado anteriormente[16].

No tocante a venda de álcool etílico para fins carburantes, o atacadista por não efetuar venda diretamente para o consumidor final, estará sujeito a tributação de PIS/Cofins nas alíquotas de 3,75% e 17,25%, respectivamente[17].

Perceba-se o emaranhado de regras a serem seguidas, a depender do tributo, do produto, da natureza da operação (interna ou interestadual), da alíquota, etc. Sem a pretensão de exaurir o assunto, mas apenas com o intuito de demonstrar as possibilidades, em tese, de tributação dos combustíveis, elaboramos o quadro abaixo:

	VENDA INTERNA				VENDA INTERESTADUAL			
	REFINARIA	USINA	DISTRIBUIDORA	POSTO	REFINARIA	USINA	DISTRIBUIDORA	POSTO
GASOLINA	ICMS Próprio ICMS-ST CIDE PIS/COFINS				ICMS-ST CIDE PIS/COFINS		ICMS-ST	
BIOCOMBUSTÍVEIS		CIDE PIS/COFINS	ICMS Próprio ICMS-ST Diferimento				ICMS Próprio ICMS-ST Diferimento	
ALCOOL HIDRATADO		ICMS Próprio PIS/COFINS CIDE	ICMS Próprio ICMS-ST PIS/COFINS			ICMS Próprio PIS/COFINS CIDE	ICMS Próprio ICMS-ST PIS/COFINS	

[14] Lei nº 9.718/98, artigo 4º, inciso II.

[15] Lei nº 9.718/98, artigo 4º, inciso III.

[16] Medida Provisória nº 2.158-35/2001, artigo 42, inciso I.

[17] Lei nº 9.718, artigo 5º.

Nada obstante, a tributação diferenciada dos combustíveis tem uma motivação especial, repita-se: diminuir a sonegação fiscal por meio de uma metodologia que facilite a fiscalização.

Em 2019, de acordo com pesquisa da FGV, os cofres públicos deixaram de arrecadar R$7,2bi por conta de sonegação e inadimplência dos tributos incidentes sobre a cadeia de circulação de combustíveis[18]. A razão é clara: se há a possibilidade de se exigir o tributo, considerada a cadeia de circulação, em uma quantidade de agentes maior (distribuidoras, p.ex.), mais fácil é escapar à fiscalização. Diferentemente se caso se concentre a tributação no elo da cadeia com menor número de agentes (Refinarias, Usinas e Importadores).

O melhor exemplo de como a tributação plurifásica pode ser prejudicial ao setor e, principalmente, facilitar processos de sonegação na cadeia, é com relação ao etanol hidratado (AEHC), o mais sonegado dos combustíveis (R$ 4,9 bilhões, de acordo com a pesquisa da FGV[19]). A Lei nº 9.718/1998, que regulamenta as contribuições ao PIS/COFINS, estabelece que o etanol hidratado deverá sofrer a incidência das contribuições em duas etapas, na produção e na distribuição do produto. Ambos os contribuintes deverão recolher alíquotas majoradas.

O etanol hidratado é o único combustível sujeito à incidência das contribuições em duas etapas, na produção e na distribuição do produto. A partir da metodologia de tributação em duas etapas para o etanol hidratado, a sonegação é mais simples, bastando uma empresa "laranja" no meio do processo – fato não incomum. Ela emite a nota de venda com o ICMS-ST destacado, sendo que o adquirente do produto suporta o ônus financeiro desse tributo, pagando ao fornecedor na crença de que ele promoverá o pagamento ao Estado, mas não o faz.

Além do impacto na arrecadação, há outra consequência da sonegação no mercado: a competição predatória entre as empresas. Se não há igualdade na cobrança de tributos, não há defesa da livre iniciativa e

[18] Bôas, Bruno Villas. Sonegação de ICMS de combustíveis atinge R$ 7,2 bi em 2019, diz estudo. Valor Econômico, Rio de Janeiro, 16 de ago. 2016. Disponível em: <https://valor.globo.com/brasil/noticia/2019/08/16/sonegacao-de-icms-de-combustiveis-atinge-r-72-bi-em-2019-diz-estudo.ghtml>. Acesso em:

[19] Idem.

da livre concorrência, princípios constitucionais[20]. Desse modo, alguns distribuidores, até consumidores, ficam em desvantagem, o que desestimula a economia.

Por isso, a escolha do momento em que se dá a tributação deve levar em conta a simplicidade e a efetividade da fiscalização. O Brasil, pela sua extensão e grande dependência do setor rodoviário, precisa de uma tributação monofásica em combustível, para se combater de maneira eficaz a sonegação.

Com efeito, quando se limita a tributação a uma única oportunidade, a um só momento, todo o esforço de sonegação se torna arriscado, sobretudo quando concentrado nas grandes produtoras, haja vista que a fiscalização estará, pela importância do agente econômico, mais concentrada em canalizar suas energias neste elo da cadeia econômica.

3. As desvantagens da tributação plurifásica para combustíveis

Como exposto, o objetivo da tributação monofásica é recolher o tributo em um só momento da cadeia de circulação de bens e serviços. A despeito das dificuldades que a escolha pode gerar com relação ao princípio da capacidade contributiva - por conta do afastamento entre o momento da tributação e do consumo –, a tributação monofásica é a opção mais condizente com a lógica dos combustíveis no Brasil. Para ilustrar essa possibilidade, destacamos as desvantagens do sistema plurifásico nessa seara.

A tributação plurifásica, por acontecer em vários momentos da cadeia produtiva, exige um maior controle e fiscalização por parte do Fisco, pois exige que se verifique o pagamento do tributo em cada elo da cadeia produtiva. Demanda-se, consequentemente, um esforço de *compliance* em relação ao cumprimento das obrigações.

Quando se trata de ICMS em combustíveis, a questão é ainda mais delicada, haja vista que todos os estados brasileiros têm seu próprio regulamento, sua própria realidade, enquanto os contribuintes atuam a nível nacional, devendo enquadrar suas operações as peculiaridades de cada estado[21].

[20] Constituição Federal, Artigo 1º, IV.

[21] Oliveira, Dyogo. et al. Uma proposta de tributação bifásica: simplificação, agilidade e diminuição do contencioso tributário, p. 13.

Não por acaso, a implementação do regime monofásico do ICMS para combustíveis é tema em constante análise e debate. Conforme devidamente exposto por estudo realizado pelo CONFAZ (Combustível Brasil – 2018), a aplicação dessa metodologia trará diversos benefícios, dentre eles (i) fim da guerra fiscal, (ii) redução dos descaminhos estaduais, (iii) otimização dos fluxos logísticos, (iv) redução dos custos tributários.

Além disso, persista-se na questão: quanto à sonegação, a extensa cadeia de produção e consumo é apenas mais um fator que contribui para a sonegação do tributo quanto aos combustíveis. Nesse sentido, basta olhar para a realidade evidenciada pela já citada pesquisa da FGV, apurando grande montante sonegado nesse ramo.

A tributação plurifásica traz à reboque outro dilema, qual seja, os prejuízos que a sistemática de créditos traz aos estados de destino das mercadorias. Isso porque, muitas vezes, um estado é obrigado a reconhecer um crédito que não foi recolhido em seu território. Desse modo, gera-se um prejuízo que não ocorreria se houvesse um imposto monofásico e com alíquota única territorialmente, o que, inclusive, sanaria grande parte do contencioso tributário respectivo.

A monofasia acaba com tudo isso.

Da mesma forma como no Brasil, por não existir uma integração econômica entre os países, a União Europeia entendeu pela não inviabilidade da tributação no Estado de origem ou comercializado, como explica Lothar:

> A proposta da Comissão para adoção do princípio do Estado de origem 'preveem a necessidade de pagamentos de compensação posteriores do Estado preponderantemente exportador ao Estado preponderantemente importador. Os pagamentos não devem correr, todavia, de um Estado a outro, segundo o ponto de vista da Comissão. Antes devem todos os Estados se reportar a um Fundo de Compensação e Estados-Membros que, como a República Federal Alemã, são exportadores líquidos, fariam pagamentos ao Fundo de Compensação[22].

[22] Derzi, Misabel Abreu Machado. et al. Distorções do Princípio da Não-Cumulatividade no ICMS – Comparação com o IVA europeu. Belo Horizonte: Livraria Del Rey, 1998, pág. 125.

Além disso, analisando a prática, o imposto sobre o consumo no Brasil, em muitas áreas, já não é mais plurifásico. Dyogo Oliveira, ex-presidente do BNDES, et al, explicam:

> Tanto na sistemática do ICMS como no PIS e na Cofins não cumulativos, tem-se adotado de maneira extensiva práticas como substituição tributária, incidência monofásica ou concentrada. Por estas sistemáticas, o recolhimento dos tributos se concentra em um dos elos da cadeia, que normalmente deve fazer o pagamento com base em valores presumidos. Tal regime, na prática, nada mais é que um sistema de tributação monofásica ou bifásica na produção. Ouseja, nosso sistema já tem a tendência, por razões principalmente de simplificação, de concentrar a tributação em certos agentes e, com isso, desvirtuar o sistema plurifásico de arrecadação.[23]

Não seria, pois, inventar a roda. Como explica Hélvio Rebeschini, para que a tributação do setor de combustíveis se mostre eficiente é preciso que o tributo incida de maneira monofásica formal e materialmente, de modo todo o imposto do setor recaia sobre um único grupo de agentes no início da cadeia de circulação, os produtores[24].

Desse modo, a atual sistemática do modelo plurifásico, embora não-cumulativo, se coaduna com as críticas levantadas por Vanessa Grazziotin Dexheimer[25] quanto à tributação cumulativa, quais sejam:

i) Rompe com a neutralidade, porque o tributo afeta a concorrência e a formação dos preços no decorrer da cadeia produtiva e distributiva. E, em uma realidade de grande sonegação, acaba por desincentivar competitividade honesta.
ii) Exige fiscalização sofisticada, pois na incidência plurifásica, cada contribuinte deve ser auditado independente dos demais.
iii) Potencializa a violação da capacidade contributiva, pois a depender da cadeia produtiva na qual está inserido o produto, pode

[23] Oliveira, Dyogo. et al. Uma proposta de tributação bifásica: simplificação, agilidade e diminuição do contencioso tributário. p. 14.

[24] https://www.correiobraziliense.com.br/app/noticia/correiodebate/icms/2018/09/05/noticias-icms,704033/ha-um-lado-negro-no-ramo-de-combustiveis.shtml

[25] Vanessa Grazziotin. Dedução do crédito financeiro no ICMS: não cumulatividade e coerência legislativa. Revista Direito Tributário Atual, n. 38, p. 218-219.

haver uma maior carga tributária em bens essenciais do que em bens supérfluos.

Em relação ao terceiro ponto, Schoueri[26] ressalta a possibilidade de verticalização da cadeia pelos contribuintes com maior capacidade econômica. Enquanto os mais poderosos podem pular etapas, economizando tributos, os menos capacitados economicamente estarão em trato desigual. Dessa forma, produtos e produtores sem essa capacidade estarão em desvantagem econômica, desprezando-se, novamente, a capacidade contributiva.

4. Cenário previsto em relação à reforma tributária

Diante do impacto da atuação do setor de combustíveis para a economia e dos evidentes benefícios da apuração monofásica para o setor, muito discutiu-se a respeito da necessidade de manutenção do regime monofásico.

Apesar das peculiaridades do setor, nem a PEC 45/19 nem a PEC 110/19, até então as principais propostas de reforma tributária, trouxeram o regime monofásico na tributação do setor de combustíveis e lubrificantes.

Por sua vez, atendendo as demandas do mercado, o PL nº 3.887/20, proposta do Governo Federal, tratou de trazer tal previsão.

A despeito da ausência de previsão da monofasia no projeto das PECs, o relatório apresentado pela Comissão Mista da Reforma Tributária, desenvolvido a partir da análise das propostas discutidas pela Câmara dos Deputados e Senado Federal, previu a possibilidade de incidência monofásica do IBS sobre combustíveis e lubrificantes, bem como adoção de alíquota específica e concessão de crédito presumido para os adquirentes dos combustíveis.

Diante da aparente eminência da aprovação de uma reforma tributária, discute-se ainda a tributação do setor de combustíveis por Imposto Seletivo, em substituição ao IPI.

As propostas de reforma tributária previstas nas PECs trataram de instituir um IS Monofásico, a incidir nas operações com bens e serviços que possuem externalidades negativas.

[26] ibidem.

O texto inicial da PEC 110/19 previu a instituição de tributo incidente nas operações com petróleo e seus derivados, bem como combustíveis e lubrificantes. Tal previsão expressa foi excluída nas versões posteriores da PEC.

Em linha com o modelo de IS proposto pelas PECs, o novo relatório prevê a instituição do IS com incidência para cigarros, bebidas alcoólicas e outros produtos considerados prejudiciais à saúde ou ao meio ambiente.

O relatório destaca ainda que, muito embora o IS seja idealmente cobrado de forma monofásica, o IS proposto poderá incidir em uma ou mais fases da cadeia produtiva, a depender da definição do legislador.

Muito embora o texto não traga previsão específica da incidência do IS nas operações com combustíveis e lubrificantes, fato é que há uma evidente pressão para que a tributação pelo IS recaia sobre as operações com combustíveis, diante da externalidade negativa do produto.

Apesar da estrutura tributária prevista no relatório apresentado, o Governo Federal já sinalizou que pretende realizar uma reforma tributária simplificada, reduzindo o IPI, mas mantendo sua estrutura atual.

Conclusão

Observa-se, pois, que a sistemática plurifásica para combustíveis no Brasil não funciona em nenhum de seus aspectos: não é prático, não atende à capacidade contributiva e estimula a sonegação, além de gerar contencioso tributário.

Logo, considerando a experiência atual, em que o PIS/COFINS pela metodologia monofásica têm se mostrado como eficaz obstáculo à sonegação, e, por outro lado, a tributação plurifásica ou bifásica, como a tributação do etanol hidratado, têm se revelado metodologias menos eficientes no combate à evasão fiscal e sonegação na cadeia, resta evidente que a reforma tributária a ser aprovada deverá estar atenta as particularidades do setor, devendo possibilitar a tributação pelo regime monofásico, reduzindo assim drasticamente o espaço para a sonegação e uma possível concorrência desleal entre os *players*.

A proposta sobre a sistemática monofásica de arrecadação atende aos principais objetivos de segurança jurídica: ampla base tributária, respeito aos direitos dos contribuintes, atendimento à seletividade com base numa matriz energética renovável e convivência com um ambiente regulatório e concorrencial saudável.

Referências

Bôas, Bruno Villas. Sonegação de ICMS de combustíveis atinge R$ 7,2 bi em 2019, diz estudo. Valor Econômico, Rio de Janeiro, 16 de ago. 2016. Disponível em:<https://valor.globo.com/brasil/noticia/2019/08/16/sonegacao-de--icms-de-combustiveis-atinge-r-72-bi-em-2019-diz-estudo.ghtml>. Acesso em:

Derzi, Misabel Abreu Machado. et al. Distorções do Princípio da Não-Cumulatividade no ICMS – Comparação com o IVA europeu. Belo Horizonte: Livraria Del Rey, 1998.

Grazziotin, Vanessa. Dedução do crédito financeiro no ICMS: não cumulatividade e coerência legislativa. Revista Direito Tributário Atual, n. 38, p. 215--236. Disponível em: <https://ibdt.org.br/RDTA/wp-content/uploads/2017/12/Vanessa-grazziotin.pdf>.

Oliveira, Dyogo. et al. Uma proposta de tributação bifásica: simplificação, agilidade e diminuição do contencioso tributário.<http://repositorio.ipea.gov.br/bitstream/11058/8480/1/Uma%20proposta%20de%20tributa%c3%a7%c3%a3o%20bif%c3%a1sica_simplifica%c3%a7%c3%a3o_agilidade%20e%20diminui%c3%a7%c3%a3o%20do%20contencioso%20tribut%c3%a1rio.pdf>

Oyama, Érico. Distribuidoras de combustível defendem tributação monofásica para coibir fraudes. Jota, São Paulo, 31 de out. 2019. Disponível em: <https://www.jota.info/coberturas-especiais/combustivel-legal/distribuidoras-de-combustivel-defendem-tributacao-monofasica-para-coibir-fraudes-31102019>. Acesso em:

Schoueri, Luís Eduardo. Princípios específicos em matéria tributária. In: Schoueri, Luís Eduardo. Direito Tributário. 9. ed. São Paulo: Saraiva, 2019.

15.
REFORMA TRIBUTÁRIA E A TRIBUTAÇÃO DA ECONOMIA DIGITAL: ASPECTOS INTERNACIONAIS E NACIONAIS

Marcus Lívio Gomes
Doris Canen

Introdução

Muito se fala, há bastante tempo, acerca da necessidade de uma reforma tributária para simplificar o complexo sistema tributário brasileiro. Em 2019, antes da pandemia do COVID-19, diversas propostas foram enviadas ao Congresso Nacional. Com a pandemia, o assunto ficou mais vagaroso, porém não saiu de pauta.

Conforme informações do website do Governo Federal[1], "A primeira parte da Reforma Tributária foi apresentada ao Congresso em 22 de julho, por meio do Projeto de Lei nº 3.887/2020, que prevê a criação da Contribuição Social sobre Operações com Bens e Serviços (CBS) em substituição à atual cobrança das alíquotas de PIS/Pasep e Cofins.

A nova CBS, com alíquota de 12%, é uma nova forma de tributar o consumo, alinhada aos mais modernos modelos internacionais de Imposto de Valor Agregado (IVA). Com a CBS será possível acabar com a cumulatividade de incidência tributária, com cobrança apenas sobre o valor adicionado pela empresa."

A referida CBS tem artigos que dizem respeito à economia digital, assunto que está gerando dúvidas e reformas tributárias globais, sendo sua relevância inquestionável, razão pela qual é a reforma tributá-

[1] https://www.gov.br/economia/pt-br/acesso-a-informacao/acoes-e-programas/reforma-tributaria

ria oriunda da crescente digitalização da economia o tema do presente artigo.

Assim, analisaremos a Ação 1 do Projeto *Base Erosionand Profit Shifting* (BEPS) da OCDE que debateu a tributação internacional no contexto da economia digital, atuais propostas globais bem como as propostas brasileiras para a tributação dessa forma moderna de realizar negócios.

1. OCDE e a Ação 1 BEPS – desafios da economia digital: uma reforma tributária global?[2]

A Ação 1 do Projeto BEPS[3] teve como foco a tributação da economia digital (ou digitalização da economia, nomenclatura escolhida por alguns doutrinadores[4] eis que, para eles, as indústrias tradicionais também estão sofrendo as transformações da era digital).

Em 5 de outubro de 2015, a OCDE divulgou o relatório final sobre a Ação 1 do Projeto BEPS, que aborda os Desafios Tributários da Economia Digital. O relatório foi inconclusivo no que tange a aspectos de tributos diretos e, assim, a OCDE indicou que o trabalho referente 'a economia digital deveria prosseguir e um relatório suplementar que reflita os resultados da continuação do trabalho em questão será feito até 2020', sendo certo que até a presente data, não foi atingido um consenso global acerca da forma que as atividades digitalizadas devam ser tributadas.

Entretanto, a falta de consenso não impediu que os países instituíssem medidas unilaterais para a tributação da economia digital. Exemplos de tais medidas são: (i) aplicações alternativas do limite do esta-

[2] Resumo elaborado com base no OECD Interim ReporttodiscussTaxChallengesArisingfromDigitalisation disponível em: http://www.oecd.org/ctp/tax-challenges-arising-from-digitalisation-interim-report-9789264293083-en.htm consulta em 2 de abril de 2018 e com base em artigo escrito pelos autores publicado no livro Tributação da Economia Digital coordenado pelos Profs. Sergio André Rocha, Marcus Livio Gomes e Gustavo Gamaled. Rio de Janeiro: Lumen Juris, 2019, v. 1, p. 171-188.

[3] Iniciativa do G20 com a OCDE que resultou em um plano com 15 ações voltadas para a transparência nas atividades de grupos econômicos multinacionais, bem como para evitar a dupla não-tributação da renda, bem como que as atividades sejam tributadas onde seu valor é gerado. https://www.oecd.org/tax/beps/beps-actions/

[4] PETRUZZI, Raffaelle, Addressing the Tax Challenges of the Digitalization of the Economy – A Possible Answer in the Proper Application of the Transfer Pricing Rules? Abril, 2018, IBFD Bulletin for International Taxation 72 (4a/2018)

belecimento permanente; (ii) impostos retidos na fonte; (iii) impostos sobre o volume de negócios; e (iv) regimes específicos destinados a grandes empresas multinacionais.

Essas medidas caracterizam-se por proteger e/ou expandir a base tributária no país em que os clientes ou usuários estão localizados, incluindo elementos vinculados a um mercado no projeto da base tributária (por exemplo, receita de vendas, local de uso ou consumo) e refletem um descontentamento entre alguns países com os resultados tributários produzidos pelo atual sistema internacional de imposto de renda. O relatório provisório apresenta o seguinte detalhamento de cada medida:

i) Aplicações alternativas dos limites do Estabelecimento Permanente (PE): Incluir medidas tomadas por alguns países, a fim de alterar a forma como o limite da tributação baseada na fonte dos lucros das empresas – a definição do PE – é aplicado ao abrigo da legislação nacional e/ou em tratados tributários. Os desenvolvimentos observados são ou medidas que incorporam fatores de presença digital ou a aplicação do limite de "estabelecimento permanente de serviço" sem restrições de requisitos de presença física. As primeiras medidas são projetadas para estabelecer nexos em situações em que uma empresa não residente, fisicamente estabelecida em um local remoto, estabelece medidas proativamente para criar e manter uma interação contínua com os usuários e clientes de um determinado país. Exemplos de países que avançaram com a adoção do teste de presença econômica significativa são Israel e a Índia. As últimas medidas referem-se à opinião expressa por alguns países de que a exigência de presença física deixou de ser relevante para a aplicação da definição de "o estabelecimento permanente de serviço" do Artigo 5 (3) (b) da Convenção Modelo. Esta posição decorre da preocupação de que a digitalização facilitou a adoção de modelos centralizados de vendas e distribuição, onde os serviços online podem ser realizados remotamente, sem qualquer presença significativa nos mercados atendidos. Essa ampla interpretação é conhecida como o "estabelecimento permanente de serviço virtual" e foi oficialmente endossada na Arábia Saudita.

ii) Impostos retidos na fonte: Entre as medidas relevantes nessa área, o Relatório Provisório aponta que alguns países expandiram sua definição interna de royalties sujeitos a retenção em valores brutos incorporando a essa categoria itens de receita tradicionalmente classificados como lucros empresariais em tratados de dupla tributação.

Outras medidas dizem respeito à criação de uma exceção ao limite de PE para certos tributos relativos a serviços na legislação nacional e/ou tratados de dupla tributação, permitindo uma retenção na fonte em termos brutos no país de origem quando o pagador é residente naquele país. Deve-se notar que a Convenção Modelo da OCDE não contém essa exceção, ao passo que foi recentemente adicionado a Convenção Modelo da ONU como parte de sua atualização de 2017. Por fim, outros países introduziram novos impostos retidos na fonte sobre outras categorias específicas de renda, como receita de publicidade on-line.

O Brasil é apontado como exemplo de pais que usa a tributação na fonte (embora isto ocorra bem antes do projeto BEPS e não tenha sofrido qualquer influência deste Projeto). Um exemplo utilizado no relatório é a Solução de Consulta 191/2017 na qual a Receita Federal classifica o "Software as a Service" como serviço técnico consequentemente sujeito a elevada tributação na importação de serviços.

iii) "Turnover taxes" (tributos sobre o volume de negócios):refere-se a ações fora do arcabouço do imposto de renda para reivindicar direitos de tributar empresas não residentes, como fornecedores de produtos e serviços digitais sediados no exterior. Estas medidas incluem impostos setoriais sobre o volume de negócios direcionados para receitas de serviços de publicidade online e são geralmente combinados com regras de nexo abrangentes focadas no destino dos fornecimentos, sendo aplicadas a empresas residentes e não residentes, independentemente da sua localização. Exemplos de tais medidas são a taxa de equalização da Índia ou a imposição da Itália sobre transações digitais.

iv) Regimes específicos que visam as grandes empresas multinacionais: Este grupo inclui respostas legislativas mais gerais que ou criam novos regimes administrativos destinados a restabelecer um equilíbrio de poder entre as autoridades fiscais e as grandes empresas multinacionais ou introduzem regras específicas antiabuso para abordar a utilização excessiva de erosões de base pagamentos por grandes empresas multinacionais. Como exemplos, o relatório menciona o imposto sobre lucros desviados no Reino Unido e na Austrália e o tributo antierosão e antiabuso nos EUA (BEAT).

O capítulo 5 do Relatório Provisório considera possíveis soluções de longo prazo para enfrentar os desafios fiscais decorrentes da digitalização, com foco específico nas revisões que podem ser necessárias para a alocação de lucros existentes e as regras de nexo. O capítulo começa com uma análise destes conceitos fundamentais e informa que os países envolvidos na discussão têm pontos de vista divergentes, podendo ser divididos em três grandes grupos.

O primeiro grupo de países sustenta que algumas características de modelos de negócios altamente digitalizados podem levar a desalinhamentos entre o local em que os lucros são tributados e o local em que o valor é criado. Esse desalinhamento é, segundo o Relatório Provisório, o resultado da participação ativa dos usuários por meio de uma plataforma on-line e o valor que essa participação cria para o negócio (ou seja, valor gerado pelo usuário), que é uma característica nova e única observada em alguns modelos de negócios altamente digitalizados que não são capturados pela estrutura tributária internacional existente.

O segundo grupo de países compartilha a visão de que a transformação digital contínua da economia e, de forma geral, as tendências associadas à globalização, apresentam desafios para a contínua eficácia do atual quadro tributário internacional que não é exclusivo ou específico para modelos de negócios altamente digitalizados. Alguns países desse grupo também rejeitam explicitamente a sugestão de que os dados e a participação do usuário devem ser considerados como criadores de valor pelas empresas no país do usuário.

O terceiro grupo de países considera que as ações do BEPS trataram em grande parte das preocupações de evitar a não-tributação, embora ainda seja cedo demais para avaliar plenamente o impacto de todas as medidas. Esses países geralmente estão satisfeitos com o sistema tributário existente e atualmente não veem necessidade de qualquer reforma significativa das regras tributárias internacionais.

Embora reconhecendo essas divergências, o Relatório Provisório declara que os países compartilham um interesse comum em manter um único conjunto de regras tributárias internacionais relevantes e coerentes, para promover eficiência econômica e bem-estar global. Para esse fim, eles concordaram em construir uma revisão coerente e simultânea dos dois aspectos-chave da estrutura tributária existente (a alocação de lucros e as regras de nexo) que considerariam os impactos da digitalização na economia.

Em 2020, a OCDE apresentou uma proposta de alocação da tributação para as diferentes empresas dos grupos multinacionais que lidam com economia digital através de fórmula (o chamado Pillar 1). A intenção é evitar que haja nova adoção de imposições tributárias unilaterais sem coordenação e, ainda, o restabelecimento da estabilidade da tributação internacional[5]. A proposta inclui a consideração do mercado consumidor como nexo para fins de tributação criando a nova "jurisdição de mercado", onde estão os usuários e consumidores dos serviços digitais, havendo, assim, presença remota (virtual) por parte das empresas. Essa proposta ainda está sendo discutida.

Percebe-se que a falta de consenso, que originalmente resultaria em uma não-tributação de tais atividades acabou levando às propostas de tributação local em diversos países da OCDE, principalmente na União Europeia. No próximo tópico, apresentaremos as propostas da União Europeia (ainda não aprovadas pelo Parlamento Europeu), bem como as medidas unilaterais adotadas por diversos países com vistas à garantia de sua receita.

2. União Europeia (UE) e suas propostas[6]

Tal como a OCDE, a Comissão da União Europeia, em 2018, também propôs novas regras para garantir que as atividades digitais sejam tributadas de uma forma justa e favorável ao crescimento na UE. Segundo a Comissão, tais medidas tornariam a UE uma líder global na elaboração de leis tributárias adequadas à economia moderna e à era digital.

O recente boom nos negócios digitais, como empresas de mídia social, plataformas colaborativas e provedores de conteúdo on-line, contribuiu muito para o crescimento econômico na UE. Mas as regras fiscais

[5] OECD (2020), *Cover Statement by the Inclusive Framework on the Reports on the Blueprints of Pillar One and Pillar Two*, OECD/G20 Base Erosion and Profit Shifting Project, OECD Publishing, Paris, http://www.oecd.org/tax/beps/cover-statement-by-the-oecd-g20-inclusive-framework-on-beps-on-the-reports-on-the-blueprints-of-pillar-one-and-pillar-two--october-2020.pdf. Tradução livre.

[6] Resumo elaborado com base no "Press Release" da Comissão Europeia, disponível em: http://europa.eu/rapid/press-release_IP-18-2041_en.htm, consulta em 10 de abril de 2018 e com base em artigo escrito pelos autores publicado no livro Tributação da Economia Digital coordenado pelos Profs. Sergio André Rocha, Marcus Livio Gomes e Gustavo Gamaled. Rio de Janeiro: Lumen Juris, 2019, v. 1, p. 171-188.

atuais não foram projetadas para atender às empresas que são globais, virtuais ou que têm pouca ou nenhuma presença física.

Os dados levantados pela União Europeia indicam que 9 das 20 maiores empresas do mundo em capitalização de mercado são agora digitais, comparadas a 1 em 20 há dez anos. O desafio para a UE é aproveitar ao máximo essa tendência, garantindo que as empresas digitais também contribuam com sua parcela justa de impostos. Caso contrário, existe um risco real para as receitas públicas dos Estados-Membros: as empresas digitais têm atualmente uma taxa média efetiva de imposto que é a metade da economia tradicional na UE.

Assim, as propostas apresentadas surgiram no contexto dos Estados-Membros procurarem soluções permanentes e duradouras para garantir uma parte equitativa das receitas fiscais das atividades em linha, tal como solicitado urgentemente pelos líderes da UE em outubro de 2017. Receitas obtidas através de atividades lucrativas, como a venda de dados e conteúdos gerados pelos usuários não são capturados pelas regras fiscais de hoje. Os Estados-Membros estão agora a começar a procurar soluções rápidas e unilaterais para tributar as atividades digitais, o que cria um campo minado legal e incerteza fiscal para as empresas. Uma abordagem coordenada seria, para a UE, a única maneira de garantir que a economia digital seja tributada de maneira justa e sustentável.

Desta forma, duas iniciativas legislativas distintas propostas hoje pela Comissão conduzirão a uma tributação mais justa das atividades digitais na UE:

> (i) A primeira iniciativa visa reformar as regras tributárias das empresas para que os lucros sejam registrados e tributados onde os negócios tenham interação significativa com os usuários por meio de canais digitais. Isto constitui a solução preferida a longo prazo da Comissão.
>
> (ii) A segunda proposta responde a pedidos de vários Estados-Membros no sentido de um imposto provisório que abranja as principais atividades digitais que atualmente escapam totalmente aos impostos na UE.

Este pacote estabelece uma abordagem coerente da UE a um sistema de tributação digital que apoia o mercado único digital e que servirá de base para discussões internacionais destinadas a corrigir a questão a nível mundial.

3.1. Detalhamento das propostas

Desta forma, segue abaixo um breve detalhamento das propostas apresentadas pela União Europeia.

3.1.1. Proposta 1: Uma reforma comum das regras fiscais da UE para as atividades digitais

Esta proposta permitiria aos Estados-Membros a tributação dos lucros gerados no seu território, mesmo que uma empresa não tenha aí uma presença física. As novas regras assegurariam que as empresas que operam on-line contribuíssem para as finanças públicas no mesmo nível das empresas tradicionais. Considera-se que uma plataforma digital tem uma presença digital tributável ou um estabelecimento virtual permanente em um Estado-Membro se preencher um dos seguintes critérios: (i) exceder de 7 milhões de euros em receitas anuais num Estado-Membro; (ii) ter mais de 100.000 usuários num Estado-Membro num ano fiscal ou (iii) ter mais de 3000 contratos comerciais para serviços digitais criados entre a empresa e os usuários corporativos em um ano fiscal. As novas regras irão também alterar a forma como os lucros são atribuídos aos Estados-Membros de uma forma que reflita melhor como as empresas podem criar valor online: por exemplo, dependendo de onde o usuário está baseado no momento do consumo.

Em última análise, o novo sistema garante uma ligação real entre onde os lucros digitais são obtidos e onde são tributados. A medida poderia eventualmente ser integrada no âmbito da matéria comum consolidada no "imposto sobre as sociedades" (MCCCIS) – a iniciativa já proposta pela Comissão de afetar lucros de grandes grupos multinacionais de uma forma que reflita melhor onde o valor é criado.

3.1.2. Proposta 2: Tributo provisório sobre determinadas receitas de atividades digitais

Este tributo provisório assegura que as atividades que atualmente não são efetivamente tributadas começariam a gerar receitas imediatas para os Estados-Membros. Ajudaria também a evitar medidas unilaterais para tributar as atividades digitais em determinados Estados-Membros, o que poderia conduzir a uma série de respostas nacionais que seriam prejudiciais para o mercado único.

Ao contrário da reforma comum da UE das regras fiscais subjacentes, este tributo seria aplicável às receitas criadas a partir de certas atividades digitais que escapam inteiramente ao atual quadro fiscal. Este sistema será aplicado apenas provisoriamente até que a reforma abrangente tenha sido implementada e tenha mecanismos embutidos para aliviar a possibilidade de dupla tributação.

O tributo será cobrado das receitas geradas a partir de atividades nas quais os usuários desempenham um papel importante na criação de valor e são os mais difíceis de capturar com as regras fiscais atuais, como por exemplo: venda de espaço publicitário online; – atividades intermediárias digitais que permitem aos usuários interagir com outros usuários e que podem facilitar a venda de bens e serviços entre eles; venda de dados gerados a partir de informações fornecidas pelo usuário.

Tal tributo será cobrado pelos Estados-Membros em que os usuários estão localizados e aplicar-se-ão apenas às empresas com receitas anuais globais totais de 750 milhões de euros e receitas na UE de 50 milhões de euros. Isso ajudará a garantir que pequenas empresas iniciantes e empresas em expansão permaneçam sem carga tributária. Estima-se que 5 milhões de euros em receitas por ano possam ser gerados para os Estados-Membros se o imposto for aplicado a uma alíquota de 3%.

Atualmente, aguarda-se a apreciação das referidas propostas pelo Conselho e pelo Parlamento Europeu.

2.2. Comentários sobre as propostas da União Europeia e OCDE

Conforme amplamente discutido ao longo do projeto BEPS, é difícil e também controverso, separar a economia digital do resto da economia. Isso porque, no mundo moderno, quase todas as transações podem ser realizadas virtualmente, da compra de uma roupa a reserva de um hotel ao envio de um parecer.

Essa evolução das relações sociais levou a necessidade da evolução nos conceitos e forma de tributar, porém a complexidade, conforme apontada no relatório da Ação 1 do Projeto BEPS, deixa espaço para dúvidas e não tributação.

Vê-se, assim, que tanto a OCDE quanto a Comissão Europeia estão literalmente "correndo atrás" (vide sugestões de medidas temporárias) da possibilidade de tributar tais atividades e da atualização de suas respectivas legislações, visando evitar, no entanto, medidas unilaterais dos países que possam vir a ser prejudiciais aos contribuintes, demais países e tratados celebrados.

Os EUA, em 2018, emitiram um comunicado informando que são contra qualquer tributação que seja prejudicial exclusivamente às empresas com atividades digitais eis que estas são, atualmente, as maiores geradoras de empregos e responsáveis pelo crescimento econômico do país.[7]

Conforme noticiado pelo Business Insider[8], os países membros da União Europeia têm visões diferentes sobre um tributo temporário. Enquanto Áustria e França são a favor e, como será visto no próximo tópico, efetivamente implementaram tal tributação, os países Nórdicos argumentam que tal tributo pode gerar custos administrativos mais altos do que o valor que efetivamente será recolhido.

4. A ONU e o artigo 12B dos Tratados

A ONU também trouxe uma proposta de inclusão do artigo 12B nos tratados internacionais tributários visando a tributação das receitas decorrentes de serviços denominados “serviços digitais automatizados”.[9]

Tais serviços são definidos como tendo atuação humana mínima por parte do prestador, como, por exemplo, publicidade online; intermediação via plataforma online; serviços de rede social; cloud computing; serviços de conteúdo digital e serviços de ensino online.

A referida proposta, diferentemente das apresentadas pela OCDE e pela União Europeia não apresenta limitações (como por exemplo

[7] Vide comentário do Secretário do Tesouro dos EUA, Steve Mnuchin em https://home.treasury.gov/news/press-releases/sm0316, acesso em 10 de abril de 2018: The U.S. firmlyopposesproposalsbyany country to single out digital companies. Some of these companies are among the greatest contributors to U.S. job creation and economic growth. Imposing new and redundant tax burdens would inhibit growth and ultimately harm workers and consumers. I fully support international cooperation to address broader tax challenges arising from the modern economy and to put the international tax system on a more sustainable footing.”

[8] http://business-review.eu/tech/the-eus-digital-service-tax-may-be-set-for-all-member-states-by-march-2019-193392

[9] UN – Tax Treatment of Payments for Digital Services. New Article 12B – Income from Automated Digital Services https://www.un.org/development/desa/financing/sites/www.un.org.development.desa.financing/files/2020-08/TAX%20TREATY%20PROVISION%20ON%20PAYMENTS%20FOR%20DIGITAL%20SERVICES.pdf

quantidade de transações, estabelecimento permanente ou presença digital significativa).

Nesse caso, o Estado de mercado tributaria na fonte os pagamentos transfronteiriços decorrentes de serviços digitais de duas formas: (i) tributação com base na receita bruta dos serviços, a uma alíquota acordada entre os Estados contratantes, ou (ii) tributação baseada no lucro líquido, aplicando uma fórmula de repartição de receitas que atribui – se disponível – 30% dos lucros líquidos decorrentes de serviços digitais automatizados ao Estado da fonte.

A ONU aponta que a receita em questão não inclui as decorrentes de "serviços técnicos" nos termos do artigo 12A, evitando a dupla qualificação de serviços digitais.

Na lição de Guillermo Teijeiro[10],

> Considerando a necessidade de conceber um sistema de imposto de renda que conceda aos países uma parcela justa das receitas globais provenientes da receita gerada pela nova economia, a Proposta parece ser um bom começo para uma solução viável, porém simples que, embora sacrifique uma a adesão teórica estrita ao conceito de criação de valor buscado pela OCDE permitiria um resultado satisfatório para os estados até agora "marginalizados", sem sujeitar os investidores à uma tributação excessiva (ou dupla).
>
> É claro que a proposta enfrentará forte oposição dos Estados Unidos e da China, uma vez que visa especificamente os negócios digitais. Em qualquer caso, é uma boa notícia que os países "marginalizados" do processo de tomada de decisão na OCDE, devido à influência predominante dos países industrializados, encontrem um lugar para expressar seu interesse em um Comitê tributário da ONU revitalizado, e este último trouxe proposta alternativa prudente.

Como visto acima, a posição é que essa proposta seria mais benéfica para os países em desenvolvimento, porém temos que aguardar para ver sua receptividade global.

[10] *TEIJEIRO, Guillermo, Automated digital services-The UN Proposal at glance, Kluwer Tax Blog, 12/08/2020, http://kluwertaxblog.com/2020/08/12/automated-digital-services-the-un-proposal-at-glance/ (tradução livre)*

5. As medidas unilaterais implementadas globalmente

Estudo realizado pela KPMG[11] demonstra que o chamado "Digital Service Tax" é, de longe, o tributo mais implementado globalmente para tentar tributar a economia digital, seguido pelos conceitos de estabelecimento permanente já mencionados anteriormente.

Vale destacar que os países não precisam aguardar a aprovação das propostas da União Europeia para a implementação de tributação localmente.

Abaixo, uma lista breve de tributos implementados com base no referido estudo da KPMG:

- Argentina: 5%-10%-15% – Apostas através de uma Plataforma digital na /da Argentina.
- Áustria: 5% publicidade online em website ou software na Áustria
- Espanha: 3% publicidade e intermediação digital e venda de dados dos usuários
- França: 3% serviços de intermediação ou propaganda
- Índia: Estabelecimento permanente digital, IRRF venda de produtos/serviços, publicidade
- Itália: 3% publicidade digital, vendas através de plataformas, transmissão de dados
- Kenya: 1,5% qualquer serviço online
- México: 1,5%-4% dependendo da atividade – IRRF para intermediários
- Nigéria: Estabelecimento Permanente Digital
- Paquistão: 5% serviços digitais
- Polônia: 1,5% serviços audiovisuais
- Portugal: 4% exibição em plataformas online e 1% assinatura de vídeos on-demand
- Reino Unido: 2% para quem fatura acima de GBP 25 milhões – mídias sociais, busca na internet, marketplace
- Sierra Leone: 1,5% transações digitais
- Zimbabwe: 5% valores recebidos por plataformas situadas no exterior, oriundos de residentes do país

[11] https://tax.kpmg.us/content/dam/tax/en/pdfs/2021/digitalized-economy-taxation-developments-summary.pdf, consulta em 02/04/2021

Não obstante o repúdio norte-americano acerca das medidas unilaterais, a mídia noticiou que a partir de junho de 2021, o Google vai reter imposto de renda na fonte dos criadores de conteúdo no Youtube que são residentes fora dos EUA.

De acordo com o noticiado, a base legal seria o Capítulo 3 da legislação da Receita Federal dos EUA. Segundo tal legislação, o Google seria responsável pela coleta das informações fiscais de todos os criadores que geram receita fora dos EUA e pela retenção de tributos quando a renda for oriunda de usuários/espectadores dentro dos EUA. Isso significa que nem toda a receita será afetada, mas apenas a obtida com os usuários/espectadores nos Estados Unidos.[12]

Percebe-se, assim, que a reforma tributária global para tributar as novas tecnologias continua e não aguarda qualquer consenso quanto à proposta mais recente do Pillar 1 da OCDE.

No próximo tópico, abordaremos as propostas para tal tributação no Brasil.

6. Propostas de reforma tributária no Brasil com base na economia digital

É de comum sabença que o sistema tributário brasileiro tem diversas particularidades. Exemplos são a proteção de sua base tributária, alta carga tributária (incluindo tributação na fonte) em remessas para pagamento de royalties e serviços prestados no exterior[13], o já mencionado complexo sistema tributário nacional e os poucos tratados para evitar a dupla tributação celebrados.

É inquestionável que a importação de royalties e serviços sofre elevada tributação em nosso país, tendo o IRRF sobre Serviços automatizados da Solução de Consulta 191/2017 sido mencionado no Relatório Provisório da OCDE indicando o Brasil como exemplo de país que usa a retenção na fonte, embora tal opção de tributação não tenha surgido por causa da economia digital, como já mencionado nesse artigo.

[12] Schoon, Ben, YouTube will start deducting US taxes from creators who don't live in the UShttps://9to5google.com/2021/03/09/youtube-tax-us-change/, consulta em01/04/2021

[13] Para mais detalhes ver Gomes, Marcus Lívio; Lima, Lucas Henrici Marques. Tratados internacionais, IRRF, CIDE e incerteza nas remessas de valores ao exterior em remuneração de serviços técnicos e de assistência técnica. Revista de Direito Internacional Econômico e Tributário, Brasília, v. 15, n. 1, p. 171, jan.-jun. 2020.

Podemos incluir, também, a "guerra fiscal" entre Estados e Municípios para a tributação do software que apenas chegou ao fim no ano de 2021 com a decisão do STF nas ADIs1945 e 5659.

Não obstante, desde 2020, a Câmara e o Senado do Brasil têm recebido diversas propostas de novas contribuições com foco na economia digital, inspiradas em tributos instituídos no exterior, principalmente na França.

A seguir, apresentaremos as características das principais propostas para, posteriormente, comentá-las no ponto de vista da realidade brasileira.

5.1. Contribuição de Intervenção no Domínio Econômico (CIDE)

a. CIDE Digital

- PL 2358/2020 Câmara: Institui a Contribuição de Intervenção no Domínio Econômico incidente sobre a receita bruta de serviços digitais prestados pelas grandes empresas de tecnologia (CIDE-Digital).
- Fato Gerador art 3º: Receita Bruta oriunda de: I – exibição de publicidade em plataforma digital para usuários localizados no Brasil; II – disponibilização de uma plataforma digital que permite que usuários entrem em contato e interajam entre si, com o objetivo de venda de mercadorias ou de prestação de serviços diretamente entre esses usuários, desde que um deles esteja localizado no Brasil; III – transmissão de dados de usuários localizados no Brasil coletados durante o uso de uma plataforma digital ou gerados por esses usuários
- Contribuinte art 4º: contribuinte da CIDE-Digital a pessoa jurídica, domiciliada no Brasil ou no exterior, que auferir receita bruta de que trata o art. 3º, e pertença a grupo econômico que tenha auferido, no ano-calendário anterior: I – receita bruta global superior ao equivalente a R$ 3 bilhões (três bilhões de reais); e II – receita bruta superior a R$ 100 milhões (cem milhões de reais) no Brasil
- Base de cálculo art. 5º: valor total da receita bruta de que trata o art. 3º auferida no decorrer do ano-calendário.
- Alíquotas progressivas art. 6º: I – 1% (um por cento) sobre a parcela da receita bruta até R$ 150.000.000,00 (cento e cinquenta

milhões de reais); II – 3% (três por cento) sobre a parcela da receita bruta que superar R$ 150.000.000,00 (cento e cinquenta milhões de reais) até R$ 300.000.000,00 (trezentos milhões de reais); III – 5% (cinco por cento) sobre a parcela da receita bruta que superar 300.000.000,00 (trezentos milhões de reais).

- Exposição de motivos: a OCDE concluiu que a melhor opção seria a mudança das regras da tributação internacional para que a renda tributável fosse melhor distribuída entre os diversos países onde as grandes empresas atuam, de forma a captar o valor gerado em cada um deles.

b. CIDE Internet

- PL 640/2021 – Câmara: Institui a Contribuição de Intervenção no Domínio Econômico incidente sobre a receita bruta de disponibilização, distribuição, divulgação ou fornecimento de conteúdo na internet realizados no país com o intuito de exploração econômica (Cide-Internet).
- Fato Gerador vide acima
- Contribuinte a pessoa jurídica, que. Em decorrência do fato gerador aufira receita no Brasil ou no exterior.
- Base de cálculo: valor total da receita auferida oriunda das atividades. Podem ser considerados a quantidade de usuários, acessos, assinantes ou fluxos de dados proporcionalmente aos montantes registrados globalmente pela pessoa jurídica.
- Alíquota 3%.
- Exposição de motivos: Abrangência das redes sociais e serviços de streaming no país com milhares de usuários. Parte considerável fica distante do território nacional. Pretende tributar apenas a receita que escapa a tributação nacional. Valor arrecadado será destinado a investimentos em infraestrutura e educação pública. Inspiração – França e Austrália.

5.2. Contribuição para o Financiamento da Seguridade Social – COFINS DIGITAL

- PLP 131/2020 Senado: Estabelece alíquota de 10,6% para a Contribuição para o Financiamento da Seguridade Social (Cofins) devida por pessoas jurídicas que utilizem plataformas digitais e que possuam receita mensal superior a 20 milhões de dólares por serviços prestados em todo o mundo ou superior a 6,5 milhões de reais por serviços prestados no Brasil.

- Fato Gerador I – disponibilização, por comunicações eletrônicas, de interface digital que permita aos usuários entrar em contato com outros usuários e interagir com vistas à entrega de mercadorias ou à prestação de serviços; II – comercialização para anunciantes ou seus agentes, com o objetivo de colocar mensagens publicitárias direcionadas em uma interface digital com base em dados relativos ao usuário que a consulta.
- Contribuinte a pessoa jurídica, qualquer que seja o local de seu estabelecimento, que cumulativamente aufira receitas mensais acima dos seguintes limites: I – US$ 20.000.000,00 (vinte milhões de dólares dos Estados Unidos da América) ou o equivalente em outra moeda, por serviços prestados em todo o mundo; II – R$ 6.500.000,00 (seis milhões e quinhentos mil reais) no Brasil.
- Base de cálculo: valor total da receita bruta acima auferida no decorrer do ano-calendário.
- Alíquota 10,6%.
- Exposição de motivos: a OCDE concluiu que a melhor opção seria a mudança das regras da tributação internacional para que a renda tributável fosse melhor distribuída entre os diversos países onde as grandes empresas atuam, de forma a captar o valor gerado em cada um deles.

5.3. Contribuição Social sobre Operações com Bens e Serviços – CBS (especificamente no que tange à economia digital)

- PL 3887/2020 Câmara: Institui a Contribuição Social sobre Operações com Bens e Serviços – CBS, e altera a legislação tributária federal.
- Artigos para a economia digital: 5,6, 71-74 e 61 (dúvida sobre incidência em royalties)
- Fato gerador: auferimento da receita bruta de que trata o art. 12 do Decreto-Lei nº 1.598, de 26 de dezembro de 1977, em cada operação.
- Base de cálculo: receita bruta
- Alíquota de 12% sobre a receita bruta.

- Plataformas Digitais responsáveis pelo recolhimento da CBS das pessoas que não emitirem nota fiscal e devem se cadastrar perante a administração tributária para cumprimento das obrigações (art. 5 e 72)
- Art. 6: Plataforma digital qualquer pessoa jurídica que atue como intermediária entre fornecedores e adquirentes nas operações de vendas de bens e serviços de forma não presencial, inclusive na comercialização realizada por meios eletrônicos. Parágrafo único. Não são consideradas plataformas digitais as pessoas jurídicas que executem somente uma das seguintes atividades: I – fornecimento de acesso à internet; II – processamento de pagamentos; III – publicidade; ou IV – procura de fornecedores, desde que não cobrem pelo serviço com base nas vendas realizadas.

5.4. Pontos para reflexão

As referidas propostas levantam diversos pontos de discussão. O primeiro a ponderar é se os parlamentares brasileiros não estariam "importando" problemas do exterior não existentes no Brasil. Isso porque a principal questão do Brasil é a arrecadação nas operações B2C e não a falta de tributos a incidir sobre as operações com o exterior.[14]

Ato seguinte, também é possível questionar se, considerando o nosso complexo sistema tributário que, como já mencionado, carece de reforma urgentemente, a criação de novas incidências tributárias seria o ideal eis que vai na contramão da ideia de simplificação do sistema.

Considerando, ainda, que quase todos os tributos brasileiros resultam em algum tipo de litígio que leva um tempo razoável para chegar ao fim, a criação de novos tributos também pode afetar a segurança jurídica e o ambiente de negócios do Brasil.

Ademais, é interessante mencionar um ponto referente às CIDEs e outro referente ao CBS no que tange à atribuição de responsabilidade às plataformas.

[14] Esse ponto já foi levantado por Ana Cláudia Akiê Utumina 12ª Reunião da Apetem 10/06/2020 sobre Tributação da Economia Digital e Sergio André Rocha em evento do GETI em 19/05/2020 sobre a CIDE-Digital.

No que tange à CIDE, conforme mencionado por nós em artigo anterior[15], a CIDE-Remessas, conforme lição dos professores Sergio André Rocha, Raquel de Andrade Vieira Alves e Gustavo da Gama Vital de Oliveira, é polêmica do ponto de vista dos tratados internacionais pois visa evitar as limitações à tributação na fonte previstas nos tratados internacionais tributários celebrados pelo Brasil, sendo, inclusive, apontado como um exemplo de planejamento tributário abusivo pelo Estado brasileiro, caracterizando *treatydodging*[16].

Outro ponto referente à CIDE é que a constitucionalidade da CIDE-Remessas está sendo discutida no âmbito de repercussão geral no Supremo Tribunal Federal (RE 928.943). Na lição do Ministro Luiz Fux[17], tal discussão é essencial eis que:

> CIDE, instituída para o custeio do Programa de Estímulo à Interação Universidade-Empresa para o Apoio à Inovação, traz à discussão aspectos da contribuição para a intervenção no domínio econômico que ainda não foram examinados pelo STF com a devida acuidade, entre os quais a necessidade ou não de atividade estatal para legitimação de sua incidência, à luz dos artigos 149 e 174 da Constituição Federal e o tipo de atividade estatal que pode motivar uma legítima intervenção no domínio econômico.
>
> Registre-se ainda que a observância aos parâmetros constitucionais limitadores da competência da União para instituição de contribuições interventivas é elemento essencial à manutenção do Pacto Federativo, representando, assim, assunto de interesse nacional e, especificamente em relação à exação em comento, de interesse que extrapola os limites do Estado brasileiro, já que o tributo incide atualmente sobre a maioria dos contratos de remessa de valores ao exterior.

[15] Gomes, Marcus Livio e Canen, Doris, O Acordo TRIPS e o Princípio da Não Discriminação no Direito Tributário Brasileiro: Caso da CIDE-Remessas, Anais – VIII Congresso Brasileiro de Direito Tributário Internacional do IBDT, 2020.

[16] Rocha, Sergio André. Estudos de direito tributário internacional. Rio de Janeiro: Lumen Juris, 2016. p. 19-45; e Alves, Raquel de Andrade Vieira; Oliveira, Gustavo da Gama Vital de. As CIDE-Royalties e os tratados internacionais contra a bitributação. Revista de Direito Internacional Econômico e Tributário, Brasília, v. 10, n. 1, p. 78-124, 2015.

[17] Notícias STF – Incidência de CIDE sobre remessas ao exterior tem repercussão geral reconhecida, 05/09/2016.http://www.stf.jus.br/portal/cms/verNoticiaDetalhe.asp?idConteudo=324594

Assim, verifica-se o risco do questionamento das novas CIDEs e crescente insegurança jurídica tanto no âmbito nacional com questionamentos acerca de sua constitucionalidade quanto no internacional com base em possível *treatydodging*.

Outro ponto, levantado por Francisco Lisboa Moreira[18], se refere ao caráter discriminatório das aludidas CIDEs. Entende o doutrinador que não obstante a inexistência de empresas brasileiras que compitam em igualdade de condições com as gigantes norte-americanas, seja no produto oferecido, seja na forma de acesso, dificultando a avaliação da discriminação, as CIDEs seriam discriminatórias pois "(i) todas as grandes empresas de tecnologia e supostamente sujeitas à CIDE-Digital serem americanas acaba produzindo uma discriminação com base na nacionalidade; (ii) o exercício da competência tributária deve se ater aos limites da soberania imposta pela Constituição Federal. Assim a incidência do tributo sobre uma atividade que é exclusivamente desempenhada por empresas americanas, por mais que não exista um Tratado para evitar a bitributação entre o Brasil e os EUA, acaba representando uma discriminação com base na nacionalidade, fato este vedado pela Constituição Federal, no seu art. 150, inciso II; (iii) a imposição de um tributo sem respeitar um elemento de conexão ou nexo com o território brasileiro, uma vez que não há fonte de produção, tampouco fonte de pagamento no Brasil, acaba representando um avanço aos limites da soberania brasileira, de dentro para fora, em desacordo com a Constituição e (iv) referida atividade não está sujeita à CIDE-Digital no mercado interno. Em que pese o Projeto de Lei 2.358/2020 trazer a possibilidade de incidência para uma empresa brasileira que tenha os mesmos padrões de faturamento, a verdade é que nenhuma empresa brasileira possui os fundamentos econômicos para quiçá sujeitar-se à cobrança da Contribuição".

Especificamente sobre a atribuição de responsabilidade às plataformas, vale destacar relatório da OCDE[19] sobre o assunto que orienta no

[18] Moreira, Francisco Lisboa, O Princípio da Não Discriminação e o Projeto de Lei n. 2.358/2020 (CIDE-DIGITAL), in Barreto, Paulo Ayres (org), Estudos Tributários Sobre a Economia Digital, Noeses, 2020, p. 473-474.

[19] **OECD, Model Rules for Reporting by Platform Operators with respect to Sellers in the Sharing and Gig Economy, 1/2/21, disponívelemhttps://www.oecd.org/tax/exchange-of-tax-information/model-rules-for-reporting-by-platform-operators-with-respect-to-sellers-in-the-sharing-and-gig-economy.htm**

sentido da cautela que regimes que atribuem a responsabilidade exclusiva à plataforma para o recolhimento do GST/VAT devido na operação, como, por exemplo, evitar ônus desproporcional às plataformas na aplicação destes regimes e não perder de vista vendas "online" que não são realizadas por plataformas.

Embora não objeto deste artigo, não podemos deixar de mencionar as diversas legislações estaduais que atribuem às plataformas a responsabilidade pelo pagamento do ICMS nas vendas realizadas, ponto questionado e debatido no âmbito estadual, discussão que pode refletir no âmbito da CBS. Exemplo de um relevante questionamento é acerca da atribuição da responsabilidade do pagamento do ICMS a alguém que não tenha vínculo com o fato gerador (considerando o caráter de intermediação das atividades das plataformas) (art. 128 Código Tributário Nacional).

Assim, é possível perceber que tais propostas são polêmicas desde antes da instituição dos aludidos tributos, considerando o cenário atual.

Conclusões

Como se vê, o assunto ora tratado é instigante, porém polêmico, como a maioria dos assuntos que dizem respeito ao direito tributário (principalmente envolvendo a economia digital), não só no Brasil como também em âmbito internacional.

É necessário avaliar, com cuidado, a criação de novos tributos no Brasil, considerando os pontos levantados no presente artigo, bem como a intenção dos governantes e da sociedade de simplificar o complexo sistema tributário de nosso país.

Atenção e consideração com as peculiaridades brasileiras também devem sempre ser um ponto chave a analisar eis que a realidade brasileira não só da sociedade como do sistema tributário é bem diferente daquela dos países da OCDE que estão instituindo novos tributos para a economia digital.

16.
PROPOSTAS DE REFORMA TRIBUTÁRIA – IMPOSTO DE RENDA PESSOA FÍSICA

Micaela Dominguez Dutra

1. Introdução

Reforma Tributária não é um tema novo, e sempre que um novo governo assume é natural que volte à pauta.

Contudo, após mais de 30 anos de debate acerca da necessidade de reforma tributária, parece haver uma maior necessidade de enfrentar esse tema tão complexo, pois o contencioso tributário, segundo dados do Insper divulgados agora em janeiro de 2021, atingiu a cifra de R$ 5,4 trilhões, o que representa 75% do PIB. O Estudo feito por esta instituição abrangeu todas as disputas judiciais existentes nos tribunais até dezembro de 2019, envolvendo União, os 26 Estados brasileiros, o Distrito Federal, 24 capitais e cerca de 4 mil Municípios.

Sem dúvida, além da insegurança jurídica, a complexidade do sistema tributário e a demora do contencioso tributário, são elementos que aparecem em todos os relatórios que levantam o Custo Brasil, o que é extremamente prejudicial, pois coloca o Brasil como uma má opção frente a outros países com uma tributação menos complexa e onerosa, com menos litígios, e com decisões mais céleres e um ambiente seguro ao investidor.

Esse cenário já é péssimo em condições normais, e se torna ainda mais grave num contexto de pandemia, onde as economias estão abaladas, e nós em recessão.

Esse é o contexto macro atual, mas o artigo quer sair dele e focar no micro, no cidadão, que sofre num país inseguro, com sistema tributário complexo, do qual na maioria nada entende, que tem direitos fundamentais no âmbito tributário, assegurados pela Constituição, mas negados pelo Legislativo, Executivo com o aval do Judiciário, e que paga imposto de renda sobre algo que jamais poderia ser considerado "acréscimo patrimonial".

Decidimos falar das propostas do governo sobre o Imposto de Renda Pessoa Física, porque nunca se trata desse imposto da forma que se deveria, afinal pessoa física não tem categoria econômica, não tem grupo econômico, não tem representatividade, apesar do absurdo de que, ao fim e ao cabo, todos sejamos pessoas físicas.

2. Breves comentários acerca da atual tributação das pessoas físicas no Brasil

Hoje a tributação da pessoa física segue uma tabela progressiva que determina isenção para quem recebe até R$ 1.903,98 por mês, a partir de R$ 1.903,99 existe uma tributação, que se diz progressiva, nos termos da tabela abaixo:

Base de Cálculo (R$)	Alíquota (%)
Até R$ 1.903,98	Isento
De R$ 1.903,98 até R$ 2.826,65	7,5
De R$ 2.826,66 até R$ 3.751,05	15
De R$ 3.751,06 até R$ 4.664,68	22,5
Acima de R$ 4.664,68	27,5

Da análise acima, pode-se concluir que, apesar da Constituição Federal determinar que o imposto de renda será informado pelo critério da progressividade, vide art. 153, § 2º, inciso I, a progressividade está sendo aplicada sobre a camada mais pobre da população, pois ela existe de R$ 1.903,98 até R$ 4.664,68, pois acima desse valor a tributação da renda é proporcional.

Além da progressividade se concentrar na parte mais pobre da população, ela é mal equacionada afinal, a alíquota da segunda faixa é superior ao dobro da primeira, com uma diferença de menos de mil reais entre os limites de ambas. Aliás a diferença de enquadramento do limite superior de uma faixa para o limite de inclusão na outra é, em regra, inferior a mil reais, o que claramente demonstra o peso da progressividade sobre quem ganha pouco.

É importante destacar que essa tabela se aplica a todos, pois a tributação da renda se dá por faixas, por isso se diz que para todos é progressiva, levando em conta que a partir da isenção todos serão tributados por todas as alíquotas (de 7 a 27,5%) a depender da receita mensal que aufere.

De todo modo, a proporcionalidade começa num limite muito baixo de renda, concentrando a progressividade em pequenos valores.

Além da progressividade aplicada de forma indevida, tem-se que a tabela do imposto de renda publicada em lei não é atualizada automaticamente de acordo com a inflação, o que gera assombro, afinal a inflação é um fenômeno que corrói o poder aquisitivo da moeda, elevando o valor facial, sem elevar o poder de compra.

Se não há atualização da tabela de acordo com a inflação, o contribuinte pode mudar de faixa de tributação, sendo mais tributado, apesar de não ter ocorrido aumento de sua renda, mas apenas correção monetária (trazer a valor presente a moeda, evitando corrosão do poder de compra).

Esse cenário se torna ainda pior quando se pensa que uma pessoa isenta pode mudar de faixa e ser tributada apenas em razão da correção monetária... O que claramente é uma violação à capacidade contributiva (art. 145, § 1º, CRFB).

Em regra a atualização da tabela do imposto de renda demora cerca de 5 anos ou mais para ocorrer, ou seja, haja tributação indevida e em desrespeito à capacidade contributiva ao longo de mais de 30 anos de promulgação da Constituição, e apesar dessa omissão inconstitucional reiterada do legislador, com apoio do Executivo, nosso STF, apenas nesse caso, não deseja atuar como legislador positivo e entende que nada pode fazer, tornando a aplicabilidade imediata das garantias e direitos fundamentais, prevista no § 1º do art. 5º da CRFB, dentre as quais se encontra a capacidade contributiva, por força do § 2º do mesmo artigo, um dispositivo sem qualquer eficácia ou sentido, vide ADI 5096.

Além disso, temos que o ordenamento jurídico veicula aos contribuintes a possibilidade de realizar deduções de gastos, o que reduz o valor a ser pago a título de imposto.

Essas deduções também não são atualizadas, como a tabela, e hoje se referem a: dependentes (R$ 2.275,08 por ano, por dependente), educação (R$ 3.561,50, por ano, por dependente), saúde (sem limite monetário, mas tem limite quanto ao tipo de despesa: médicos, dentistas, psicólogos, fisioterapeutas, fonoaudiólogos, hospitais, exames laboratoriais, serviços radiológicos, aparelhos ortopédicos e próteses ortopédicas e dentárias).

Todos esses limites estão veiculados na Lei nº 13.149/2015.

Posto em linhas gerais o imposto de renda sobre a pessoa física, na parte em que interessa o diálogo com as propostas do Governo para a Reforma, vamos analisar agora, o que tem sido proposto e se é a melhor solução ou não.

3. Da análise das propostas sinalizadas pelo governo

Quanto ao imposto de renda pessoa física, basicamente se falou em 3 possibilidades de alteração: a) atualizar a tabela pela inflação – o que foi descartado para o ano de 2021, apesar da pandemia e de seu forte impacto econômico sobre todos os brasileiros; b) acabar com a progressividade, subindo a faixa de isenção para até 5 salários-mínimos, o que equivaleria a R$ 4.490, a partir do que incidiria uma alíquota única, proporcional; c) acabar com as deduções.

Quanto ao primeiro ponto, a atualização da tabela do imposto de renda deveria ser algo automático, feito de acordo com os índices que medem a inflação, sob pena de uma tributação que incide sobre correção monetária, e não acréscimo patrimonial, o que é inconstitucional por não ter ocorrido o fato gerador do imposto de renda, afinal não existe acréscimo na hipótese, e por não respeitar a capacidade contributiva, afinal vai tributar mais quem não apresenta condições de pagar mais.

Como já dito no item anterior existe nesse ponto uma omissão inconstitucional viciosa, que se observa desde a promulgação da carta constitucional, que já gerou bilhões de reais de tributação indevida, a qual prejudica as pessoas que recebem, hoje, entre R$ 1.903,98 e R$ 4.664,68 – portanto, com certeza, uma grande parte da população, que não pode ser tida como rica, abastada, ou de grande capacidade contributiva.

Quanto ao ponto de subir o limite da isenção de R$ 1.903,98 para R$ 4.490, existem estudos que comprovam ser esse segundo valor a expressão do que se chama mínimo existencial.

Importante salientar que essa isenção do imposto de renda, que para alguns como a ora autora representa uma imunidade[1], tem base no limite inferior da capacidade contributiva, chamado por Ricardo Lobo Torres, de mínimo existencial, e ele é chamado de limite inferior porque a tributação não pode existir aonde há apenas o mínimo existencial.

O racional para essa conclusão advém do fato da tributação ter de respeitar a dignidade da pessoa humana, que é princípio do nosso Estado, segundo o art. 1º, inciso III, da CRFB, e que significa, de forma simples, que o Estado foi feito para o indivíduo e por ele, e que não pode ser um fim em si mesmo.

Desse modo, pensar na tributação no mínimo existencial é ferir de morte a essência mínima do indivíduo, que o Estado é obrigado a preservar. Por isso é inconstitucional a tributação do mínimo vital, por tributar sem que haja capacidade contributiva.

Nossa Constituição traz no art. 7º, inciso IV uma definição do que seria o mínimo vital, e o DIEESE faz o cálculo do que isso representaria a cada mês, levando em consideração uma família composta por 4 pessoas, sendo dois adultos e duas crianças.

Em dezembro de 2020, esse salário mínimo deveria ser de R$ 5.304,90. Hoje o salário mínimo é de R$ 1.100,00 e a isenção do IRPF de R$ 1.903,98, ficando clara a defasagem do que é necessário, para o que é aplicado.

Claro que é muito mais difícil você alterar o valor do salário mínimo pois isso envolve diversas questões que vão muito além da tributação, e que não são objeto do presente artigo, mas aumentar o limite de isenção é algo mais factível, desde que acompanhado de um aumento na arrecadação provocado por um melhor escalonamento na progressividade do IRPF.

Portanto, a proposta de aumentar o limite de isento para R$ 4.490, na verdade representa apenas o reconhecimento de algo que precisa ser feito, com urgência para acabar com a situação de inconstitucionalidade na cobrança do imposto de renda, que não está tributando na capacidade contributiva, mas sim abaixo dela, aonde não poderia haver tributação.

[1] Dutra, Micaela Dominguez. A Capacidade Contributiva: análise à luz dos direitos humanos e fundamentais. Saraiva: São Paulo, 2017.

Agora, não tem sentido, propor o aumento da isenção e a fixação de uma alíquota única, afinal a progressividade é um comando constitucional posto para o Imposto de renda, que se não for observado pode ensejar a sua inconstitucionalidade, além de ser uma péssima forma de se explorar a capacidade contributiva, sendo possível estipular faixas de tributação, que venham a compensar com aumento de arrecadação, o aumento da faixa isencional, promovendo o equilíbrio orçamentário e uma tributação mais justa, e que efetivamente respeite à Constituição.

Por fim, o ponto atinente ao fim das deduções merece uma abordagem mais profunda, afinal as deduções no imposto de renda, diferentemente do que muitos pensam, não representam meros benefícios fiscais, mas sim são a forma de aferir a renda líquida, conceito desenvolvido por Klaus Tipke e que bem representa o que é o fato gerador do imposto de renda: o efetivo acréscimo, aquilo que resta após o abatimento das despesas necessárias para a obtenção dessa renda e para a manutenção da fonte produtora.

De fato, exatamente por isso defendemos que existem deduções fundamentais[2], que são extraídas da própria Constituição e encontram fundamento na capacidade contributiva e no conceito de renda líquida.

Essas deduções, por não serem benefícios fiscais, não podem ser eliminadas, elas são necessárias à correta e constitucional apuração do imposto de renda.

Inclusive, hoje, as deduções existentes não observam esse princípio constitucional além de muitas vezes haver na tributação da renda situações anti-isonômicas: se faço livro-caixa (e não é todo mundo que pode fazer), posso deduzir livros, congressos, seminários; se não faço, não posso; por que o servidor público federal tem isenção da verba de auxílio alimentação e o celetista não tem?

Nesse artigo vamos chamar atenção para dois pontos essenciais da limitação existente para as deduções: 1 – os tributos pagos não podem ser deduzidos: como uma obrigação legal não pode ser objeto de dedução do IRPF? Aonde posso permitir que esse custo não seja abatido da renda, afinal não pagar tributos é punido pelo ordenamento, e hoje,

[2] DUTRA, Micaela Dominguez. Deduções Fundamentais – Uma análise sob o enfoque da capacidade contributiva: Situação da tributação da renda da pessoa física no Brasil. Dialética: Minas Gerais, 2021.

na declaração somos obrigados a indicar de modo específico os bens e direitos que possuímos, portanto, se informo meu automóvel e meu apartamento, com dados que podem ser confirmados pela Receita Federal, por que não posso deduzir o IPVA e o IPTU recolhidos? Veja que nesse ponto existe inclusive uma contradição, o ordenamento me obriga a recolher esses valores, mas não os reconhece na correta mensuração da renda a ser tributada.

Outro ponto que chama a atenção é o conceito de dependentes que a legislação do Imposto de Renda dá, contrário inclusive à responsabilidade que o Estado tem de proteger a família, veiculada pelo art. 226 da CRFB.

O tema tributação da família é pouco abordado no Brasil, e a capacidade contributiva em representação quase nunca é observada pela legislação, o que causa espécie, pois o Estado ao proteger a família, precisa observá-la quando institui tributos.

Ainda mais quando se está em um país subdesenvolvido, que tem um salário mínimo de R$ 1100, e uma aposentadoria muito abaixo do que é necessário para manter um idoso com saúde, não havendo saúde pública de qualidade e suficiente para todos os brasileiros.

Quantos pais, que apesar de terem aposentadoria própria dependem dos filhos para pagar médicos, remédios, cuidadores, tratamentos? Quantos irmãos, afilhados, sobrinhos são ajudados porque estão desempregados?

Podemos considerar essa despesa com a sua família como renda? O familiar está fazendo o papel do Estado (porque no Brasil o Estado assumiu essa obrigação) e exercendo a sua responsabilidade familiar, e isso não pode ser abatido do imposto de renda? Devendo sua renda ser tributada como se ele não tivesse esse custo, e usasse os recursos de forma individual?

O STF já ampliou o conceito de família ao julgar a questão do casamento homoafetivo[3], só falta a legislação do imposto de renda se adequar, pois claramente inconstitucional a limitação posta no conceito de dependente.

Além disso, o valor permitido para a dedução anual não representa nem metade do que, em regra, se gasta com um dependente. E não se

[3] ADI 4277 e ADPF 132.

precisa ir muito longe, basta o leitor analisar o básico que paga para seus filhos, ou seus pais, para constatar que o valor é muito superior aos R$ 2.275,08 anuais.

Portanto, realmente a legislação do Imposto de Renda Pessoa Física clama por ajustes para voltar ao status de constitucional.

Conclusão

Sem dúvida, a tributação do imposto de renda incidente sobre a pessoa física que foi instituída sob a égide do Estado Democrático de Direito instituído com a promulgação da Constituição da República Federativa do Brasil, em 05.10.1988 é pior que a existente no regime ditatorial, e consegue desrespeitar a capacidade contributiva, a isonomia, o confisco, dentre outros direitos fundamentais de aplicação imediata.

Esse quadro é assustador, afinal nossa Constituição é clara quanto às balizas que devem orientar o imposto de renda: progressividade, universalidade, generalidade, pessoalidade – técnicas de tributação que visam observar o princípio da capacidade contributiva, que é um direito fundamental a nortear a tributação justa e isonômica.

O Brasil é um país repleto de responsabilidades e necessidades, onde as disparidades de renda são tão absurdas que se formos levar em conta os dados do IBGE uma pessoa com renda de R$ 4 mil é abastada, afinal mais de 4,5 milhões de pessoas recebem em média R$ 165 por mês, sendo a renda média mensal do trabalhador de R$ 2.308.

Esses números chocantes, que refletem a nossa miséria, acabam afastando os olhos do Estado para os cidadãos que fazem a economia girar e estão naquele limbo entre os miseráveis e os ricos, e que são muito prejudicados e até desestimulados a praticar atividade econômica graças a tributação tal como está posta.

Não podemos tributar algo que não é renda, ou tributar acima do mínimo existencial porque temos miseráveis e precisamos de receita para bancar projetos sociais ineficientes. Um erro não justifica o outro. Precisamos parar com esse discurso!

De fato precisamos de uma reforma tributária relativa ao imposto de renda pessoa física, que precisa trazer esse tributo para os trilhos da constitucionalidade, estimulando o desenvolvimento e manutenção do indivíduo e sua família, o que acarreta em maior produção de renda e gera uma maior redistribuição, que é a essencial função desse imposto.

17. OS TRUSTS E SUA TRIBUTAÇÃO NA PERSPECTIVA DO DIREITO BRASILEIRO

Verônica Scriptore Freire e Almeida
Daniel Freire e Almeida

Introdução

O trust, essencialmente, é um instrumento utilizado pelos países cujos sistemas jurídicos possuem como base o *common law*. Entretanto, por se tratar de um instrumento jurídico extremante interessante, com grande destaque no planejamento patrimonial, ele tem sido objeto de estudo também no sistema do *civil law*.

Com efeito, em exemplo, Portugal, Espanha, França e Itália já desenvolveram regras que envolvem o direito dos trusts em seus respectivos ordenamentos jurídicos[1]. Nesse contexto, cumpre ressaltar, que tais regras foram desenvolvidas, sobretudo, em razão da preocupação das autoridades tributárias em relação ao tema.

Em breve relato, o trust é uma relação jurídica criada pelo instituidor (*o settlor*), que transfere a propriedade legal de bens ou direitos para um gestor (*o trustee*) administrá-los e dispô-los em favor de um beneficiário. Tal esquema, com suas particularidades, é adaptável aos mais diferentes tipos de negócios, acendendo um grande interesse prático, oportuno aos vários setores da economia.

Nesse sentido, embora o trust ainda não possa ser constituído sob a égide da legislação brasileira, já é uma realidade, não tão recente, a sua

[1] Recomendo a leitura do livro. Almeida, Verônica Scriptore Freire. *O Direito dos Trusts na Perspectiva Internacional*. São Paulo: Almedina, 2020.

constituição por brasileiros, sob a regência de legislações estrangeiras, em ordenamentos jurídicos outros, que aceitam, aprovam e protegem o trust, com impactos fiscais no Brasil.

O presente artigo objetiva tratar dos aspectos fundamentais que envolvem a tributação dos trusts, principalmente com destaque ao sujeito passivo e ao fato gerador dos tributos.

Por ser hoje, um instrumento muito utilizado no que tange às particularidades da vida privada em sociedade, como por exemplo, na gestão de património e no auxílio do planejamento familiar em seus aspectos sucessórios, tem se demostrado ser urgente uma maior concepção sobre o tema, para se chegar em um consenso coerente a respeito de sua correta tributação.

Desenvolveremos o presente texto em dois tópicos, primeiramente com vistas a compreender o conceito e elementos estruturais do trust. Após, realizaremos nossas considerações e análises dos pontos principais da tributação, seja da renda, benefícios e/ou do patrimônio em trust.

Vale referenciar, desde já, que a Coordenação-Geral de Tributação (Cosit), emitiu a primeira solução de consulta do Brasil sobre o trust e sua tributação, editada em março de 2020, com o objetivo de orientar os operadores do instituto dos trusts no Brasil[2]. Tal consulta, foi foco de recente decisão proferida pela Justiça Federal nesta seara, revelando a importância destacada do tema em análise.

3. Os *trusts do common law*

Para iniciarmos o entendimento sobre o conceito e a estrutura jurídica do trust, cabe, inicialmente, ressaltarmos, que por ser uma noção fundamental do Direito Inglês e do common law, é de nossa consideração que o termo "Trust" não deve ser traduzido. De fato, nas palavras de Palumb, in verbis: "The term "trust" is untranslatable...".

Nessa linha, Thomas e Hudson, destacam a essência do trust, nestes termos, in verbis:

[2] Brasil. Ministério da Economia. Receita Federal. Solução de Consulta Nº 41, de 31 de Março de 2020. Disponível em: http://normas.receita.fazenda.gov.br/sijut2consulta/link.action?idAto=116111. Acesso em: 22.04.2021.

"the essence of a trust is the imposition of an equitable on a person who is the legal owner of property (a trustee) which requires that person to act in good conscience when dealing with that property in favour o any person (the beneficiary) who has a beneficial interest recognized by equity in the property".

Basilarmente, Vaz Tomé e Campos já apontavam que o Trust poderia ser definido com base em sua estrutura constitutiva. Nesses termos, o trust constituído de forma expressa, é definido como sendo uma instituição do direito de propriedade, com a participação de três sujeitos, o instituidor que é o sujeito que constitui o Trust, o fiduciante, que é o titular legal do bem ou direito e, por fim, o beneficiário, que é a pessoa que tem a faculdade de exigir o cumprimento do Trust em seu benefício próprio.

Em complemento, com foco nos deveres fiduciários do trustee, Mennel destaca, in verbis: "The trust relationship imposes "fiduciary" duties upon the trustee for the benefit of the beneficiary. These fiduciary duties are life-blood of the relationship".

Por fim, ganha significativa importância fazermos referência ao conceito de Trust introduzido pela Convenção de Haia sobre o Direito Aplicável aos Trusts e o seu Reconhecimento, de 1985. Conforme alude o artigo 2º, *in verbis*:

> "For the purposes of this Convention, the term "trust" refers to the legal relationships created – inter vivos or on death – by a person, the settlor, when assets have been placed under the control of a trustee for the benefit of a beneficiary or for a specified purpose".

Podemos, enfim, conceituar o Trust como sendo uma relação jurídica criada pelo instituidor (settlor), que transfere bens ou direitos para um gestor (trustee) administrar em benefício do beneficiário.

Desta básica descrição por nós delineada, é possível identificar os elementos essenciais do trust, e formadores da flexibilidade do instituto. Tais noções são referentes à sua estrutura e características.

Distingue-se, pois, a estrutura dos trusts, em objetiva e subjetiva.

Analisando a estrutura subjetiva dos trusts, veremos que ela indica seus sujeitos: o settlor, o trustee e o beneficiário. Por sua vez, a estrutura objetiva dos trusts traduz-se na articulação de suas principais características.

Os sujeitos envolvidos nos trusts formam a estrutura básica do instituto, quais sejam: o settlor, o trustee e o beneficiário.

O settlor é o instituidor do trust, e, portanto, é o proprietário inicial dos bens ou direitos que serão destinados ao trust no momento de sua constituição. Além do próprio settlor, também tem legitimidade para constituir o trust o seu procurador, desde que autorizado expressa e especificamente para isso.

Em ambos os casos, trata-se, aqui, de um ato unilateral de vontade, onde o settlor estipula as condições e cláusulas que regerão o trust, escolhe o trustee, determina seus beneficiários e os benefícios destes, e, por fim, realiza a transferência dos bens ou direitos, necessária para sua constituição.

A estrutura subjetiva dos Trusts poderá conter apenas dois sujeitos, não invalidando sua constituição. Logo, poderá o settlor acumular mais de um papel, inclusive pode ser trustee do seu próprio trust.Aliás, também se admite ao settlor acumular o papel de trustee e beneficiário concomitantemente. Contudo, neste caso, não pode o settlor ser o único beneficiário do Trust, uma vez que uma pessoa não pode ter direitos contra si mesmo.

Em situação oposta, quando o settlor não desempenha nenhuma outra colocação na estrutura subjetiva do trust, ele tende a desaparecer como sujeito do trust. Isso ocorre após o momento em que ele realiza a transferência dos bens ou direitos ao trustee, com a intenção de criar um trust. Nascem, então, os deveres fiduciários do trustee em relação a esses bens ou diretos, para o benefício dos beneficiários escolhidos pelo settlor e a realização dos propósitos do Trust.

Em sequência, destaca-se, que o settlor poderá ser pessoa singular ou coletiva, e, principalmente, deverá ser ele o verdadeiro titular dos bens ou direitos, ou estar devidamente autorizado para transferi-los. Assim, o settlor deve ter capacidade para contrair direitos e obrigações, e, portanto, aptidão para declarar legalmente e de forma precisa, a sua pretensão em instituir o trust.

É mister salientar, aqui, que ao organizar um trust o settlor poderá optar pela retenção de alguns poderes e/ou direitos em relação à administração do trust, sem que isso o torne um beneficiário ou um trustee propriamente dito. Destaque-se, no particular, que o poder de revogar é o mais manifesto dentre os demais poderes que podem ser mantidos pelo settlor no momento de sua constituição. Trata-se de um poder total sobre a continuidade existencial de cláusulas do ato constitutivo ou, até mesmo do próprio trust. Neste ponto, veremos que a manutenção de poderes sobre o trust, reflete diretamente na sua responsabilidade tributária.

Em geral, o poder de revogação, modificação ou de controle do settlor sobre o trust, lhe garante valiosos poderes. Entretanto a manutenção de muitos poderes administrativos pelo settlor pode acarretar a correspectiva diminuição dos deveres fiduciários do trustee para com os beneficiários do trust, principalmente, em relação ao dever de prestar contas. No entanto, importante mencionar, por fim, que quanto mais poderes e direitos o settlor mantiver sobre o trust, maior será a sua responsabilidade tributária em relação a ele. Logo, muitos podem preferir manter pouca ou nenhuma influência sob o trust constituído.

O trustee é a pessoa que, na relação do trust, detém e administra a propriedade do trust para o benefício de outrem. Nesse sentido, é o trustee quem adquire a propriedade legal dos bens constituídos em trust, designada, originariamente, por "legal ownership".

De fato, perante terceiros o trustee passa a ser o verdadeiro dono dos bens ou direitos em trust, como se pleno proprietário fosse. Porém, como vimos, o trustee não pode usufruir de tal propriedade, devendo administrá-la em prol dos beneficiários do trust, seguindo, com rigor, as cláusulas inseridas no ato constitutivo.

Em termos gerais, o trustee pode ser qualquer pessoa, singular ou coletiva, e deverá ter capacidade para o exercício de seus direitos e deveres. Essencialmente, destaca-se, que embora ainda existam trustees individuais, hodiernamente, o trustee exerce sua função como pessoa coletiva, através de empresas constituídas com personalidade jurídica distinta, formando uma Trust Company ou utilizando-se a estrutura de um Banco com estas finalidades fiduciárias.

Como regra geral, o settlor escolhe e nomeia o trustee, no ato constitutivo do Trust. Tal nomeação, poderá ser realizada através de um ato inter vivos ou mortis causa (testamento), onde o trust vai provocar efeitos durante a vida, ou somente após a morte do settlor.

Em regra, a remuneração do trustee é estabelecida pelo settlor no ato constitutivo do trust, podendo ser convencionada uma comissão sobre o lucro que o trustee obtiver sobre a gestão dos ativos em trust. Notamos que, normalmente, o trustee que exerce suas funções através de uma *trust company* ou sob a estrutura de uma Instituição Financeira, é muito bem remunerado. De fato, a remuneração do trustee opera como o principal incentivo para o aceite do trustee profissional, principalmente em razão da alta responsabilidade e dos deveres fiduciários que acompanham a função.

O Beneficiário é a pessoa que receberá os benefícios do trust. De certa forma, poderíamos dizer que é a razão de sua constituição. Afinal, é pensando nos benefícios proporcionados pela estrutura dos trusts, e na proteção jurídica e econômica dos beneficiários, que levam o settlor, muitas vezes, a procurar uma administração especializada dos seus bens ou direitos.

Fundamentalmente, o beneficiário do trust é designado pelo settlor, expressamente, no ato constitutivo do trust. Nesse passo, devemos acrescentar, que os benefícios do trust podem ser conferidos pelo settlor para um ou para vários beneficiários. Ainda, ao constituir um trust, o settlor pode optar por indicar propósitos a serem cumpridos ou finalidades caritativas (charitable trust), sem indicar nenhum beneficiário em específico.

O settlor pode designar-se explícita ou implicitamente, como trustee em benefício de alguém. Nesse caso, por exemplo, o settlor transfere para terceiros os benefícios de determinada propriedade, conservando, porém, o legal title, manifestando, assim, sua vontade em criar um trust. Substancialmente, isso importa, quando tal trust constituir-se de forma implícita, pois que gera consequências significativas na sucessão do settlor/trustee. Perceba-se que, à sua morte, os herdeiros do settlor o sucedem na posição de trustee, permanecendo o equitable title na esfera jurídica do beneficiário.

Em relação à capacidade legal do beneficiário, qualquer pessoa natural capaz de conservar o equitable interest poderá ser beneficiária do trust. Aqui, também, podemos incluir as pessoas coletivas de Direito Público ou Privado.

A esse respeito, em substância, complementam KOZUSKO e VETTER, que no Direito norte-americano, menores, incompetentes e até mesmo nascituros têm a capacidade de manter o título equitativo, mas, ressalta que todos os beneficiários devem ser bem definidos.

Em sequência, indubitavelmente, o beneficiário deve ser determinado ou determinável. Logo, ao constituir um trust o settlor deve ser claro em relação aos seus beneficiários.

Assim sendo, o beneficiário do trust deve ser definido ou, ao menos, identificável no instrumento do trust. De fato, deve restar claro quem está, e quem não está incluído entre os beneficiários e, desta forma, quem pode impor o cumprimento dos termos do trust.

A corroborar com esse raciocínio, destaca Reutlinger que se a descrição dos beneficiários for obscura ou duvidosa, por exemplo, "for my friends", e não puder ser interpretada tal descrição como sendo no sentido de uma classe de pessoas, por exemplo, "the three friends that I previously referred", o trust irá frustrar-se.

Com efeito, e nesta linha, além do Charitable Trust, existe outra hipótese em que os beneficiários do trust não são identificados imediata e individualmente no momento da constituição do trust. De fato, observa-se, que o settlor poderá designar, ao invés de um ou alguns beneficiários específicos, uma classe de beneficiários, que por qualquer razão ele gostaria de conferir alguma forma de auxílio.

Para isso, todavia, devem ser demonstradas claramente as características dessa classe de beneficiários como, por exemplo, através da expressão "para meus empregados". Logo, um beneficiário pode deixar de ser beneficiário, e novos beneficiários podem passar a existir. O que deve ser observado, contudo, é a classe para o qual foi constituído.

Ainda, pode o settlor, no ato constitutivo do trust, elaborar uma lista de possíveis beneficiários, conferindo ao trustee um poder discricionário na escolha dos beneficiários, dentre os que estão em tal lista. Logo, os beneficiários constantes em tal relação, apenas possuem uma expectativa de um direito sobre o rendimento ou capital do trust.

Acrescente-se, contudo, que em virtude da rule Against perpetuities, é necessário que o settlor previamente estipule no ato constitutivo do Trust uma classe de beneficiários e, também, a previsão de um fim, ou seja, uma forma de extinção do Trust. Em suma, a rule Against perpetuities é uma regra que objetiva a limitação da perpetuidade dos trusts, ou seja, o poder de uma pessoa no controle e posse da propriedade, visando assegurar a transferência de propriedade.

Em sequência, escolhido os beneficiários e apontado os benefícios, geralmente, logo após a criação do trust, os beneficiários são comunicados da existência do Trust pelo trustee. Uma vez informados, cada beneficiário poderá manifestar sua aceitação por escrito, através de um documento formal. Na prática, entretanto, a aceitação do beneficiário é presumida.

Neste passo, então, revela-se de todo coerente ressaltarmos os benefícios conferidos pelo settlor aos beneficiários. O settlor poderá optar por indicar que os benefícios sejam distribuídos de forma simultânea ou sucessiva entre seus beneficiários.

Quer isso dizer, que um beneficiário poderá receber a renda do Trust por 15 anos, e outro beneficiário receber pelos próximos 30 anos, enquanto um terceiro e último beneficiário, ao final, receberá a propriedade do Trust. Lembramos ainda, que podem os últimos beneficiários serem os futuros filhos dos segundos beneficiários. Aqui, claramente podemos identificar uma das fantásticas funções do Trust, ou seja, sua flexibilidade, que o torna, por exemplo, em um excelente instrumento de planejamento sucessório.

Com efeito, entre os múltiplos aspectos que se manifesta a flexibilidade dos Trusts, um deles é certamente a possibilidade de designar os beneficiários e a participação deles nos benefícios. Logo, pode o settlor estipular o valor dos benefícios, o prazo inicial e final, impor condições suspensivas ou resolutórias.

Em alinhamento, o settlor pode desejar que por determinado tempo o trustee acumule a renda no capital do Trust ao invés de distribuir aos beneficiários. Por exemplo, se o critério de distribuição ou acumulação da renda é fixado no ato constitutivo do Trust pelo settlor, ele pode não desejar a distribuição imediata da renda, indicando que ela seja feita a cada 2 (dois) anos.

Ademais, poderá até optar por deixar todos esses aspectos à discricionariedade do trustee. Sob tal prisma, distinguem-se, pois, os beneficiários do fixed trust, dos beneficiários de um trust discricionário.

De fato, o beneficiário de um fixed trust já possui os seus benefícios delineados no ato constitutivo do Trust, e, portanto, é titular atual de direitos. Por sua vez, o beneficiário de um trust discricionário, possui apenas a expectativa de direito, que para sua efetivação, depende do uso da discrição conferida pelo settlor ao trustee.

Neste caso específico, o beneficiário que possui uma expectativa de direito, somente terá a prerrogativa de exigir do trustee o cumprimento de seu poder discricionário, e a administração correta dos bens ou direitos em trust. Não poderá, no entanto, exigir que lhe seja distribuído algum benefício.

Em continuidade, e em conformidade com o já analisado, após o settlor atribuir ao beneficiário direitos sobre a trust property, deve o trustee seguir exatamente o estabelecido no ato constitutivo do trust, seguindo, pois, à risca as instruções conferidas pelo settlor.

Nesse contexto, destaca-se, que sejam beneficiários de um fixed ou de um discricionary trust, cabe aos beneficiários a legitimidade ativa para obrigar a execução dos termos do trust. Em complemento, no que concerne ao Charitable Trust, tal poder é conferido às autoridades públicas competentes.

Sobre este ponto, o trust pode ser constituído com objetivos privatísticos (private trusts) ou caritativos (charitable trusts). Tal classificação determina a necessidade ou não de serem identificados seus beneficiários. Sendo assim, os private trusts tem por objetivo beneficiar pessoas particulares, que de alguma forma possuem vínculos afetivos com o settlor. Por outro lado, o charitable indica que o trust foi constituído para a realização de fins caritativos e, neste caso, os beneficiários não precisam estar individualmente identificados no instrumento do trust. Apenas os fins caritativos precisam ser mencionados claramente, conferindo ao trust, pois, uma finalidade definida.

Nesta linha deve ser mencionado, que a legitimidade para executar os termos do trust é conferida apenas aos chamados beneficiários propriamente ditos. Distingue-se, pois, os beneficiários propriamente ditos dos beneficiários incidentais do Trust. Por exemplo, no Trust Charitable "é beneficiária" do trust toda pessoa que se enquadrar nos fins caritativos do Trust, designados pelo settlor no momento de sua constituição. Por conseguinte, se o trust foi criado para ajudar indivíduos carentes, cada pessoa necessitada, individualmente falando, será um beneficiário incidental do trust pelo tempo que durar a sua condição.

Em todo esse contexto, deve ser recordado, aqui, que nem mesmo o beneficiário propriamente dito tem um direito absoluto de propriedade sobre os bens ou direitos em trust. Conforme já antes sinalizado, a separação da propriedade é peculiar dos trusts, onde o legal title pertence ao trustee, e o equitable title aos beneficiários.

Aliás, complementarmente, Penner explica que o caráter de proprietário equitativo ligado ao beneficiário dura apenas enquanto a propriedade do trust durar, ou seja, é eficaz desde que a propriedade em trust exista. Por exemplo, se a propriedade do trust for destruída, roubada ou perdida e o trust não puder ser recuperado, necessariamente, ele desaparece, e junto desaparece o equitable title do beneficiário.

Por outro lado, deve ser considerada a influência do trustee para que isso tenha ocorrido, ou seja, se ele teve ou não culpa na perda da propriedade do trust. De fato, se houve falha do trustee, ele pode ser responsabilizado e obrigado a restaurar o trust fund no mesmo valor que foi perdido em decorrência da violação do trust.

Outro aspecto importante atinente à propriedade equitativa do beneficiário no trust é que, na maioria dos casos, seu interesse é ligado ao fundo fiduciário, designadamente o trust fund. Em breve menção a respeito, um "fundo" é um conjunto de bens ou direitos, mantidos sob o mesmo título, embora cada item individual dentro desse fundo possa mudar.

Normalmente, o trustee possui um poder para alterar o conteúdo desse fundo, sendo este considerado um dos atos de gestão, com vistas a tornar o fundo produtivo para o benefício dos beneficiários. Sobre tal prisma, então, em regra, o beneficiário não tem um determinado direito a qualquer um dos bens em específico do fundo, havendo um direito equitativo sobre o fundo em si.

Acrescente-se, que os beneficiários podem doar, vender ou dispor de seus interesses benéficos, desde que seja referente aos seus próprios interesses equitativos na trust property, e não aos interesses dos demais beneficiários.

Por outro lado, alertam Kozusko e Vetter que a capacidade de um beneficiário para tais atos é, muitas vezes, em desacordo com os interesses do instituidor. Efetivamente, o settlor ao constituir um Trust deseja, em regra, preservar a propriedade e proteger os beneficiários. Assim, muitas vezes ele limita no ato constitutivo a alienabilidade dos interesses de um beneficiário e, que por isso, não podem ser transferidos ou empenhados.

Em suma e por fim a esse ponto de análise, vimos que o settlor possui ampla discricionariedade na escolha dos beneficiários, bem como na designação de seus benefícios, porém, tais especificações devem ser, objetivas e claras, no instrumento do Trust. Tendo em vista que, se restar dúvidas acerca de tais questões, ou seja, em relação à definição dos beneficiários ou a descrição de seus benefícios, o settlor pode ver seus desejos frustrados, pois que o Trust poderá não produzir os efeitos almejados por ele.

Faremos agora um breve estudo sobre a estrutura objetiva dos Trusts.

A declaração de vontade do settlor é requisito indispensável à válida constituição dos express trusts. Em regra, não existe formalidades para considerar adequada a manifestação de vontade do settlor. Excetuam-se, aqui, os casos em que o settlor desejar criar um trust com efeitos apenas após a sua morte, chamado de testamentary trust e, por igual nos casos onde o settlor constituir o trust com bens imóveis, sendo, aqui, exigida a forma escrita.

Na prática, todavia, o settlor manifesta expressamente a sua intenção em instituir um trust, e o documento que contém os termos detalhados do Trust, é chamado de trust instrument.

Em alinhamento, também é requisito objetivo a res do trust, ou seja, a existência de um bem ou direito, determinável e alienável, que integrará o património de um trust.

Tais bens ou direitos, a princípio, fazem parte do património de alguém, que resolve colocá-los em trust para que, de alguma forma, revertam em benefícios para si próprio ou para terceiros. Em prosseguimento, trata-se, então, da propriedade detida pelo trustee para administrá-la em prol dos beneficiários. Logo, para que exista o Trust, é requisito essencial a existência de um bem ou direito, com valor patrimonial e possível de ser individualizado.

A trust property pode ser formada por dinheiro, investimentos, terrenos ou edifícios, ou ainda, outros ativos como, por exemplo, pinturas, joias, ou qualquer outro tipo de bem móvel. De fato, poderá ser objeto do trust qualquer bem ou direito, tangível ou intangível, real ou obrigacional.

Nesta linha, o dinheiro e os investimentos mantidos em um trust são também chamados de "capital" ou "fundo". Logo, podem produzir renda, como juros de poupança ou dividendos de ações. Por igual, os terrenos e edifícios podem gerar uma renda. Da mesma forma, os ativos podem ser vendidos e, então, produzirem ganhos para o trust.

Devemos acrescentar que o settlor deve no ato constitutivo do trust, identificar adequadamente quais serão os bens ou direitos que formarão o património do Trust. Somente com a identificação apropriada desses bens é que o trust se torna exequível.

Por fim, deve ser recordado, que o direito equitativo do beneficiário pode estar vinculado a uma propriedade específica ou ao fundo fiduciário. Nesse sentido, vimos que quando vinculado ao trust fund, seu direito liga-se ao todo, e não a uma determinada propriedade.

Para o mesmo foco de estudos passaremos agora, então, à análise da transferência da propriedade da res para a esfera jurídica do trustee, imprescindível para a criação do trust.

Alguns passos são necessários para a criação válida do Trust a partir do momento em que o settlor resolve criar um Trust. Fundamentalmente, após ele determinar a trust property e nomear o trustee, é necessária a transferência da propriedade legal dos bens ou direitos ao trustee. Somente a partir daí o trustee pode desempenhar a sua função adequadamente, gerando, inclusive, efeitos perante terceiros, com os quais ele possivelmente negociará.

Desde já deve ser mencionado, que no Trust criado por testamento e, consequentemente constituído somente após a morte do settlor, a mesma pessoa pode ser nomeada como testamenteiro e como trustee. Porém, onde as funções são exercidas por pessoas diferentes, a transferência da propriedade ao trustee fica pendente, temporariamente, com o testamenteiro.

Nesse contexto, MARTIN esclarece:

- que no Direito Inglês a transferência da propriedade legal sobre um bem imóvel deve ser realizada através de escritura, por sua vez, os direitos autorais devem ser transferidos por escrito;
- igualmente os bens móveis devem ser transferidos por escrito, através de uma escritura típica de doação, se não houver a entrega da posse do bem ao trustee. Por outro lado, será satisfatória a intenção do settlor em doar, se houver a efetiva entrega da posse do bem ao trustee;
- na mesma linha, a letra de câmbio deve ser transferida por endosso e;
- por fim, as ações de uma companhia devem ser transferidas pela forma adequada, eletronicamente ou através de emissão de cer-

tificados, porém, o registo sempre deverá ser feito para que seja transmitida a propriedade legal.

Urge trazer-se a contexto, novamente, a divisão dos direitos sobre a propriedade entre o trustee e o beneficiário.

Conforme já indicado, o trustee adquire a propriedade legal dos bens constituídos em trust, enquanto o beneficiário adquire os direitos benéficos sobre a mesma propriedade, a "equitable ownership". Ainda, lembramos por necessário, que quando existirem vários trustees, eles adquirem a propriedade como joint tenants. Dessa forma, na morte de um trustee a propriedade transfere-se automaticamente aos demais, e nunca aos seus sucessores.

Ante o até aqui examinado, perceba-se, que uma vez a propriedade tendo sido validamente transferida aos trustees, o trust é constituído, e o settlor finaliza seu papel no Trust, sendo, portanto, incapaz de recuperar a propriedade transmitida. Excetuam-se, aqui, os casos em que o settlor também for o trustee ou um dos beneficiários do Trust. Ainda, os casos em que o settlor se reservar, no ato constitutivo do Trust, de direitos de revogação ou de quaisquer outros direitos que o conserve vinculado ao Trust.

Por fim, a transferência da trust property ao trustee, acende a formação de um património separado.

Por tal razão, não obstante o património do Trust estar sob a titularidade do trustee, em eventual falência individual do trustee, seus credores particulares não podem executar essa parte específica de seu patrimônio, resguardando, logo, os direitos dos beneficiários. Da mesma forma, tais bens não entram para a sucessão do trustee nem são considerados no seu regime matrimonial de bens.

É nesta perspectiva, então, que uma característica comum a qualquer tipo de Trust é que apesar da trust property estar sob a titularidade legal de uma mesma pessoa, a ostentação de tal patrimônio na qualidade de trustee impede que tais ativos se misturem com o restante do patrimônio pessoal que o trustee seja titular. Assim sendo, impossibilita que a trust property seja executada com o restante dos bens pessoais do trustee, por suas dívidas particulares.

2. Os *trusts* e sua tributação na perspectiva do direito brasileiro

Assim, nesta parte, devemos esclarecer que a partir do momento em que se compreende a estrutura dos *Trusts*, as regras sobre a sua tributação naturalmente são abrangidas e trabalhadas[3].

Desta forma, embora o trust possa ser utilizado como ferramenta de economia e planeamento fiscal, assim como outras estruturas jurídicas disponíveis, tal como as *holdings*, a vantagem fiscal não lhe é essencial, mais, sim, um privilégio conferido por determinados países[4]. Deste modo, as vantagens tributárias podem ou não ser atribuídas, ou até mesmo eliminadas por eles.

Nesse sentido, muito bem esclarece Riches, *in verbis*: "*It is therefore with some irony that, if one looks in a wider international context, that significant wealth held by families from emerging jurisdictions is being transferred into international trusts for non-tax reasons primarily those driven by business continuity, family governance, and asset protection motivations*"[5].

Claramente, os paraísos fiscais existem e são independentes da existência dos trusts. Com efeito, não estamos sozinhos e isolados do

[3] Este Capítulo teve como base outras obras da autora Verônica Scriptore Freire e Almeida, a seguir: Almeida, Verônica Scriptore Freire. A Tributação dos Trusts. Coimbra: Almedina, 2009; Almeida, Verônica Scriptore Freire. O Direito dos Trusts na Perspectiva Internacional. São Paulo: Almedina, 2020; Almeida, Verônica Scriptore Freire. O Direito dos Trusts no Brasil. São Paulo: Almedina, 2020.

[4] Aqui podemos citar as Ilhas Cayman, Bahamas, Bermudas, Hong Kong, a Ilha de Man, Irlanda eGilbraltar. Ainda, destacam-se as jurisdições de *civil law*, Mônaco, Portugal (Madeira), México, Venezuela, Liechtenstein, Suíça, Panama, Singapura, Luxemburgo, Malta e Chipre. *Vide*: Braz da Silva, José Manuel. *Os Paraísos Fiscais*. Coimbra: Almedina, 2000, p. 201; Leite de Campos, Mônica. *Os Paraísos Fiscais na Comunidade Europeia*. Lisboa: Revista da Ordem dos Advogados, Ano 57, p. 149-158, 1997; Gallanis, Thomas P. *The Trust in Continental Europe: A Brief Comment From a U.S. Observer.* The Columbia Journal of European Law Online, v. 18, 2012; The Economist. *Avoiding tax. Havens above-* Schumpeter col*umnist, Oct 7th 2011;* Herbert, Mark. *Reality and perception in tax avoidance and mitigation.* Trusts & Trustees, United Kingdom, v. 19, n. 3 e 4, p. 356-363, april/may 2013; McCall, Christopher. *The trust as an enemy of the people.* Trusts & Trustees, United Kingdom, v. 19, n. 3 e 4, p. 338-342, april/may 2013, p. 341.

[5] *Cfr.* Riches, John. *Are transparency and the registration of trusts necessary?.* Trusts & Trustees, United Kingdom, v. 19, n. 3 e 4, p. 343-353, april/may 2013, p. 347.

mundo, e o que não podemos mudar temos que compreender para melhor influenciar ou negociar, ou até mesmo coibir ou permitir[6].

Apreciamos que essa abordagem, de conferir privilégios fiscais a determinados tipos de negócios, não pode ser vista como um ponto negativo a ser adotado por um país em desenvolvimento. Deve ser notado que num tempo de globalização e competitividade, aliada à fácil movimentação das empresas e dos investimentos, o capital move-se muito facilmente para onde encontrar condições mais favoráveis.

Não há dúvida que a alta carga tributária do Brasil e os custos dos negócios podem frear o desenvolvimento econômico. Já a internacionalização de empresas é muito positiva para a economia brasileira.

O trust representa em si, independente de lhe ser conferida vantagens tributárias, um instrumento internacional altamente competitivo, por ser mais flexível e dinâmico, em comparação aos instrumentos hoje oferecidos no direito brasileiro. Conforme discorremos, o trust foi adotado e aceito em diversos sistemas jurídicos de *civil law* e a busca por ferramentas competitivas é, em geral, um das principais razões de sua implementação[7].

No âmbito da família, muito bem esclarece Herbert, *in verbis*: "*The true value of a family trust is not the avoidance or mitigation of tax. (...) The family trust is not the enemy of the people, but it is a flexible friend. It provides the*

[6] Na verdade, a preocupação dos Países deve ser no estabelecimento de diretrizes para combater a lavagem de dinheiro, cerceando fluxos ilícitos. *Vide*: Financial Integrity & Economic Development. *Annual Conference Report. October 2011, Paris, France. Task Force Conference 2011. Financial Integrity & Economic Development.* Disponível em: http://www.financialtransparency.org/calendar/conference2011/. Acesso em: 08.07.2013. *Vide*, mais recentemente: OECD. Statement on a Two-Pillar Solution to Address the Tax Challenges Arising from the Digitalisation of the Economy (2021). Disponível em: https://www.oecd.org/tax/beps/statement-on-a-two-pillar-solution-to-address-the-tax-challenges-arising-from-the-digitalisation-of-the-economy-october-2021.pdf. Acesso em: 08.10.2021.

[7] Nesse ponto, McCall (2013) faz algumas críticas ao *Trust* em questões tributárias e em razão da blindagem patrimonial, por vezes, adquirida através de sua estrutura, No entanto, ao final, o autor conclui, *in verbis*: "*I do not doubt that there are many wholly admirable trusts in existence, and indeed we know that statute creates trusts in certain types of intestacy. Not all trusts are bad. There are the charitable trusts and the pension trusts without which our lives would be very different. So I accept that there are good trusts and countries with trusts in their system of law have a capacity to develop new structures which is denied to systems of law which do not recognize the trust*". *Cfr.* McCall, Christopher. *The trust as an enemy of the people.* Trusts & Trustees, United Kingdom, v. 19, n. 3 e 4, p. 338-342, april/may 2013, p. 341.

infrastructure by which assets are administered by trustees, chosen for their skills and their loyalty, with a positive duty to preserve, enhance, and (sometimes) distribute those assets in accordance with well-known principles"[8].

Nesse quadro, sobretudo por razões fiscais, a implementação do trust traz vantagens indiscutíveis de ordem prática, porque a adequada compreensão de sua estrutura evitaria a evasão tributária. A partir do momento em que se estabelecem regras e conceitos, é possível determinar a correta tributação e a supressão da falsa noção de que o *trust* é um instrumento, essencialmente, utilizado à evasão tributária.

De fato, acreditamos a a implementação legislativa dos trust sem jurisdições do sistema *civil law*, de forma clara e eficaz, sobretudo, facilita a sua tributação[9].

Na verdade, se consideramos a grande circulação de bens e pessoas e a utilização de trusts com seus elementos de conexão em países os mais diversos (*trustee, settlor, trust property* e beneficiários), aos países que não o reconhecem, resta a desconfiança do instituto e a falsa percepção de que ele é um instrumento típico para promover a evasão fiscal[10].

Sem dúvida, a facilidade hodierna das pessoas criarem e distribuírem a sua riqueza dentro de uma comunidade internacional indica que, cada vez mais, muitos tipos diferentes de sistemas fiscais e legais precisam determinar como tributar o trust.

Essencialmente, a probabilidade de os sistemas jurídicos confrontarem conceitos jurídicos estrangeiros está muito aumentada e crescente.

[8] *Cfr.* HERBERT, Mark. *Reality and perception in tax avoidance and mitigation.* Trusts & Trustees, United Kingdom, v. 19, n. 3 e 4, p. 356-363, april/may 2013, p. 359.

[9] Nesse sentido, indicamos a leitura da tese de Doutoramento: ALMEIDA, Verônica Scriptore Freire e – A implementação do instituto dos trusts no direito brasileiro. Coimbra: [s.n.], 2016. Tese de doutoramento. Disponível na www:http://hdl.handle.net/10316/26225.

[10] Afirma-se, que a sua estrutura facilita a evasão fiscal, em razão do sigilo dos dados do proprietário do *beneficial interest. Vide* nesse sentido: MIRANDA, Elisabete. *Novos fundos vão permitir proteger fortunas do Fisco.* In: JORNAL DE NEGÓCIOS, 16 Abril 2008; RAMOS DE ALMEIDA, João. *CMVM desmente Governo sobre a existência de lei que cria os "Trust".* In: Público PT, 16/05/2008. *Vide* complementarmente: CARVALHO, Mafalda Albuquerque. *A saga continua.* In: *Jornal de Negócios,* publicado em 05 Abril 2012; PORTUGAL. Ordem dos Advogados. *Pareceres do Gabinete de Estudos: Parecer nº 2/05. Livro Verde sobre Sucessões e Testamentos;* HUNTER, Robert. *The fraudulent use of trusts.* Trusts & Trustees, United Kingdom, v. 19, n. 3 e 4, p. 312-318, april 2013, p. 313; HERBERT, Mark. *Reality and perception in tax avoidance and mitigation.* Trusts & Trustees, United Kingdom, v. 19, n. 3 e 4, p. 356-363, april/may 2013.

E quando isso ocorre na área tributária, gera desconfianças. Na verdade, ninguém que perder suas receitas fiscais. No entanto, compreendemos que trata-se de uma preocupação menos relevante a partir do momento que se compreende o instituto, estabelecendo regulamentos específicos sobre os *trusts* e sobre a sua tributação[11].

É nesse quadro que entendemos que a implementação dos trusts no direito brasileiro seria a solução mais adequada para a sua correta tributação. Na verdade, a necessidade prática de considerar o tratamento tributário dos trusts sentida por muitos países têm levado a sua implementação em várias jurisdições de *civil law*.

Neste contexto, é fato que os países que não têm os trusts como parte de seu ordenamento jurídico interno, têm maiores dificuldades em assimilar as noções dos trusts estrangeiros em seu sistema fiscal; enquanto que as jurisdições que possuem regras bem estabelecidas sobre ele, lidam com maior eficácia com os aspectos atinentes à sua tributação.

Deste modo, pode-se dizer, que os países que já possuem uma maior familiaridade com o trust geralmente já contêm em seu sistema jurídico amplas discussões pertinentes à sua tributação. De fato, nota-se que em muitas jurisdições, tal problema ou "*desafio*", já é uma preocupação ultrapassada.

Perceba-se, enfim, que na vida prática hodierna as evasões tributária existem. Igualmente, existe, o envolvimento dessas com os trusts. Contudo, a recusa ao instrumento dos trusts não afasta a problemática tributária tendo em vista que o trust é um instrumento competitivo e pre-

[11] Interessante mencionar, nesse contexto, nosso livro intitulado a "*Tributação dos Trusts*", que vislumbrou as melhores técnicas de tributação do instituto no Reino Unido, na França e na Itália, com o objetivo final de contribuir com a Tributação dos *Trusts* no Direito Português. *Cfr.* FREIRE E ALMEIDA, Verônica Scriptore. *A Tributação dos Trusts.* Coimbra: Almedina, 2009; *Vide* também CAMPOS, Diogo Leite de; CALISTO PATO. António. *A Tributação dos 'Trusts' (I).* In: Questões Fiscais da Globalização – IV – PLMJ – 28 de Junho de 2007; FREIRE E ALMEIDA, Verônica Scriptore. *A capacidade contributiva dos sujeitos envolvidos no Trust.* In: FREIRE E ALMEIDA, Daniel; LUIZ GOMES, Fabio; CATARINO, João Ricardo. *Garantias dos Contribuintes no Sistema Tributário. Livro em Homenagem ao Professor Doutor Diogo Leite de Campos.* São Paulo: Saraiva, 2013, p. 705-744; FREIRE E ALMEIDA, Verônica Scriptore. *Os Trusts e seus aspectos fiscais no Direito Português.* In: FREIRE E ALMEIDA, Verônica Scriptore; FREIRE E ALMEIDA, Daniel; LUIZ GOMES, Fabio. *Panorama do Direito no Terceiro Milénio. Livro em Homenagem ao Professor Doutor Diogo Leite de Campos.* Coimbra: Almedina, 2013, p. 129-168.

sente em jurisdições de todo o mundo. De fato, o *Trust* é uma realidade, e por isso deve ser compreendido, e não evitado.

Assim, consideramos coerente, proceder a uma aproximação a alguns dos assuntos principais que são vislumbrados em relação à tributação dos trusts.

Normalmente, os países levam em consideração a extensa variedade de trusts que podem existir, e ponderam o **interesse dos beneficiários e do *settlor* sobre os *trusts*.** De fato, na tributação do instituto não é interessante estabelecer uma regra geral aplicável a todos os tipos de trusts, sendo a melhor escolha avaliar os tipos de *trusts* que podem ser constituídos, e o incentivo ou não (governamental) àquele determinado tipo.

É nesse contexto que os países de origem *common law* – por já estarem acostumados com o instituto – não possuem dificuldades em lidar com a sua tributação e, normalmente, consideram tipos especiais de trusts para essa finalidade[12].

Com efeito, então, no Reino Unido as regras sobre a tributação dos *Trusts* variam de acordo com o tipo de trust[13]. Igualmente os estados norte-americanos separam os tipos de trusts para finalidades tributárias e sujeição passiva dos tributos. Tal fato também pode ser observado, por exemplo, na Austrália, Canadá, India e Irlanda[14].

[12] A legislação fiscal dos *Trusts* no Reino Unido é bem moderna, sendo constantemente atualizada. *Vide* FREIRE E ALMEIDA, Verônica Scriptore. *A Tributação dos Trusts.* Coimbra: Almedina, 2009, p. 139; HM REVENUE & CUSTOMS. *Trusts An introduction.* Disponível em: http://search.hmrc.gov.uk/kb5/hmrc/hmrc/results.page?qt=Trusts. Acesso em 06.07.2013.

[13] Nessa perspectiva, por exemplo, distinguem os *Private* dos *Charitable Trusts,* conferindo vantagens tributárias a este último em razão de suas finalidades caritativas. Dentre os *Private Trusts,* classificam os *Express Trusts* em quatro amplas categorias principais para propósitos tributários: *Bare Trusts, Interests in possession Trusts, Acumulation and Maintenance Truste Discretionary Trusts.* Também interessante mencionar, que quando o *Trust* possuir beneficiários *vulneráveis,* tais como menores de 18 anos, órfãos, deficientes físicos ou mentais, são aplicadas alíquotas especiais. *Cfr.* HM REVENUE & CUSTOMS. *Trusts An introduction.* Disponível em: http://search.hmrc.gov.uk/kb5/hmrc/hmrc/results.page?qt=Trusts. Acesso em 06.07.2013.*Vide* MENNEL, L. Robert. *Wills and Trusts in a Nutshell.* Second Edition, Minnesota: Thomson West, 2007, p. 239; DEW, Richard. *Private Client: Capital Punishment.*In: Legal Week November 30, 2006.

[14] A Índia adota díspares princípios em relação aos diferentes impostos e tipos de *Trusts.* Nessa linha, sob a "*Income Tax Act de 1961*", trustees podem ser tributados pois são considerados como sendo "*representative assessees*" dos beneficiários (responsável tributário). Em

Nesse sentido, por exemplo, nos Estados Unidos da América, indivíduos que transferem sua propriedade para trusts, e mantém certos poderes, direitos ou benefícios sobre os trusts, geralmente são tratados como sujeitos passivos dos tributos, sendo designados de *grantor trusts*[15],

outras palavras, são os beneficiários que estão sujeitos ao imposto de renda, mas ambos, os *trustees* e os beneficiários, podem ser tributados, pois são responsáveis pelo pagamento do imposto. Regras especiais a este princípio ocorrem nos casos de *Trusts* em que os beneficiários são indeterminados. *Cfr.* FAZELBHOY, Aliff; KAKA, Porus. *India – Trusts, Topical Analyses.* Amsterdam: IBFD, 2011, section 1.4; INDIA. *Income Tax Department.* Departament of Revenue, Ministry of Finance, Government of India. Disponível em: http://law.incometaxindia.gov.in/DIT/Income-tax-acts.aspx. Acesso em: 13.09.2012. Também, o sistema fiscal Irlandês é bem acostumado a lidar com *Trusts.* Logo, existem específicas disposições relacionadas a tributação dos *Trusts, trustees* e beneficiários ao abrigo da legislação fiscal sobre a aquisição de capital através de doações ou heranças, legislação sobre ganhos de capital, e legislação sobre o imposto de renda. *Cfr.* HICKSON, John H. *Irish – Trusts, Topical Analyses.* Amsterdam: IBFD, 2011, section 1.4. Como o Reino Unido, a Austrália é um país de *common law* e os *Trusts* sempre existiram. Regras específicas que tratam da tributação dos *Trusts* foram introduzidas no *Income Tax Assessment Act 1936* (Div. 6 do ITAA), incluindo as seguintes regras: *"treat the trust estate as a notional taxpayer for the purposes of calculating the taxable income or loss for a year of income - this amount is "the net income of the trust estate; allocate the liability to tax on that net income between the beneficiaries and the trustee based on the concepts of "present entitlement" and "income of the trust estate".* Posteriormente, outras alterações foram feitas e incluídas no dispositivo legal, onde também passou a ser considerado para a tributação de tipos específicos de *Trusts. Cfr.* AUSTRÁLIA. *Income Tax Assessment Act 1936.* Disponível em: http://www.comlaw.gov.au/Details/C2012C00134. Acesso em: 06.07.2013; GILLIES, Peter. *Australia – Trusts – Topical Analyses.* Amsterdam: IBFD, 2011, section 1.4. No Canadá os *Trusts* são considerados como sujeitos passivos, segundo dispõe o *Income Tax Act,* artigo 104, (2). Existem duas principais classificações de *Trusts* para fins fiscais: os *personal trusts* e os *commercial trusts.* Destaca-se que os *commercial trusts* são os *income trusts* e os *mutual fund trusts. Cfr.* CANADA. Income Tax Act. Disponível em: http://laws-lois.justice.gc.ca/eng/acts/i-3.3/page-140.html#h-26. Acesso em: 06.07.2013; BROWN, Catherine. *Canada – Trusts, Topical Analyses.* Amsterdam: IBFD, 2011, section 1.4. Em Hong Kong, o *Inland Revenue Ordinance (IRO),* não trata nem separadamente nem de forma abrangente da situação fiscal de um *Trust* e de um *trustee.* O *trustee* é reconhecido como sendo uma "pessoa separada", que pode ser responsável pelo recolhimento do imposto sobre os rendimentos do *Trust* (secção 2, do Capítulo 112, do *Inland Revenue Ordinance – IRO). Cfr.* TSANG, James; LEUNG, Daniel. *Hong Kong – Trusts, Topical Analyses.* Amsterdam: IBFD, 2011, section 1.4.

[15] O *US Internal Revenue Code* refere-se a *settlors* como *"grantors".* O *grantor trusts* é o termo usado para descrever um *Trust* em que o *settlor* é tributado como se a *trust property* ainda fosse dele. Ainda, que o *Trust* seja constituído mediante um acordo irrevogável, pode o *Trust* ser considerado um *grantor trust* (*trust* irrevogável), se o *settlor* mantiver poderes

tributando-se de forma diferenciada os *grantor trusts* e os *non-grantor trusts*[16].

Interessante indicar que o *US Internal Revenue Code* contém várias regras especiais anti-evasão fiscal, específicas para os non-*grantor trusts* estrangeiros que distribuem rendas para o beneficiário residente ou cidadão norte-americano[17].

A Suíça, país de origem *civil law*, com a intenção de estabelecer diretrizes básicas e harmonizar a tributação dos *Trusts* em toda o país, estabeleceu princípios básicos sobre a tributação do *Trust*, resumidos

sobre o *Trust*. Nessa linha, destaca-se que tais poderes podem relacionar-se com toda, ou com apenas uma parte da *trust property*. Inclusive, os benefícios e Direitos concedidos a seu cônjuge, são tratados como se detidos pelo *settlor*. Igualmente, poderes mantidos por terceiros considerados subordinados à vontade do *grantor/settlor* também pode provocar que o *Trust* seja considerado um *grantor trust*.

[16] Neste caso, o *Trust* poderá ser considerado um *grantor trust* apenas em dois tipos de situações: se o instituidor mantém o poder de revogar o *Trust*; ou se os únicos valores distribuíveis, durante a vida útil do *settlor*, são distribuídos para ele ou para seu cônjuge. Nos termos do *US Internal Revenue Code* os *non grantor trusts* são tratados como sujeitos passivos, mas, ao fazer distribuições, o *trustee*pode deduzir do imposto, as receitas distribuídas aos beneficiários. Aos beneficiários do *Trust* são atribuídos números de identificação fiscal, de forma a individualizá-lo. Por sua vez o *grantor trust* criado por nacionais será tratado como sendo uma entidade transparente, tributando-se diretamente o *settlor*. Logo, o *grantor trust* estará sujeito ao imposto de renda sobre o lucro líquido anual global do *trust fund*, e sobre os ganhos de capital. O *settlor* não-residente ou não-cidadão de um *grantor trust*, por outro lado, está sujeito ao imposto de renda dos EUA somente sobre os rendimentos e ganhos de fontes norte-americanas advindos do *Trust*. As Leis tributárias estaduais variam consideravelmente quanto ao tratamento tributário de *settlors*, de *Trusts* e de beneficiários. Destaca-se, também, que os *states tax income* baseiam-se, em parte, no *federal taxable income*. Logo, as regras fiscais federais afetam a tributação estadual dos *Trusts*. Este resultado é determinado pela aplicação de um conjunto particularmente complexo e técnico de regras legais. Estas regras são diferentes se o *settlor* não é um cidadão dos EUA ou residente nos EUA para fins de imposto de renda. Tais *Trusts* são menos propensos a serem considerados *grantor trusts*. Por fim, destaca-se que normalmente, são considerados os tipos de Direitos e poderes que o *settlor* mantém sobre os *Trusts*, para saber se um cidadão dos EUA ou residente é sujeito passivo tributável sobre o lucro do *Trust*. *Cfr*. Kozusko, Donald, Vetter, Stephen. *United States – Trusts, Topical Analyses*. Amsterdam: IBFD, 2011, section 1.4.

[17] Sobre esse assunto recomendamos a leitura de: Kozusko, Donald, Vetter, Stephen. *United States – Trusts, Topical Analyses*. Amsterdam: IBFD, 2011, section 1.4 e 1.5.

em uma Carta Circular[18] das autoridades fiscais suíças, em agosto de 2007[19].

Assim sendo, igualmente ao Reino Unido e aos Estados Unidos, para efeitos tributários a Suíça distingue entre os três tipos de *Trusts*: *o revocable trust, o irrevocable fixed interest trust e o irrevocable discretionary trusts*[20].

Em geral, pois, consideramos que a melhor técnica para a correta tributação dos trusts é identificar o sujeito passivo da relação jurídica, bem como reconhecer as hipóteses de incidência tributária do instituto, sempre tendo em vista sua estrutura constitutiva[21].

Nesse sentido, situam-se no quadro dos possíveis sujeitos passivos da relação tributária sobre os *Trusts*: o *settlor*, o *trustee*, o beneficiário e o próprio *Trust*[22]. Já as situações que podem ser consideradas como hipó-

[18] A Suíça é uma confederação de 26 *Cantons*. A Confederação e os *Cantons* têm o poder de cobrar impostos. Destaca-se, que dentro dos *Cantons*, os municípios,igualmente, têm competência tributária. Como regra geral, na Suíça, o conceito de "*transparência fiscal*" é aplicado. Assim sendo, o *Trust* não é considerado como sujeito passivo tributário (exceto para efeitos da aplicação de um tratado suíço de dupla tributação). Logo, a sujeição passiva geralmente é atribuída ao *settlor* ou aos beneficiários, que serão tributados em relação a distribuição da renda ou do capital do *Trust*. A identificação do sujeito passivo, se é o *settlor* ou o beneficiário, e do evento tributável, dependerá do tipo da *Trust* constituído. *Cfr.* Bauer-Balmelli, Maja; Widmer, Oliver; Harbeke, Nils. *Switzerland – Trusts, Topical Analyses.* Amsterdam: IBFD, 2011, section 1.4.3.

[19] *Cfr. Swiss. Taxation of Trusts, Circular Letter 30 of 22 August 2007 (KS 30).* Society of Trust and Estate Practitioners (STEP). Disponível em: http://www.step-ch-fl.com/pinboard/_rcs/common/attachments/p_filename_519.pdf. Acesso em: 15.10.2012.

[20] *Cfr. Swiss. Taxation of Trusts, Circular Letter 30 of 22 August 2007 (KS 30).* Society of Trust and Estate Practitioners (Step). Disponível em: http://www.step-ch-fl.com/pinboard/_rcs/common/attachments/p_filename_519.pdf. Acesso em: 15.10.2012.

[21] *Vide* Freire e Almeida, Verônica Scriptore. *A capacidade contributiva dos sujeitos envolvidos no trust.* In: Freire e Almeida, Daniel; Luiz Gomes, Fabio; Catarino, João Ricardo. *Garantias dos Contribuintes no Sistema Tributário. Livro em Homenagem ao Professor Doutor Diogo Leite de Campos.* São Paulo: Saraiva, 2013, p. 705-744.

[22] Nesse ponto explica Lupoi (2012), *in verbis*: "*tax rules in many countries look at trust income as income of 'the trust'. The latter view prevails in Italy where, since 2007, tax provisions exist, which taxes the income of the trust assets as if the trust were an entity. That explains why land registration may be in the name of the trust. After all, the trust is a taxpayer*". *Cfr.* Lupoi, Maurizio. *Trusts in Italy: A Living Comparative Law Laboratory.* Trusts & Trustees, United Kingdom, v. 18, n. 5, p. 383-389, june 2012, p. 384. Recomendamos também a leitura de Moja, Andrea. *Il Trust nel diritto civile e tributario.* San Marino: Maggioli Editore, 2009.

teses de incidência de tributos, devem ser analisadas sob as perspectivas de sua constituição, duração e extinção.

Para avaliamos a sujeição passiva, entretanto, é importante considerar o carácter revogável e irrevogável do *trust*; os direitos concretos dos beneficiários e a própria determinação de cada momento deste e, ainda, os poderes discricionários designados ao *trustee*[23].

Nesse passo, o *settlor* será considerado como sujeito passivo sempre que se reservar Direitos de revogação ou modificação do instrumento do trust, permanecendo, pois, vinculado ao seu património transferido ao trust[24].

O *trustee*, por sua vez, apenas pode ser considerado como responsável tributário, pois não tem capacidade contributiva sobre os ativos que lhe foram transferidos. Logo, deve responder pelo cumprimento das obrigações principais e acessórias do sujeito passivo (que pode ser o *settlor*, o beneficiário ou o trust), em virtude de razões de conveniência, de eficácia e de segurança do pagamento do imposto[25].

Obviamente, poderá o *trustee* ser sujeito passivo se ele for um dos beneficiários do trust. Também, claramente, deve recolher o imposto de renda sobre os rendimentos que ele receber a título de remuneração[26].

Já o beneficiário, pode ou não ser considerado sujeito passivo dos tributos incidentes no trust, na medida em que ele tem direitos fixos sobre a renda ou sobre o capital do trust. Logo, o beneficiário só será sujeito

[23] *Vide* Freire e Almeida, Verônica Scriptore. *A Tributação dos Trusts*. Coimbra: Almedina, 2009, p. 204; Reutlinger, Mark. *Wills, Trusts, and Estates, Essencial Terms and Concepts*. Second Edition, New York: Aspen Publishers, 1998, p. 149.

[24] *Vide* Freire e Almeida, Verônica Scriptore. *A capacidade contributiva dos sujeitos envolvidos no trust*. In: Freire e Almeida, Daniel; Luiz Gomes, Fabio; Catarino, João Ricardo. *Garantias dos Contribuintes no Sistema Tributário. Livro em Homenagem ao Professor Doutor Diogo Leite de Campos*. São Paulo: Saraiva, 2013, p. 732.

[25] *Vide* Freire e Almeida, Verônica Scriptore. *A capacidade contributiva dos sujeitos envolvidos no trust*. In: Freire e Almeida, Daniel; Luiz Gomes, Fabio; Catarino, João Ricardo. *Garantias dos Contribuintes no Sistema Tributário. Livro em Homenagem ao Professor Doutor Diogo Leite de Campos*. São Paulo: Saraiva, 2013, p. 733.

[26] *Vide* Freire e Almeida, Verônica Scriptore. *A capacidade contributiva dos sujeitos envolvidos no trust*. In: Freire e Almeida, Daniel; Luiz Gomes, Fabio; Catarino, João Ricardo. *Garantias dos Contribuintes no Sistema Tributário. Livro em Homenagem ao Professor Doutor Diogo Leite de Campos*. São Paulo: Saraiva, 2013, p. 733 e 734.

passivo dos tributos referentes aos bens ou direitos que lhe forem diretamente atribuídos[27].

Por sua vez, também o trust pode ser considerado sujeito passivo distinto em certas situações. De fato, entendemos que o trust terá capacidade contributiva nos casos onde não for possível considerar o *settlor*, nem o beneficiário, com titularidade e disponibilidade imediata de rendimento ou da riqueza e, portanto, sem capacidade económica para arcar com o ónus do tributo[28].

A seu turno, em relação agora às hipóteses de incidência tributária sob os trusts, recomendamos, desde logo, que a sua tributação seja delineada de forma simplificada, com vistas à sua aplicação e compreensão de uma forma global.

Consideramos, para tanto, a incidência de impostos sobre o património e sobre o rendimento do capital em *Trust*.

Nesta perspectiva, conforme já mencionamos, é importante levar em apreço as três fases basilares do instrumento: a sua constituição, o período de sua duração e, por fim, a sua extinção. Nesse quadro, recomendamos o que segue.

Inicialmente, na constituição ou modificação de um trust, em determinadas situações, incide o imposto sobre as transmissões *causa mortis* e doação de quaisquer bens ou direitos.

Na transferência inicial dos bens ao *trustee*, incidirá o imposto sobre as transmissões gratuitas naqueles casos em que o *settlor* a faz de forma definitiva, ou seja, no caso de trust irrevogável.

Contudo, além de considerar a irrevogabilidade ou não do *Trust*, devem ser ponderados os poderes discricionários do *trustee;* os direitos fixos dos beneficiários; a manutenção pelo *settlor* de poderes de modificação do *trust deed*[29].

[27] *Vide* Freire e Almeida, Verônica Scriptore. *A capacidade contributiva dos sujeitos envolvidos no trust.* In: Freire e Almeida, Daniel; Luiz Gomes, Fabio; Catarino, João Ricardo. *Garantias dos Contribuintes no Sistema Tributário. Livro em Homenagem ao Professor Doutor Diogo Leite de Campos.* São Paulo: Saraiva, 2013, p. 734.

[28] *Vide* nesse sentido Tripet, François. *Trust Patrimoniaux Anglo-Saxons et Droit Fiscal Français.* Paris: Litec, 1989, p. 40.

[29] *Vide* Kozusko, Donald, Vetter, Stephen. *United States – Trusts, Topical Analyses.* Amsterdam: IBFD, 2011, section 1.4.

Assim, no caso do *trustee* possuir poderes discricionários, concluímos que deverá ser liquidado o imposto apenas na transferência definitiva do capital aos beneficiários, com todo o incremento patrimonial vislumbrado. Sopesamos que o enriquecimento imediato do beneficiário deve ser pressuposto para a incidência do imposto de doação ou sucessão. Posto isso, parece-nos mais correto diferenciar o momento da cobrança do imposto em consonância com o tipo de *Trust,* quanto aos Direitos concretos dos beneficiários.

Contudo, no caso de *discretionary trust* – considerando que o trust pode ter uma longa duração – achamos interessante a inclusão de um imposto periódico, à semelhança do Reino Unido, em que é cobrado a cada 10 anos[30].

Em relação à constituição do *trust inter vivos* revogável – avaliando que os bens são fiscalmente pertencentes ao *settlor* e farão parte da sua sucessão no dia de seu óbito – não há consequências tributárias no momento da constituição do *trust.* Por igual ocorre quando o *settlor* for o único, ou um dos beneficiários do *trust* irrevogável. Já no caso do *settlor* se declarar como *trustee* para outros beneficiários, desde que de forma irrevogável e atribuindo direitos fixos a eles, deve ser considerada como sendo uma transferência tributável[31].

Em qualquer caso, poderá o *settlor* autorizar, no instrumento do *trust,* expressamente, que a carga do imposto seja suportada pelo "*Corpus* do *Trust Fund*"[32].

Por sua vez, o imposto sobre o rendimento tem como fato gerador as rendas obtidas pelo *trustee* em decorrência de sua gestão sobre a *trust property,* e a distribuição desses rendimentos aos beneficiários.

A exemplo do que ocorre no Reino Unido, recomendamos a incidência de alíquotas diferenciadas aplicáveis sobre o rendimento global

[30] *Cfr.* Hayton, D.J., *The Law of Trusts.* London: Sweet e Maxwell, 1998, p. 49; Hm Revenue & Customs. *Inheritance Tax Act 1984, Sec. 65, 68 e 69.* Disponível em: http://www.hmrc.gov.uk/ihta/part_3_chapter_3/table_of_contents.htm. Acesso em: 08.07.2013.

[31] *Vide* Hardy, Amanda. *The International Guide to the Taxation of Trusts – United Kingdom.* Amsterdam: IBFD, 2005, p. 19; Freire e Almeida, Verônica Scriptore. *A Tributação dos Trusts.* Coimbra: Almedina, 2009, p. 162.

[32] *Vide* Hardy, Amanda. *The International Guide to the Taxation of Trusts – United Kingdom.* Amsterdam: IBFD, 2005, p. 44; Freire e Almeida, Verônica Scriptore. *A Tributação dos Trusts.* Coimbra: Almedina, 2009, p. 155.

dos trusts irrevogáveis, podendo, ainda, diferenciarem-se as alíquotas para os *fixed e discretionary trust*. Fundamentalmente, um regime tributário específico evitaria eventuais conflitos tributários e simplificaria a cobrança dos tributos[33].

Também consideramos que em determinados tipos de trust, o sujeito passivo do Imposto de Renda seja o próprio trust, ou seja, a carga tributária será suportada pelo "*Corpus do Trust Fund*"[34].

Nesse quadro, quando tratar-se de um *fixed trust*, o *trust* deve ser considerado como fiscalmente inexistente, ao passo que todo rendimento obtido pelo *Trust* será distribuído aos beneficiários. Do mesmo modo, será quando o *settlor* reservar-se de direitos aos rendimentos no *trust instrument*. Logo, aqui, ele será o sujeito passivo, e a imposição de rendimentos levantados pelo *trustee* far-se-á diretamente entre as mãos do *settlor*[35].

Também, nos casos de trust revogável, o trust será considerado fiscalmente inexistente, em razão do poder que o *settlor* mantém sobre o

[33] Nesse sentido, segundo informações do Hm Revenue & Custom: "*Bare trusts: With a bare trust each beneficiary has an immediate right to both capital and income; Interest in possession trusts: With interest in possession trusts: beneficiaries have a right to all trust income; Discretionary trust: trustees choose whether to pay out trust income; Accumulation trust: trustees re-invest; Mixed trusts: Mixed trusts combine different types of trusts; Settlor-interested trusts: The 'settlor' who puts assets into a trust can continue to benefit from those assets; Parental trusts for children: Special tax rules for trusts set up by parents for unmarried children below the age of 18; Non-resident trusts: UK trusts may be set up or managed by people living abroad; Trusts for vulnerable people: Special tax rules for trusts set up for disabled people or children who have lost a parent; Heritage, charitable or business--related trusts*". Ainda, existem os *Flat management company trusts* ou *sinking funds*; *Employee benefit trusts*; *Heritage maintenance funds*; *Charitable trusts*; *Investment trusts* e os *unit trusts*. *Cfr.* Hm Revenue & Custom. *Types of trust and tax implications*. Disponível em: http://www.hmrc.gov.uk/trusts/types/. Acesso em: 07.08.2013. *Vide* Dew, Richard. *Private Client: Capital Punishment*. In: Legal Week November 30, 2006.

[34] Nesse sentido *vide* Lupoi, Maurizio. *Trusts in Italy: A Living Comparative Law Laboratory*. Trusts & Trustees, United Kingdom, v. 18, n. 5, p. 383-389, june 2012, p. 384; Freire e Almeida, Verônica Scriptore. *A capacidade contributiva dos sujeitos envolvidos no trust*. In: Freire e Almeida, Daniel; Luiz Gomes, Fabio; Catarino, João Ricardo. *Garantias dos Contribuintes no Sistema Tributário. Livro em Homenagem ao Professor Doutor Diogo Leite de Campos*. São Paulo: Saraiva, 2013, p. 739.

[35] *Vide* nesse sentido: Uk. Hm Revenue & Customs. *Types of trust and tax implications*. Disponível em: http://www.hmrc.gov.uk/trusts/types/. Acesso em: 07.08.2013; Freire e Almeida, Verônica Scriptore. *A Tributação dos Trusts*. Coimbra: Almedina, 2009, p. 228.

trust. Desta forma, a carga tributária será suportada diretamente pelo *settlor*[36].

Já o *trust discretionary* deve ser considerado com existência fiscal distinta, ao passo que não distribuindo todo o rendimento do trust aos beneficiários, poderá o *trustee* acumular a renda no capital do trust. Dessa forma, o mais adequado será tributar em sede do próprio património separado, considerando o princípio da capacidade contributiva e a subjetividade existente quanto aos Direitos dos beneficiários. Neste caso, o *trustee* é o responsável pelo recolhimento do tributo[37].

Analisando o beneficiário, ele deverá ser o sujeito passivo do imposto de renda em razão de todo rendimento que o *trustee* lhe distribuir. Neste caso, perceba-se que os beneficiários seriam tributados na fonte sobre os pagamentos de rendimentos efetuados pelo *trustee*, e teriam direito ao crédito do imposto já suportado pelo *Trust* para efeitos da sua declaração pessoal de imposto de renda[38].

Em relação as obrigações tributárias, destaca-se, que cabe ao beneficiário realizar a declaração do Imposto de Renda, mesmo que não tenha quantia alguma a recolher; ainda, por vezes, podem ter direito a reembolso se o valor do imposto pago pelo *trustee* exceder a responsabilidade tributária anual do beneficiário.

Em arremate pertinente, somos favoráveis a um tratamento tributário diferenciado nos casos de determinados tipos de trusts destinados a algumas finalidades específicas, tais como: Caridade, Educação, Manutenção de Património Histórico; Preservação, Restauração e Manutenção do Meio Ambiente; Fundos de Pensão e Aposentadoria; Planos de Saúde para Empregados; ou outros fundos de investimento que sejam merecedores de tutela, em razão do ânimo de atingir determinado fim de interesse público. Com efeito, a formação e existência desse tipo de *Trust* deve ser amplamente incentivada.

[36] *Vide* Freire e Almeida, Verônica Scriptore. *A capacidade contributiva dos sujeitos envolvidos no trust*. In: Freire e Almeida, Daniel; Luiz Gomes, Fabio; Catarino, João Ricardo. *Garantias dos Contribuintes no Sistema Tributário. Livro em Homenagem ao Professor Doutor Diogo Leite de Campos*. São Paulo: Saraiva, 2013, p. 739.

[37] *Vide* UK. Hm Revenue & Customs. *Types of trust and tax implications*. Disponível em: http://www.hmrc.gov.uk/trusts/types/. Acesso em: 07.08.2013.

[38] *Vide* Freire e Almeida, Verônica Scriptore. *A Tributação dos Trusts*. Coimbra: Almedina, 2009, p. 271.

Em prosseguimento, não podemos deixar de citar aqui, sobre os designados "*trusts offshore*".

Neste ponto, embora exista certa hostilidade das grandes economias ocidentais em relação às jurisdições *offshore*, acreditamos ser legítima a procura e utilização por indivíduos e empresas de técnicas legais de preservação da riqueza, oferecidas por jurisdições que buscam, com a mitigação dos seus impostos a atração de capitais, e tal procura tem se intensificado nos últimos anos.

Não sugerimos, uma baixa tributação com vistas à constituição de *Trusts offshore*, mas, nada impede que o Brasil crie uma tributação mais favorável a determinadas regiões Brasileiras que careçam de incentivo, ou que o Governo diferencie a tributação de certos tipos de trusts que se pretenda estimular, interferindo de forma indireta na economia (por exemplo, fundos de pensão, caridade, fundos para beneficio do trabalhador).

Por fim, em 2020, a Receita Federal definiu através da Solução de Consulta nº 41, ditada pela Coordenação-Geral de Tributação (Cosit), que herdeiros devem pagar Imposto de Renda (IRPF) *sobre rendimentos oriundos de trust no exterior*.

A Solução de Consulta, em tela, esclarece que:

> "*O recebimento de rendimentos oriundos do exterior por residente no País é fato gerador do imposto sobre a renda e sujeita-se à tributação mensal mediante a aplicação da tabela progressiva mensal (carnê-leão) e na Declaração de Ajuste Anual*"[39].

O fundamento jurídico apontado pela Receita, é o artigo 153 da constituição Federal, em razão da competência da União de instituir tributo sobre a renda e proventos de qualquer natureza, e também com base no Código Tributário Nacional (CTN). Em alinhamento, em março de 2021, a Justiça Federal do Estado de São Paulo, proferiu a primeira decisão sobre o tema, mantendo a incidência do Imposto de Renda sobre

[39] BRASIL. MINISTÉRIO DA ECONOMIA. RECEITA FEDERAL. Solução de Consulta Nº 41, de 31 de Março de 2020. Disponível em: http://normas.receita.fazenda.gov.br/sijut2consulta/link.action?idAto=116111. Acesso em: 22.04.2021.

rendimentos do trust, reforçando o entendimento da Solução de Consuta Nº 41[40].

Conclusões

Por tudo quanto analisado, reforçamos nosso entendimento de que o desconhecimento do trust, de suas caracteristicas e de sua estrutura, pode levar a equívocos e a sua incorreta tributação. Cada situação em trust deverá ser pontuada e considerada no momento da determinação do fato gerador de um tributo, seja ele de competência federal, estadual ou municipal.

Nossa proposta é a implementação de regras tributárias específicas para os trusts, com a identificação e a compreensão de cada tipo de trust constituído, reconhecendo-se o verdadeiro sujeito passivo dos tributos oriundos do trust em momentos distintos, tais como formação, existência e extinção do trust. Também somente assim será possível identificar o fato gerador destes tributos.

Logo, acreditamos, que não será de forma generalizada, tributando a renda ou o patrimônio recebido pelo beneficiário de "trust estrangeiro", que se produzirão regras justas e equânimes. Há que se perceber que em se tratando de um instituto novo para o Direito brasileiro, amplamente utilizado, primeiramente, se faz necessário o estudo e entendimento de suas regras, até mesmo de sua Implementação legislativa, para somente, então, definirem-se as regras sobre sua tributação. É o que defendemos e buscamos[41].

Referências

ALMEIDA, Verônica Scriptore Freire. *A capacidade contributiva dos sujeitos envolvidos no Trust.* In: FREIRE E ALMEIDA, Daniel; LUIZ GOMES, Fabio; CATARINO, João Ricardo. *Garantias dos Contribuintes no Sistema Tributário. Livro em Homenagem ao Professor Doutor Diogo Leite de Campos.* São Paulo: Saraiva, 2013.

[40] BRASIL. TRF3, 11ª Vara Cível Federal de São Paulo. Mandado de Segurança nº 5017217-81.2020.4.03.61 00.

[41] Neste sentido, é o que a autora Verônica Scriptore Freire e Almeida, defende em sua Tese de Doutoramento intitulada "A implementação do Instituto dos Trusts no Direito Brasileiro", na Faculdade de Direito, da Universidade de Coimbra. ALMEIDA, Verônica Scriptore Freire e – A implementação do instituto dos trusts no direito brasileiro. Coimbra: [s.n.], 2016. Tese de doutoramento. Disponível na WWW: http://hdl.handle.net/10316/26225.

ALMEIDA, Verônica Scriptore Freire. *A Tributação dos Trusts*. Coimbra: Almedina, 2009.

ALMEIDA, Verônica Scriptore Freire. *O Direito dos Trusts na Perspectiva Internacional*. São Paulo: Almedina, 2020.

ALMEIDA, Verônica Scriptore Freire. *O Direito dos Trusts no Brasil*. São Paulo: Almedina, 2020.

ALMEIDA, Verônica Scriptore Freire. *Os Trusts e seus aspectos fiscais no Direito Português*. In: FREIRE E ALMEIDA, Verônica Scriptore; FREIRE E ALMEIDA, Daniel; LUIZ GOMES, Fabio. *Panorama do Direito no Terceiro Milénio. Livro em Homenagem ao Professor Doutor Diogo Leite de Campos*. Coimbra: Almedina, 2013.

BAUER-BALMELLI, Maja; WIDMER, Oliver; HARBEKE, Nils. *Switzerland – Trusts, Topical Analyses*. Amsterdam: IBFD, 2011.

BRASIL. TRF3, 11ª Vara Cível Federal de São Paulo. Mandado de Segurança nº 5017217-81.2020.4.03.61 00.

BRASIL. MINISTÉRIO DA ECONOMIA. RECEITA FEDERAL. Solução de Consulta Nº 41, de 31 de Março de 2020. Disponível em: http://normas.receita.fazenda.gov.br/sijut2consulta/link.action?idAto=116111. Acesso em: 22.04.2021.

BRASIL. MINISTÉRIO DA ECONOMIA. RECEITA FEDERAL. Solução de Consulta Nº 41, de 31 de Março de 2020. Disponível em: http://normas.receita.fazenda.gov.br/sijut2consulta/link.action?idAto=116111. Acesso em: 22.04.2021.

BRASIL.

BRAZ DA SILVA, José Manuel. *Os Paraísos Fiscais*. Coimbra: Almedina, 2000.

CARVALHO, Mafalda Albuquerque. *A saga continua*. In: *Jornal de Negócios*, publicado em 05 Abril 2012; PORTUGAL. Ordem dos Advogados. *Pareceres do Gabinete de Estudos: Parecer nº 2/05. Livro Verde sobre Sucessões e Testamentos*.

DEW, Richard. *Private Client: Capital Punishment*. In: Legal Week November 30, 2006.

FAZELBHOY, Aliff; KAKA, Porus. *India – Trusts, Topical Analyses*. Amsterdam: IBFD, 2011, section 1.4.

FINANCIAL INTEGRITY & ECONOMIC DEVELOPMENT. *Annual Conference Report. October 2011, Paris, France. Task Force Conference 2011. Financial Integrity& Economic Development*. Disponível em: http://www.financialtransparency.org/calendar/conference2011/. Acesso em: 08.07.2020.

FREIRE E ALMEIDA, Daniel. *Os Trusts-Securitization em Direito nos Estados Unidos da América*. Revista do Instituto de Pesquisas e Estudos, Bauru, v. 35, p. 315-324, 2001.

GALLANIS, Thomas P. *The Trust in Continental Europe: A Brief Comment From a U.S. Observer*. The Columbia Journal of European Law Online, v. 18, 2012.

HARDY, Amanda. *The International Guide to the Taxation of Trusts – United Kingdom*. Amsterdam: IBFD, 2005.

HAYTON, D.J., *The Law of Trusts*. London: Sweet e Maxwell, 1998, p. 49; HM REVENUE & CUSTOMS. *Inheritance Tax Act 1984, Sec. 65,68 e 69*. Disponível em:

HERBERT, Mark. *Reality and perception in tax avoidance and mitigation*. Trusts & Trustees, United Kingdom, v. 19, n. 3 e 4, p. 356-363, april/may 2013, p. 359.

HERBERT, Mark. *Reality and perception in tax avoidance and mitigation*. Trusts & Trustees, United Kingdom, v. 19, n. 3 e 4, p. 356-363, april/may 2013.

HICKSON, John H. *Irish – Trusts, Topical Analyses*. Amsterdam: IBFD, 2011, section 1.4.

HM REVENUE & CUSTOMS. *Trusts An introduction*. Disponível em: http://search.hmrc.gov.uk/kb5/hmrc/hmrc/results.page?qt=Trusts. Acesso em 06.07.2013.

HM REVENUE & CUSTOMS. *Types of trust and tax implications*. Disponível em: http://www.hmrc.gov.uk/trusts/types/. Acesso em: 07.08.2013.

http://www.hmrc.gov.uk/ihta/part_3_chapter_3/table_of_contents.htm. Acesso em: 08.07.2020.

HUNTER, Robert. *The fraudulent use of trusts*. Trusts & Trustees, United Kingdom, v. 19, n. 3 e 4, p. 312-318, april 2013.

KOZUSKO, Donald, VETTER, Stephen. *United States – Trusts, Topical Analyses*. Amsterdam: IBFD, 2011.

LEITE DE CAMPOS, Mônica. *Os Paraísos Fiscais na Comunidade Europeia*. Lisboa: Revista da Ordem dos Advogados, ANO 57, p. 149-158, 1997.

LUPOI, Maurizio. *Trusts in Italy: A Living Comparative Law Laboratory*. Trusts & Trustees, United Kingdom, v. 18, n. 5, p. 383-389, june 2012.

MCCALL, Christopher. *The trust as an enemy of the people*. Trusts & Trustees, United Kingdom, v. 19, n. 3 e 4, p. 338-342, april/may 2013.

MENNEL, L. Robert. *Wills and Trusts in a Nutshell*. Second Edition, Minnesota: Thomson West, 2007.

MIRANDA, Elisabete. *Novos fundos vão permitir proteger fortunas do Fisco*. In: JORNAL DE NEGÓCIOS, 16 Abril 2008.

MOJA, Andrea. *Il Trust nel diritto civile e tributario*. San Marino: Maggioli Editore, 2009.

RAMOS DE ALMEIDA, João. *CMVM desmente Governo sobre a existência de lei que cria os "Trust"*. In: Público PT, 16/05/2008.

REUTLINGER, Mark. *Wills, Trusts, and Estates, Essencial Terms and Concepts*. Second Edition, New York: Aspen Publishers, 1998.

RICHES, John. *Are transparency and the registration of trusts necessary?*. Trusts & Trustees, United Kingdom, v. 19, n. 3 e 4, p. 343-353, april/may 2013.

SWISS. *Taxation of Trusts, Circular Letter 30 of 22 August 2007 (KS 30)*. Society of Trust and Estate Practitioners (STEP).

THE ECONOMIST. *Avoiding tax. Havens above* – Schumpeter co*lumnist, Oct 7th 2011;* HERBERT, Mark. *Reality and perception in tax avoidance and mitigation*. Trusts & Trustees, United Kingdom, v. 19, n. 3 e 4, p. 356–363, april/may 2013.

TRIPET, François. *Trust Patrimoniaux Anglo-Saxons et Droit Fiscal Français*. Paris: Litec, 1989.

VAZ TOMÉ, Maria João; CAMPOS, Diogo Leite de. A Propriedade Fiduciária (Trust), Estudo para a sua Consagração no Direito Português. Coimbra: Almedina, 1999.